Wilhelm Gottlieb Becker, Johann Adolph Darnstedt

Taschenbuch für Gartenfreunde

AF131009

Wilhelm Gottlieb Becker, Johann Adolph Darnstedt

Taschenbuch für Gartenfreunde

ISBN/EAN: 9783743318786

Hergestellt in Europa, USA, Kanada, Australien, Japan

Cover: Foto ©Lupo / pixelio.de

Manufactured and distributed by brebook publishing software (www.brebook.com)

Wilhelm Gottlieb Becker, Johann Adolph Darnstedt

Taschenbuch für Gartenfreunde

Taschenbuch

für

Garten Freunde

---

von

W. G. Becker

1799.

Leipzig
bei Voß und Compagnie

Dem,

Hochgebornen Herrn

Johann Nepomuck Rudolph
Grafen von Czernin

K. K. Kammerherrn

u. f. w.

dem

Verſchönerer von Schönhoven

in Böhmen,

gewidmet.

Vorbericht.

Zu diesem Taschenbuche sind alle gute und nützliche Materialien, selbst unbearbeitet, willkommen. Man erlaube mir aber mich zu erklären,
daß ich nicht mit allem, was darin aufgenommen
wird, geradezu einverstanden bin. Selbst über
verschiedene Aeußerungen, die dießmal darin
enthalten sind, bin ich anderer Meinung; aber
aus Mangel an Raum mußte ich meine Erklä-
rungen darüber für das künftige Taschenbuch
versparen.

Zugleich muß ich erinnern, daß ich bisher
absichtlich nichts von der Art aufgenommen habe,
was ein Jeder, der z. B. die Gartenkunst von
Blos, das Handbuch der Obstbaumzucht von
Christ, und den teutschen Obstgärtner von
Sickler besitzt, in diesen Schriften zur Gnüge
findet;

Vorbericht.

endet; aber neue Bemerkungen und Behand-
lungsarten in der Gärtnerei werden davon nie
ausgeschlossen werden. Desto mehr bemühe ich
mich, auf alle hierher gehörige Schriften hinzu-
weisen, wodurch ieder Gartenfreund sich leicht
in den Stand gesetzt sieht, dasjenige für sich
auszusuchen, was für seine Bedürfnisse paßt.

Ich erkenne übrigens den Beifall, dem man
diesem Taschenbuche schenkt, mit Dank, und
bitte sowohl Gärtner als Gartenfreunde, mich
dabei zu unterstützen; ich muß mir aber die
Beiträge, des zeitigen Drucks wegen, wo möglich, vor dem Mai erbitten. Von einem ein-
gesandten Aufsatze konnte ich keinen Gebrauch
machen, weil der Anfang desselben fehlte.

Dresden,   W. G. Becker,
im August 1798. Professor, und Aufseher über
       die Churfl. Antiken-Gallerie
       und das Münzcabinet.

————

Inhalt.

Inhalt.

Inhalt.

I.

I.

Ueber deutsche Gärten,

nebst

einer Beschreibung des Siliter Berges
bei Dessau.

Wenn die Kunst über ihre Gemälde und Bilder den Anschein von einem idealischen Leben,
von einem reinern Aether, der über sie hinfließt
und in dem sie gleichsam schweben, zu bringen
weiß, daß wir hier sagen müssen, „so ist es
in der Natur nicht:" so fesselt uns die
Natur wieder von der andern Seite mit etwas,
das wir geheimes verborgenes Interesse der Natur nennen möchten, und das wir
in der Kunst nicht finden. Und wenn uns die
Kunst mit ihren Zauberkräften und Zauberkün-
sten bei dem ersten Anblicke ihrer Gemälde und
Bilder gleich außer unserm Bewußtseyn reißt,

A   und

und uns vor Bewunderung fast nicht wissen
läßt, was wir sehen: so stehet die Natur bei ihren einfachen Reizen, mit denen sie unsere Sinne nicht bezaubert, sondern mit einer milden
Wärme unterhält und allmählig fesselt, in ewiger Verjüngung da, daß wir von ihrem Genusse und von ihrem Daseyn nie gesättigt oder über-
sättigt werden. Erhebet euch zu den idealischen
Höhen der Kunst, wo diese Zauberin in einem
verschönerten Lichte die Natur erscheinen läßt,
wo ihr ein vergeistigtes Spiel von Thätigkeit,
von mannichfaltigen Formen für Einbildungskraft und Phantasie wahrnehmet, von Formen,
an denen gleichsam alles irdische verloren ist:
und ihr werdet euch nicht lange in jenen Höhen
erhalten können; müde und matt kehret und
sehnet ihr euch wieder zu der Natur, zu ihren
weniger zarten und weniger geistigen Formen
zurück, an denen sie mehr als einen Zweck zu
realisiren hatte. Stellt euch aber vor diese kleine unbedeutende, auf einem ärmlichen kargen
Boden stehende Rasenblume hin, die, auf Lein-
wand von der geübtesten Hand des Künstlers gemalt,

malt, nichts anders als den mechanischen Fleiß
und die holländische Mühsamkeit des Ausma=
lens in einem Blumen= oder Fruchtstücke würde
bewundern lassen; und ihr werdet, wo ihr sie
in der Natur findet, mit einem warmen leben=
digen Interesse zu diesem kleinen Gegenstande
euch hingezogen fühlen, und dieser kleine Gegen=
stand wird euch zu mannichfaltigen Gefühlen
Anlaß geben, und ihr werdet nimmer aufhören,
diese Blume zu bewundern und zu lieben! Das
ist die Entschädigung, die sich die Natur nimmt,
da sie des Idealischen und des Verschönernden
der Kunst entbehren muß!

Wie es hier mit der Kunst und der Natur
im allgemeinen ist: so ist es auch mit der Land=
schaftsmalerei und den in der Natur selbst be=
findlichen und von der Natur gebildeten Land=
schaften: ja so ist dieser Unterschied selbst in der
Natur zwischen reichen, geschmückten, mannich=
faltigen, weiter ausgedehnten, und zwischen ih=
ren kleinern, einfachern, gleichsam vernachläs=
sigtern Landschaften. Komm mit mir, Wande=
rer,

rer, daß wir jenen Unterschied bemerken und
auf unsere Gefühle achten; laß uns hineilen zu
jener Landschaft, wo die Natur ihre Kräfte erschöpft zu haben scheint, um sich in ihrem landschaftlichen Schönen zu zeigen: und laß uns
dann von dieser Landschaft zu jener kleinen Parthie hinbegeben, die verborgen, still, gleichsam
von der Natur abgesondert hinter jenem Berge
liegt. Jene Landschaft ist weit, unermeßlich;
das Auge läuft über weite Ebenen und Flächen,
über endlos scheinende Gefilde hin, die sich mit
jenen Bergen vereinigen, welche mit dem Horizonte, einem Amphitheater gleich, diese ganze
Gegend durch einen blauen Nebel bekränzen.
Da über jenen Bergen, auf denen der blaue
Schleier ausgebreitet liegt, und in dem die weh-
muthsvolle Erinnerung, die unerschöpfliche Ge-
bärerin der Vergangenheit, und die üppige eitle
Einbildungskraft, die in die Zukunft hinauseilt,
mit verlorenen und zukünftigen Gestalten spielen,
finden wir noch, so weit, so entfernt auch diese
Berge von unserm Auge sind, die Wellenlinie,
welche der Zergliederer der Schönheit als das

Muster

Muster des Schönen angab, und in welcher je=
ne fast verlornen Gipfel des Gebirges wie in
dem Saume sanfter Abendwolken hinlaufen.
In der Mitte, · auf allen Seiten dieser Land=
schaft, welche Mannichfaltigkeit enthüllt sich un=
serm Blicke, der unstät und irrend über dieses
Gefilde hinschweift! Da kleinere Hügel, hier
und dort in zerstreuten Parthien, · wie sie sich
bald von einander trennen, bald gegenseitig zu
einem harmonischen Ganzen vereinen; hier an
dem Abhange des Bergs ein Dorf, das sich in das
tiefe Thal hinabziehet und mit seinen Häusern und
seinen rothen Streifen von Dächern ein so roman=
tisches Ansehen und buntes Kolorit zwischen dem
grünenden Laub der Wälder der Gegend giebt;
da Fluß, Aue, Feld, auf welchem der Landmann
reichliche Schätze sammlet; hier Fruchtbäume,
welche die goldenen Aepfel der Hesperiden
zeigen; Wiesen, · von mannichfaltigen kleinen
wässernden Quellen und Bächen durchschnit=
ten! — Wo ist hier ein Punkt, auf dem unser
Auge ausruhen und in dem unsere Sinne in
dem wollüstigen Umherschweifen und Herumir=
ren

ren einen Stillstand finden könnten! In dieser
Mannichfaltigkeit von Gegenständen gehen wir
verloren und unbewußt unserer, bilden die ar-
beitenden und thätigen Kräfte der schwelgenden
Phantasie alles dieses Mannichfaltige in Minia-
turbilde in sich nach, ohne daß die Phantasie in
allen diesem, in allen den verschmolzenen Formen, die sich zur Bildung dieser Landschaft vereinigen, einen Anfang und Ende findet. — Aber
laß uns hier ausruhen, Wanderer, von diesem
schwelgenden Genusse, welcher sich unserer Seele
aufdrängt. laß uns hineilen, zu jener stillern
entlegnern Parthie, die wir gleichsam bis hieher
zum Ruhepunkte unserer Empfindungen aufge-
sparet haben, laß uns hinwandern zu dieser ländlichen Scene, wo die Natur mit wenigerer Sorgfalt, mit mehr Nachläßigkeit und einfacher scheint
ihre Reize ausgespendet zu haben.   Hier ein
Busch, der diesen ländlichen stillen Wohnort des
Friedens umschließt; ein mäßiger Abhang vom
Hügel, der dieser ausgebreiteten Ebene Mannichfaltigkeit und etwas von Wechsel giebt; da grünende Auen, Wiesen, ein blumenreiches Ufer,

an

an dem sich unser Auge weidet; und dort hinter
dem einzelnen Fliederstrauch die halbverborgene
Schäferhütte, die diesem einsamen stillen Thale
eine Art von Leben, von lebendigem Interesse,
von Beziehung auf menschliche Empfindung
giebt. Hier gehab dich wohl mit mir, Wanderer! hier ist es unser Herz, mit dem wir leben!
War es dort das eitle üppige Spiel der Einbildungskraft, die uns bei jener weiten bereicherten
Landschaft mit mannichfaltigen Formen unter-
hielt, die uns ein luftleeres Land von Feen und
Geistern, wo Oberon spielt, sehen ließ: so sind
hier die reizenden Gefühle des Herzens, die uns
erwärmen, und so ist es hier die Dichtung der
ländlichen Unschuld, des himmlischen Friedens,
der wir uns hingeben, und in der wir Lieder von
Matthisson singen.

Das Ideal des Schönen ist es, welches wir
dort in jener ersten Landschaft finden: das Interessirende und ein Interesse aber hier, welches
uns bei dieser kleinen Landschaft an sich ziehet.
Jene Landschaft scheint bei ihrer Mannichfaltigkeit,

keit, bei ihrem Reichthum, bei dem Anschein von Verschönerung von dem Künstler und der Kunst gebildet zu seyn: hier in dieser Landschaft, in dieser landschaftlichen Parthie aber nahmen wir nur bei der Nachlässigkeit derselben, bei ihrer geringern Pflege die einfache ungezwungene liebende Sorgfalt der Natur wahr.

Was ist aber dieses Interesse, das hier bei der kleinern, wenig gepflegten Landschaft uns einnimmt, und das höchste Schöne dort, das wir in jener Landschaft empfinden? Was ist der Grund dieser unterschiedenen Art der Gefühle, des Interessirenden und Schönen? welchen Unterschied Beobachtung und Erfahrung bei dem Anblick verschiedener Landschaften einem jeden bewähren kann.

Der Unterschied des Natur- und Kunstschönen, welcher in den Aesthetiken gemacht wird, hat seinen Grund in der Natur des Menschen selbst: und auf diesen Unterschied gründet sich auch jene doppelte Art der Gefühle bei den Landschaften

ſchaften. Wir bewundern die Natur, wenn
wir ſehen, wie ſie ihren beſondern eingeſchränk-
ten Werken ein allgemeines Ideal der Schönheit aufdrücken, und die einzelnen beſondern
Formen, durch welche ſie die Grenzen der Körper beſtimmte, in einen ſolchen allgemeinen Umriß von ſchwebenden gleichſam unhörbaren Ge-
ſtalten gießen konnte. Denn was hat die Ma-
terie, aus der wir alles, was beſtehet, zuſam-
mengeſetzt ſehen, an ſich, daß wir aus ihr die
ſchönen Formen, in welche ſie gekleidet iſt, erklären, ja daß wir aus ihr nur eine einzige Erklärung für dasjenige, was ſchön heißt und was
ein allgemeines Bild des Wohlgefallens aller
Menſchen iſt, herleiten könnten! Zu dieſer Bewunderung der Natur, durch welche wir dieſe
als eine weiſe, verſtändige, voll warmen und
wahren Gefühls ſchaffende und lebende Künſtle-
rin denken lernen, geſellet und verbindet ſich
nun eine Liebe, eine Neigung für dieß wohlthätige liebevolle Wirken und Weben der Natur
in ihrem Formen, ein Intereſſe, welches verwandt iſt mit dem Intereſſirenden, daß wir an
jedem

jedem Guten, an jedem, was moralisch gut ist,
nehmen, und welches daher eben so, wie dieses,
allgemein ist. Das moralisch Gute hat nämlich
das Eigene, daß es mit Allgemeinheit aus jedem
und zu jedem Menschen spricht; es ist allgemeine Sprache des Herzens und der Vernunft des
Menschen Wo wir also ein Allgemeines in den
sinnlichen Formen der Natur dargestellt finden;
da glauben und sehen wir auch eine Aehnlichkeit, eine Verwandschaft mit demjenigen, was
uns über die beschränkte einseitige sinnliche Natur hinwegsetzt, da sehen wir eine Analogie des
Guten. In den Werken der Natur, die wir in
solche schöne Formen und in schwebende weiche
Umrisse gegossen finden, erblicken wir daher, mittelst der Verwandschaft des Guten und des Schönen, durch ihre gegenseitige Allgemeinheit und
durch ihre gegenseitige allgemeine Ankündigung
und Gesetzgebung für jeden Menschen, eine Anweisung auf das moralische, da glauben wir ein
sinnlich aufgedrücktes Bild des moralisch Guten
zu finden: und so gesellet und verbindet sich,
wie mit dem moralisch Guten, mit jedem Ausdruck,

druck, jeder Aeußerung deſſelben ein lebhaftes Intereſſe verbunden iſt, auch mit dem Natur- ſchönen ein ſolches Intereſſe; daß nun bei dem Naturſchönen und dem Genuſſe deſſelben ·zwei verſchiedene Kräfte des Menſchen wirken, die Anlage für das Gute und das Gefühl für das Schöne. Hier die Einbildungskraft, die an dem Schönen ein ſo thätiges Spiel ihrer Wirk- ſamkeit findet; dort das Herz oder die Vernunft des Menſchen, die in der Allgemeinheit des Schö- nen eine Beziehung und eine Anweiſung auf das moraliſch Gute ahnet.

Aber iſt denn das Naturſchöne und Kunſt- ſchöne ſo wenig mit einander verwandt, daß hier nicht ein gleiches Intereſſe, nicht eine gleiche beigeſellte Stimmung für das moraliſche Gute, nicht eine gleiche Anweiſung auf daſſelbe Statt finden ſollte? Aus folgenden zwei Gründen muß dieſes hier wegfallen. Erſtlich iſt ja bei den Werken der Kunſt der verſtändige, weiſe, mit Vernunft begabte Künſtler, der alſo nach ge- wiſſen Zwecken und dieſen gemäßen Mitteln han- delt,

delt, der Meister und Urheber, welcher dieses
Werk und an diesem Werke das Schöne hervorgebracht hat. Was soll uns also hier Wunder
nehmen, daß der Künstler dieß Schöne, auf seinem landschaftlichen Gemälde z. B., erzeugte,
da wir ihn als eigenen Erfinder der Kunst, als
einen solchen, der dieses hervorbringen konnte,
denken? Denn ist es nicht der mit höhern Kräften begabte, der moralische Mensch selbst, der
dieses Kunstwerk hervorbrachte? — Also die
Natur nicht, gegen die uns in der That Bewunderung einnimmt, wenn wir sehen, wie sie
als todte leblose Masse, als ein Wesen, das bloß
in unserer Einbildungskraft lebend da ist, ihren
Werken ein solches deutliche Bild von Wärme,
von Wahrheit, von Leben in der allgemeinen
Form des Schönen geben konnte. Sehet die
kleine wohlgestaltete Wiesenblume, die ihr
auf einem trockenen unfruchtbaren Anger oder
auf einem Raine zwischen trockenen Saatfeldern
findet, — was ist es, daß die Natur diesem kleinen zarten Geschöpfe diese wohlgefällige Gestalt,
diesen schmeichelnden Umriß gab? dieser Blume,

me, die so unbedeutend, anspruchlos da stehet;
und die Natur, die wir vorher nur noch als
ein todtes verstandloses Wesen dachten, und jetzt
als eine so wohlthätige, mit Gefühl und Empfindung begabte Künstlerin kennen lernen.
Haltet aber nun diese unbedeutende mit weniger
Kunst zusammengesetzte oder gebildete Blume
der Natur zusammen mit einem reichern schönen
Werke der Kunst; — und sehet, beobachtet, ob
hier das Gefühl der Bewunderung euch eben so
fesselt, als dort bei jenem einfachen Werke der
Natur, ob hier das stille Interesse euch eben
so belebt, wie dort bei jener Blume, wo ihr so
etwas zufälliges, zugleich aber auch so nach
Mittel und Zweck eingerichtetes wahrnehmet!
Und die Ursache von diesem unterscheidenden Gefühl bei dem Natur- und Kunstschönen liegt
zweitens darin: daß die Kunst verschönert,
wo also alle Täuschung als Natur, die allein
das interessirende Gefühl erweckt, wegfällt. Ist
der Künstler im Stande, uns statt Natur zu
täuschen, oder wählt er einen solchen Stoff, den
er bloß von der Natur regieret, und wo er

nichts

14

nichts von seiner Verschönerung und Idealisirung hinzuthut: so kömmt auch hier jenes interessirende Gefühl zum Vorschein, wie bei kleinen Landschaftsgemälden zu bemerken ist, wo der
Künstler eine einfache ländliche Parthie aus der
Natur aufgenommen hat.

Die „Natur verschönern" und „idealisiren" heißt aber, die Natur von den
äußeren und innern Bedingungen,
welche das freie Wirken und Daseyn
der Schönheit einschränken, befreien,
und sie bloß nach einer freien Zweckmäßigkeit aufstellen. Die Natur hat mannichfaltige Zwecke und Absichten, die sie in ihren Geschöpfen und Werken zu erreichen strebt:
und die Schönheit scheint nur ein beildufiger
Reiz und Schmuck zu seyn, mit welchem sie ihre Produkte, als mit einer zufälligen Mitgabe,
ausstattete. Jene innern Bedingungen, welche der Schönheit, dem freien leichten Spiele
der Zweckmäßigkeit Eintrag thun, entstehen nun
z. B. durch den besondern Zweck, den die
Natur

Natur mit diesem oder jenem Geschöpf, dieser oder jener Thiergattung hatte, und nach welchem sie also auch die Organisation, den Bau, die ganze äußere Form des Geschöpfs einrichten mußte. Dergleichen absichtliche und beabsichtigte Zwecke sind nun besonders in den höhern und edlern Produkten der Natur, die auf einer höheren Stufe der Naturkette stehen, sichtbar; und bei solchen Werken, wenn sie der Künstler aufstellt und zum Stoff seiner Kunst wählt, ist idealisiren möglich. Idealisiren nämlich heißt, die innern Zwecke, welche sich in einem Naturprodukte, durch Organisation u. s. w., zeigen, durch die Kunst in freie leere Zweckmäßigkeit auflösen: wie z. B. wenn der Künstler seinen Herkules bloß nach dem Ideal des Muths, der Stärke, seine Venus bloß nach der Schönheit bildet, und die innern Zwecke, die der Bau, die Organisation mehr oder weniger auf Fortpflanzung, auf Zeugung angiebt, in so fern die nach diesen Zwecken bestimmte Organisation der Schönheit Eintrag thut, verschwinden läßt. Verschönern aber heißt, die

die Natur von den **äußern** Bedingungen, wel-
die Schönheit derselben beeinträchtigen, befreien
und sie ebenfalls so unter einem freiern leichtern
Spiele der Zweckmäßigkeit erscheinen lassen.
Dergleichen **äußere** Bedingungen finden z.
B. Statt in dem vegetabilischen Reiche der Natur; selbst auch bei dem größten Theile der ver-
nunftlosen Thiergattung; also dort auch bei
landschaftlichen Gegenden, als Zusammensetzun-
gen schöner Formen durch landschaftliche Produkte: in wie fern diese äußeren Bedingungen
bestehen. z. B. in dem Klima, in dem Boden,
in der Jahreszeit, welches alles mehr oder weniger der Schönheit entgegen ist, die Freiheit derselben hindert und sie individualisirt. Man
sagt daher nach diesem bestimmten Unterschied
von Idealisirung und Verschönerung, „die Natur **verschönern, verschönerte Landschaften** aber hingegen ein Ideal vom
Menschen." Wenn nun der Künstler oder
der Landschaftsmaler nach einem freien Bilde
der Schönheit seine Landschaft entwirft, daß er
ohne Rücksicht auf Klima, auf Himmelsstrich zu
nehmen,

nehmen, nur diejenige Art von Bäumen wählt,
die den schönsten Effect in Absicht auf Schönheit
thun, eine solche freie Zusammenstellung wählt,
daß man siehet, äußere Bedingungen haben hier
keinen widrigen Einfluß gehabt, wenn er die
rohe Ungebundenheit der Natur zur Nachlässig=
keit, zu einem leichten nachlässigen Spiele bil=
det, und aus seiner Fülle von Kraft und Genie
noch das hinzuthut, was nur der Pinsel und die
Farbe von dem leichtesten verschmolzensten Kolo=
rit geben kann: dann, sagt man, hat die Kunst
die Natur, die natürliche Landschaft, verschönert.
Und diese Landschaft zeigt sich dann freilich in ei=
nem freiern, nachlässigern, üppigern, reichern
Spiele der Zweckmäßigkeit, als nur je die Na=
tur, an fremde höhere Zwecke gebunden oder
durch Bedingungen des Klima, des Bodens, der
Jahreszeit, durch ungünstigen Wuchs selbst der
landschaftlichen Producte eingeschränkt, hervor=
zubringen vermag. Und allerdings stellt so der
Landschaftsmaler sein Kunstwerk in einem rei=
nern höhern Lichte dar, er wiegt die reflectiren=
den bei dem Gefühle des Schönen thätigen Kräf=

B   te

te des Menschen in einem freiern ungebundnern
Spiele; und dieß ist auch der Triumph, der die
Kunst für den Verlust des warm lebendig ge-
fühlten Interesses, das der Mensch an Naturgegenden und an dem einfachen Naturschönen
nimmt, entschädigen muß.

Und aus diesem Unterschied des Interessirenden und Schönen — des Interesse, welches
das Naturschöne begleitet, und des reinen Kunst-
gefühls beim Kunstschönen gründe ich denn nun
auch die Eintheilung der Gärten in interessirende und in verschönerte, oder in
Deutsche und engländische Gartenanlagen. Der Charakter des engländischen Gartens
scheint mir nämlich verschönernde Darstellung der landschaftlichen Natur zu seyn. Der
Charakter des deutschen Gartens, Darstellung
der landschaftlichen Natur in ihrem Interesse, wo also Verschönerung oder Idealisirung,
daß ich dieß Wort brauche, ganz entfernt bleiben muß. Man glaube aber nicht, daß dieser
eigenthümliche verschiedene Charakter des Gefühls

fühls bei einer verschönerten und bei einer natürlichen interessirenden Landschaft keinen Unterschied bilden könne in Absicht auf Gärten und
Gartenanlagen, daß ja auch, worinnen eben dieser Einwurf bestehen möchte, in dem engländischen Garten mit dem Gefühl der höchsten Verschönerung durch die Kunst das Gefühl des Interessirenden verbunden und beide Empfindungen
in einander verschmolzen seyn könnten. Ich sage
man hole nicht einen Einwurf davon her, und
man wende dieses nicht wider meine bestimmte
Eintheilung der Gärten ein: denn die Empfindungen des Schönen und Interessirenden sind
sehr scharf von einander getrennt, und die nächsten Grenzen zwischen beiden Feldern können den
größten Unterschied und den weitesten Abstand
in Rücksicht der Gefühle bilden. Ist es einerlei,
wenn ich sage: „in dem engländischen
Garten ist verschönernde Darstellung der landschaftlichen Natur
Hauptzweck, und Darstellung des Interessirenden untergeordneter Zweck‟
mit dem, wenn ich sage: „in dem deutschen
Gar-

Garten ist Darstellung des Interessirenden der landschaftlichen Natur
Hauptzweck, und Verschönerung nur
untergeordneter Zweck, in wie fern
sie das Interessirende nicht hindert?"
Und gerade so in diesen Nüancen, die mir das
Charakteristische des deutschen und englischen Gartens aus dem ersten Grunde hervorzuheben scheinen, ist der Unterschied beiderseitiger Anlagen
bestimmt und bezeichnet. Wer würde aber wohl
so einseitig urtheilen und die Kunst, insbesonde-
die engländische Gartenkunst von der Natur so
entfernt glauben, daß man sich einbilden und
mich des Satzes beschuldigen könne: „bei dem
Anblicke oder dem Herumwandern in einem engländischen Garten dürfe und könne gar nicht das
geringste von jenem Interesse, welches das Naturschöne gewährt, Statt finden?" Denn hat
nicht auch der Künstler des engländischen Gartens dem untergeordneten Zwecke, zu in-
teressiren, so bald nämlich die interessirende Darstellung der landschaftlichen Natur den
Hauptzweck der Verschönerung nicht hindert,

Genüge

Genüge zu thun? Kann und darf und muß
nicht auch der Schöpfer des engländischen Gar=
tens oft seine verschönerten, seine höchsten ideali=
sirten Parthien mit einfachen interessirenden
Naturgegenden abwechseln lassen? Muß nicht
der Künstler auch bei diesen engländischen An=
lagen besonders darauf sehen; daß er bei aller
Verschönerung doch darinnen seine Kunst am
meisten zeige, daß er den Wanderer mitten
in dem Genusse und dem Gefühle der Kunst
gleichsam glauben lasse, daß er Natur sehe —
und daß er ihn so interessire? — Eben so
glaube man aber auch nicht, daß ich bei dem
deutschen oder interessirenden Garten alle Ver=
schönerung ausgeschlossen wissen wolle, daß der
teutsche Garten nur ein hingeworfenes ungeord=
netes Gewebe von wilden Büschen, von unre=
gelmäßigen Hecken, nichts von fremden Hölzern
und Pflanzungen; alles nur so roh; ungebaut, un=
gepflegt seyn solle, wie es aus den ersten Händen
der Natur kömmt. Nein — nur Verschöne=
rung soll hier der untergeordnete Maaß=
stab des Künstlers und die Darstellung des In=
teressiren=

teressirenden der erste Zweck bei diesen Anlagen seyn. Und wie dort in dem engländischen
Garten die höchste reinste Schönheit der Glanz
ist, in dem der Wanderer in einem solchen Garten schwebt, und das Interessirende gleichsam
der sanfte Schein, der hier den zu blendenden
Glanz mildert: so soll und ist nun hier in dem
deutschen Garten das Interesse und das Interessirende der warme gleiche milde Abendschein
der Sonne,. der über die Anlagen ausgegossen
ist, und die Verschönerung, welche die Kunst mit
weiser Mäßigung hinzuthut, gleichsam die bisweilen noch heller und heller aufblickenden Strahlen der Sonne, ehe sie ganz ihrem Untergange,
dem Sinken zu der anderen Hälfte der Erde
hineilt.

Die Theorien der Kunst sind gewöhnlich
zwischen solchen getheilt, die ganz rein a priori,
wie dieser Ausdruck jetzt im Umlauf ist, die einzelnen Künste und die Zweige derselben zu bestimmen suchen, und zwischen solchen, die von
der Erfahrung ausgehen und nach der Anschauung,

ung, nach den vorhandenen Künsten die mög=
lichen Grundsätze der Kunst, und die gesetz=
mäßige Eintheilung derselben festsetzen wollen.
Es möchte wohl zwischen diesen beiden Partheien
ein Mittelweg zu treffen seyn, der der sicherste
und richtigste ist, daß wir Theorie mit Anschau=
ung verbinden. Und diesen Weg will ich jetzt,
um meine Eintheilung der Gärten zu rechtfer=
tigen, wählen. Vorher aber noch einige Worte
über den historischen Ursprung des Namens
„deutscher Garten." Hirschfeld ist, so viel
mir bekannt ist, der erste, der den Namen
„deutscher Garten" aufführt: aber er
bestimmt letztern nicht weiter, als daß er eine
Abweichung von den engländischen Anlagen sei,
in wie fern hier der Deutsche nach seinem Ge=
schmack mehr oder weniger gekünstelt, mehr oder
weniger groteske Ideen ausgeführt und so eine
nicht wesentliche Verschiedenheit der Abar=
tung, sondern nur der Ausartung des
englischen Gartengeschmacks gebildet habe. Prof.
Becker — daß ich auch dieses ohne Beleidi=
gung seiner Bescheidenheit anführe — ist der
zweite,

zweite, der, in unſern Zeiten, wieder auf dieſen
Namen und auf dieſen Begriff, von dem wir
handeln, das deutſche Publicum aufmerkſam
gemacht, und zwar ſich dadurch ein weſentliches
Verdienſt erworben hat, daß er, ob er ſchon den
Character des deutſchen Gartens nicht weitläuf⸗
tig auseinanderſetzt und in einer Erklärung an⸗
giebt, doch ihn nicht, wie Hirſchfeld, als ei⸗
ne Ausartung, ſondern als einer wirklich von dem
engländiſchen Gartengeſchmack verſchiedene
Art, Gärten anzulegen, beſtimmt hat. *) Un⸗
abhängig von dieſer Beſtimmung. — daß ich
auch von mir, ohne allen Anſpruch auf irgend
ein Verdienſt, ſpreche — bin ich durch Beobach⸗
tung und Betrachtung ſelbſt des engländiſchen
Gartens zu Wörlitz und das Luiſium bei
Deſſau auf die Idee von zwei verſchiedenen
möglichen Arten von Gärten geleitet worden,
wovon ich einen den intereſſirenden oder deut⸗
ſchen, die zweite Art den verſchönernden oder
engländiſchen Garten genannt habe. Ich
habe

*) Der erſte und zweite Theil des Taſchen⸗
buchs f. Gartenfreunde.

habe weitläufig meine Grundsätze darüber und
meine Beobachtungen in der „Neuen Theorie der schönen Gartenkunst"*) aus-
einandergesetzt, und ich muß nun erwarten, wie
diese meine Bestimmungen von dem Publicum
werden aufgenommen werden. Aber um nun
noch besonders meine Behauptungen in Rücksicht des deutschen Gartens zu rechtfertigen und
die Grundsätze, die ich hierüber aufgestellt habe
und noch weiter unten aufstellen werde, zu bewähren, und zugleich um beiden Theilen, den reinen
Theoristen und den Praktikern der Gartenkunst,
Genüge zu thun, will ich Anschauung und Erfahrung mit Grundsätzen verbinden und so eine
skizzirte Beschreibung und Ansicht von einer Anlage liefern, die ihren Ursprung dem einsichtsvollen Fürsten von Dessau verdankt,
und die ganz oder zum Theil dem Geschmacke
des deutschen Gartens gemäß ist.

Silitzer

*) Leipzig bei Leupold 1798.

Silißer Berg bei Deſſau.*)

Ich wende mich an euch, ihr, die ihr mit mir der Natur recht nahe ſeyn wollt, die ihr euch des Friedens der Natur, der ländlichen Unſchuld, der Zurückgezogenheit derſelben von dem ſtädtiſchen Getümmel zu erfreuen gedenkt — und ich wandle mit euch dieſen Berg hinan, der rund umher von einer Wildniß und nur von einigen lachenden Ausſichten eingeſchloſſen iſt. Lange ſind wir vorher, um uns dieſem Sitze der Einſamkeit, der melancholiſchen Freuden der Erinnerung zu nähern, wenn wir auf dem Wege von Deſſau kommen, durch Wälder, Wieſen, Auen fortgewandelt, oder auf dem Wege von dem Wörlißer Städtchen und beſonders von dem Dorfe Vockerode auf einem langen ebenen Damme zwiſchen Fruchtbäumen, über die Pomona ihr reichliches Fruchthorn ausgeſchüttet hat, fortgegangen, und jetzt ſind wir an dem Fuße dieſes Berges! Welch eigenes

Ge-

*) Eine gute Stunde von Deſſau und eben ſo weit von Wörliß entfernt.

Gefühl theile ich mit euch, die ihr den letztern
Weg auf diesem Damme genommen habt, erst
lange zwischen diesen Obstbäumen, die ihre Aeste
längst über den Damm auf der Erde liegend
weg verbreiten würden und gestützt das schönste
Obdach in den schönsten Wölbungen bilden, zwi=
schen welchen die vollen Früchte prangen, fort=
gewandert zu seyn, bald durch eine Oefnung,
durch eine freie Aussicht hie und da fruchtbare
Wiesen und Auen, hier mit Getraide belastete
Saatfelder erblickt zu haben, jetzt wie in einen
heiligen Hain zu treten, den bejahrte großstäm=
mige Eichen, rauschende und lispelnde Tannen
eröffnen, und wo einige Statüen selbst diesen
heiligen Eingang bezeichnen — jetzt diesen Berg
hinaufzuwandeln, auf dessen Wegen und rasigen
Gängen uns Ruhe und Friede, die stille abgezo=
gene Einsamkeit von dem ganzen Gebiete dieses
ländlichen Sitzes entgegen haucht! —

— Der Charakter dieses ganzen Berges ist ei=
ne Art von Wildniß. Wenn wir auf diesen
Berg zugehen, glauben wir uns immer tiefer
und

und tiefer in diese wilde Gegend zu verlieren; denn Wälder werden dichter, die Gebüsche schlies=sen sich dichter zusammen, und es scheint, als gingen wir in einen Winkel der Erde, wo sich nur alles Rauhe, Oede, Unfreundliche für die Em=pfindung gepaart und zusammengesammelt hät=te. Aber wie anders, wenn wir in diesen Hain, den Ort des stillen sanften Friedens, eintreten, wenn wir die Kunst, oder die gütige freundliche Hand der Natur sehen, die diese öde Wildniß zu einem Aufenthalte sich selbst gefallender Men=schen und des Herzens, das mit sich und in sich lebt, gebildet hat! Welcher Contrast zwischen unsern Erwartungen und dem, was wir hier finden und wo wir uns jetzt befinden!

Einfach, ungekünstelt ist die ganze Anlage dieses Berges. Nur die Kunst hat geordnet, was die Natur ungeordneter und ungepflegter liegen ließ. Nichts von Verschönerung, oder wenigstens, daß wir es nicht dafür erkennen, kein Zufluß und auf uns Zudrängen von man=nichfaltigen Gegenständen; nur so viel, daß wir

wir ſinden, daß hier menſchliche Empfindung
gleichſam wohnen kann, und daß wir hier auf
Menſchen treffen können, die mit uns den ſüßen
Genuß der Ueberraſchung theilen.

Zur Hälfte iſt dieſer Berg oder wenigſtens
von der einen Seite von dem ſchönen Elb-
ſtrom eingeſchloſſen; und man genießt auf
dem Gipfel dieſes Berges der erfreuenden Ausſicht auf dieß glänzende Gewäſſer, auf dem ſich
bald verſchiedene Waſſervögel zeigen, die dieſen
Anblick lebendig machen, bald daß einzelne Kähne und Schiffe mit aufgeblaſenen und wehen-
den Segeln vorüberfahren, die dieſe Ausſicht
eben ſo anziehend und anlockend machen. Von
der andern Seite gehet dieſer Berg in eine ebene Fläche hinab, wo Wieſen, Auen, Saatfeld,
Buſch, niedriges Geſträuch ſich an ihn anſchließt.
Von dieſen Seiten, die ſich größtentheils um
den Berg bis auf den kleinen Theil, wo er den
Fuß in die Wellen der Elbe taucht, herumziehen,
iſt aber dieſer Berg von den freiern Wieſen, von
dem ungeordnetern wildern Gebüſch durch ein

Staket

Staket abgesondert, damit nicht bei der Nacht,
zeit das Wild diese schönen Anlagen verheere.
Von der Elbseite ist er übrigens schon durch ein
hohes Ufer geschützt, und auch hier ist noch die,
ser Hügel durch ein horizontal liegendes Staket,
das von dem Ufer sich hinausstreckt, damit nicht
das Wild von dem Damme auf das Ufer sprin,
ge, sicher gestellt. Die Anlage des Berges selbst
nimmt also nur einen kleinen Raum ein, aber
das äußere näherliegende Gebüsch, Wiese und
Feld mitgerechnet, beträgt sein Umfang immer
auf eine gute Stunde.

So ist die ganze Lage des Berges. Aber
ehe wir uns der Aussicht auf demselben über,
lassen, und mit dem Elbstrom gleichsam Em,
pfindungen kommen und mit seinen Wellen
schwinden lassen, ehe wir unser Auge auf das
gegenüberliegende Wäldchen, wo Heerden in dem
Strahle der Mittagssonne nahe am Ufer aus,
ruhen, schweifen lassen: wollen wir selbst in den
Anlagen dieses Bergs wandern und unsern Fuß
in den einzelnen gepflanzten Parthien irren las,
sen.

sen. Wir verfolgen den Pfad, auf den uns der Elbdamm leitete, und gehen den breiten Fuhrweg oder den breitern Fußsteig zur Höhe des Bergs hinauf. Rechts und links laufen bald einzelne Wege in das Gebüsch, in die dichtern Pflanzungen hinein; bald treffen wir zur Seiten einzelne Rasenplätze, wo hie und da eine Statüe stehet, oder wo nur auch ganz einfach der Rasenplatz sich zeigt, daß wir allein hier, wo kein Gegenstand der Kunst uns unterbricht, unserer Empfindung und der reinen unentheiligten Natur uns freuen können. Gehen wir von dem breitern Fußsteig ab und wenden uns auf den kleinern, der rechts abgezet, so kommen wir bald auf die Seite des Berges, wo der Elbstrom anspielt. Wir verfolgen hier diesen Steig bald durch kleine Bosquets, bald wieder ganz frei auf dem Rasenteppich; bald wandeln wir näher am Ufer, wo wir Sitze von Steinen natürlich angebracht finden, und bald wieder entfernen wir uns von dem Ufer, bis wir auf der Höhe von dem uns gegenüberstehenden Gartenschlosse auf der Anhöhe des Berges überrascht werden.

Wir

Wir verweilen hier einige Augenblicke bei diesem Mittelpunkte der Anlage, der Schönheiten, die sich um dieß ländliche Haus herumziehen, wo der edle Schöpfer dieses freundlichen Aufenthalts bisweilen wohnt und hier sein Werk der Kunst besuchet; und überlassen uns den Aussichten, die sich uns hier von allen Seiten darbieten. Da auf der Vorderseite dieses Hauses, wo ich mich mit dir, Wanderer, auf eine der steinernen Stufen, die zu dem Eingange dieses Gebäudes führen, hinsetze, blicken wir in die zwei Alleen hin, die beide mehr zur linken Seite unsers Sitzes sich zeigen, und an deren Ende etwas weißes von Statüen unsern Blick auf sich ziehet. Uebrigens ist unser irrendes und herumschweifendes Auge eingeschlossen und begrenzt bald von dickern Büschen und einzelnen Bosquets von Blumen, bald haftet er auf einem einzelnen Stamm, der groß und mächtig seine Aeste verbreitet, oder in fünf und mehr getheilten Stämmen von einer Wurzel aufstehet. Rechts erblicken wir auf diesem unsern Sitze zur Seite dieses Schlosses ein kleines rundes

rundes von gebrannten Steinen aufgeführtes Gebäude, und dieses ist die K ü ch e, die selbst in dieser Gestalt und in dieser ihrer einfachen Bauart mit dieser einfachen Natur, die sich hier zeigt, harmonirt und diesen ländlichen Aufenhalt naturvoller und noch ungekünstelter macht.

Gehen wir diese Alleen, die wir auf unserm Ruhesitze der steinernen Bänke des Gartenschlosses erblickten, hinab und kommen zu den S t a t ü e n, deren glänzendes Weiß zwischen den grünenden Bäumen uns an sich zog: so finden wir hier in der einen Allee, die durch die Bäume und das Gebüsch gehauen ist, einen t a n z e n d e n F a u n, und an dem Piedestal desselben drei zu dieser einzelnen Parthie passende, vortrefliche I n s ch r i f t e n. Auf der Vorderseite dieses Piedestals zeigt sich ein Kranz in Stein gehauen; und auf den drei übrigen Seiten eben folgende kleine Dichtungen.

I.

Dem Städtegetümmel der Sorgengebiete
Enteilet die Freude besuchet die Fluren

Wann

Wann Luna die schweigenden Haine durchirrt
Belauschen uns Hirten und tanzen uns nach.

Wehrisch.

II.

Es webet, wallt und spielet
Das Laub um jeden Strauch
Und jede Staude fühlet
Des lauen Zephyrs Hauch
Was nur vor Augen schwebet
Gefällt und hüpft und singt
Und alles, alles lebet
Und alles scheint verjüngt.

Hagedorn.

III.

Hier reizt der Nachtigall Lied
Durch tausend laufende Töne,
Der West im Rosengebüsch
Bläst süsse Düfte zur Flur,
Dort strahlt im glänzenden Strom
Das Bild ehrwürdiger Eichen
Und flieht nebst Ufer und Strauch
Des Schiffers gleitenden Kahn.

Kleist.

Wir verlassen diese Statüen, gehen durch
einen kleinen Seitengang durch das Gebüsch zu
der

der zweiten Allee mehr links, und finden hier
ein rührendes Denkmal — eine große Urne auf
einem großen Piedestal stehend, die, wie folgen=
de Inschriften zeigen und das an der Urne in
halberhobener Arbeit ausgehauene Portrait nur
zu deutlich zu erkennen giebt, einem tapfern
Helden und eben so menschenfreundlichen wohl=
thätigen Menschen geweihet ist.

In dem Siegesfeld
Sank Er,
Der Offene, der Heitere,
In Feldern des Friedens
Da sehen wir Ihn wieder,
Den Mitwandler in Gefahren,
Deß Blut so frühe floß.

———

Wilhelm
Graf von Anhalt
Geboren
Den 15. Merz MDCCXXVII,
Blieb
In der Schlacht bei Torgau
Den 3. November MDCCLX.

———

Dieß Denkmal ward ihm von zwei Freunden
Franz und Behrenhorst gestiftet.
Hinter

Hinter diesen beiden Alleen, wenn wir uns
von diesen Statüen weiter in das Gebüsch ver-
senken, kommen wir auf einen weiten schönen
von Bäumen eingeschlossenen Rasenplatz,
wo die wahre Ruhe des ländlichen Lebens, des
sich Ueberlassens seiner eigenen Gefühle, zu
herrschen scheint. — Hier laß uns verweilen,
Wanderer, hier laß uns mit langsamen Schritte auf- und abwärts wandeln, wo wir der Thor-
heit der Welt, ja unseren eigenen stürmischen
Empfindungen entronnen sind. Zirpende Gril-
len wiegen uns hier in Ruhe, und der Gesang
manches einsamen Frühlingsvogels, der sich in
dieses stille Gebüsch geflüchtet hat, ruft freundliche Gestalten in unserer Erinnerung hervor, die
uns das Leichte, das Schwebende auf diesen Wo-
gen des Lebens erblicken lassen!

Aber jetzt gehen wir wieder aufwärts diese Alleen, wo jene Statüen sind, hinauf zu dem
Schlosse, vor diesem Gartenhause vorbei, und
den Weg abwärts auf die andere Seite des
Bergs, wo wir bald wieder ein kleines Thor
finden,

finden, das nebſt dem Stafet, das dieſe Anlage umſchlicßt, die innre Umzäunung des Gartens bildet. Auf dieſem abwärts gehenden Wege er= blicken wir links nicht weit entfernt vom Wege ein Gebäude, welches Pferdeſtälle und einige andere kleine Wohnungen enthält. Und auf dieſem Wege, wenn wir ihn wieder aufwärts hinter dieſem Gebäude zurück verfolgen, kom= men wir dann bald — das Hahngeſchrei verkün= digt es dem müden erſchöpften Wanderer — zu der Wohnung des Gärtners, die ſtill, einſam, hinter Gebüſchen und Pflanzungen ver= borgen liegt.

Neben dieſem Gärtnerhauſe, das als einſa= me Wohnung eines hieher geflüchteten Einſied= lers ein ganz romantiſches Anſehen hat und wo dieſes romantiſche durch die Garten= und Haus= geräthe, die ſich in dem Hofe an dieſem Hauſe zeigen, durch den auf dem Stafet aufgeſtürzten Krug und durch die Milchgeräthe, die auf den Bänken angelehnt ſind, ſo zufällig noch roman= tiſcher gebildet wird, iſt eine Faſanerie und hinter

hinter dieser und dem Hause, des Gärtners ein
kleines Stück von angelegtem Blumengar=
ten, von Baumschule, hinter welcher wir
bald wieder die Umzäunung dieser ganzen An=
lage wahrnehmen.

Hier treffen wir aber wieder, nachdem wir
von dieser stillen einsiedlerischen Wohnung des
Gärtners den Fußsteig vorwärts gegangen sind,
in die eine Allee, die wir vorhin zu der der Sta=
tue des tanzenden Fauns hinabgingen. Wir
wenden uns wieder zu dem Schlosse und ge=
nießen nun hier nach unserer Wanderung der
lachenden Aussichten, die wir auf der Hinterseite
dieses Gebäudes auf den Elbstrom und die mit
Weiden besetzten und Wald umgebenen Ufer ha=
ben. Welchen schönen Anblick genießen wir
hier bei der Wendung, welche die Elbe macht!
Wir stehen gerade in dem Mittelpunkte des Bo=
gens, in dem das Wasser hier vor diesem Ber=
ge vorbeifließt. In einem entfernten Bogen
kommt es, und in einem entfernten Bogen flie=
het es wieder von uns. Da haftet unser Auge
auf

auf das schmale tiefere mit Weiden und Gesträuch
bewachsene Ufer, auf die kleinen sich hin und her
windenden Gänge, zu denen wir auf einer klei=
nen Treppe hinabsteigen können. Hier in allem
genießen wir der ländlichen Aussicht, die nur
die Natur, so einfach sie auch bilden mag, ge=
ben kann!

Mit dieser ländlichen einfachen naturvollen
Aussicht stimmt auch das Gebäude, welches den
Mittelpunkt unserer schönen Ansicht bezeichnet,
und hinter welchem wir stehen, mit dieser länd=
lichen Scene auch das Innere dieses Garten=
schlosses überein, in welchem wir alle die Ver=
gnügungen, welche nur Thomson in seinen
Jahreszeiten dichtet, und welche das Landleben
bezeichnen, abgebildet sind. Hier finden wir
auf Bildern alle Arbeiten des Landes in allen
seinen Arten und Beschäftigungen abgemalt.

Welche süße frohe Ruhe ergießt sich aber
über diesen ganzen Berg und herrscht in allen
Anlagen! — Es ist unmöglich, daß ich jede ein=
zelne

zelne Parthie von Sträuchern, in welcher be=
sonders diese oder jene Empfindung genährt
wird, jeden einzelnen Gartensitz, der uns diese
oder jene Aussicht zeigt, jede hohe bejahrte Ei=
che aufzählen kann, bei der wir stehen bleiben
und in ihrem Alter, in ihrer Stärke Veranlas=
sung zur Ruhe, zum Gefühl unserer selbst fin=
den. Ueberhaupt ist Mannichfaltigkeit, Ab=
wechslung nicht der Charakter dieser Anlage;
nur Einfachheit, Naturgleiches Bilden und
sich gleich bleibendes Schaffen der Ausdruck, in
welchem die Kunst der Natur hier zu Hülfe ge=
kommen ist. Der ganze Berg ist mit Eichen
und andern Stämmen dieser Art besetzt, und es
ist ein Eichenwald. Durch diesen Eichenwald
sind einzelne Rasengänge und Wege geschnitten,
in demselben manche einzelne kleine Parthie von
niedrigem Gesträuch angebracht, wenig von aus=
ländischen Hölzern und Pflanzungen, nur so
viel, als zur Abwechslung nöthig war; man=
cher blühende Strauch neben einer hochstäm=
migen Eiche oder Tanne gepflanzt, hie und da
eine Statue, ein Gartensitz, ein verstecktes Gar=

tenhaus

tenhaus, und dieses ist es, was dieser Gegend Mannichfaltigkeit und Abwechslung giebt. Die Empfindungen des Herzens, das Interessirende sollte hier genähret und unterhalten werden. Daher durfte nicht Mannichfaltigkeit, eine Verschönerung da seyn, welche mehr zur Phantasie sprach, als nur eine solche, welche das Herz sich in seinen Gefühlen wiegen ließ. Die Verschönerung, die Pflege dieser Anlage dient hier bloß, daß wir nicht ganz in eine Wildniß, in einem einzelnen finstern Orte der Einsamkeit zu wandeln glauben.

Kannst du dir, Wanderer, den ich mir zur Seite denke, durch diese kurze Beschreibung ein Gemäldе von diesem Berge bilden: so habe ich erreicht, was ich mit dieser Schilderung erreichen wollte. Ich habe einen allgemeinen Umriß von einer wirklichen Anlage gegeben, die alles vorhergehende, was ich von dem deutschen Garten gesagt habe und alles folgende noch durch Erfahrung bestätigen soll. Wende nun alles folgende, was ich als Eigenthümlichkeit des deutschen

schen Gartens auseinanderseßen werde, auf diese Anlage des Bergs an: und das Gemälde ist
vollendet, das ich dir von dem Geschmacke desselben geben wollte.

———

Das Interessirende und Interesse, welches
der deutsche Garten malen soll, ist nicht ein so
einfaches, daß man glauben könnte, es wären
hier dem Künstler zu enge Grenzen gesteckt, in-
nerhalb welchen er sich halten müsse, daß er
gleichsam nur eine Farbe habe, mit welcher
er sein Gemälde darstellen dürfe. Denn welche
Mannichfaltigkeit von getheilten und unendli-
chen mit einander verwandten Empfindungen
eilen hier auf uns zu, da wir das Interessirende
nennen, und die alle in diesem wie in einem
Mittelpunkte begriffen sind! Ich darf nur die
Namen dieser Gefühle nennen, um zu zeigen,
was der Schöpfer eines solchen Gartens malen
kann, und was er für einen großen weiten
Reichthum hat, aus dem er schöpfen und bilden kann. Das moralisch Gute, welches mit
jenem

jenem Interessirenden verwandt ist, und mit welchem wir das Interessirende erklärt haben, ist das Allgemeinste, in welchem die anderen Empfindungen, in welche sich das Interesse theilt, als Modificationen zusammenlaufen: und unter diesem Allgemeinsten stehen die Gefühle von Ruhe, von ländlicher stiller Einfalt der Natur, von dem wahren Frieden der Natur, von ihrer Unschuld, von der Einfachheit der Sitten, der Reinheit des Herzens, der Liebe mit allen ihren einzelnen Erscheinungen und Schildereien — kurz, alle die Empfindungen, welche wir in den Gedichten eines Hölty, Matthisson, Geßner gemalet finden. Dort in jenem einsamen Haine, den der Künstler in seinen deutschen Garten gepflanzt hat, finde ich einen Platz, wo die Bäume, die Büsche weniger geordnet sind, wo sie ihre Zweige und ihre Wipfel nachlässig hinstrecken, wo sich auf der Erde ein windendes Gesträuch bildet, ein artiges Gewebe von Hin- und Herlaufen, von Labyrinth, in dem sich das Auge und mit ihm die Gedanken des Wanderers verlieren; hier eine Inschrift der Erinnerung geweihet —

bet—— wie wohl thut dieses der Empfindung
jedes Wanderers! Von dem hohen Gefühle des
Schönen weggewandt, das er in dem englän=
dischen Garten in voller Fülle hatte, wird er
hier in seinen eigenen frohen und wehmüthigen
Empfindungen sich laben, und Ruhe, Friede,
Zweifel, Wehmuth — kurz, moralisches Inter=
esse wird hier das Gefühl seyn, das seine Seele,
sein Herz belebet und in seinen ersten Tiefen mit
einer lebendigen Wärme gleichsam mehrerer Em=
pfindungen fähig macht. Da im deutschen Gar=
ten sehe ich in seiner ganzen Form des Umrisses,
in seinen einzelnen und größeren Theilen, in sei=
nen kleinen und größern Parthien, selbst um den
Garten herum eine gewisse frohe Nachläßigkeit;
diese Nachläßigkeit aber durch die Kunst veredelt,
durch die Kunst zu einer gewissen Leichtigkeit ge=
reiniget, und welche andere Empfindungen, wel=
chen andern Genuß muß man also hier haben,
als in dem engländischen Garten, wo der Künst=
ler alle Kräfte anwandte, um die schönsten,
abwechselndsten, mannichfaltigsten Parthien zu
veranstalten, diese Parthien durch Statüen,
—— durch

durch große Seen zu erheitern, zu verschönern,
kurz, wo durch alle mögliche Hülfsmittel der
Künstler hier ein Ideal von Gegend, welches
die Einbildungskraft und Phantasie auf ihren
unermüdeten Schwingen kaum erreichen kann,
aufgestellt hat.

Die Natur und das Naturschöne zeigt sich
als solches eben dadurch, daß wir eine gewisse
ungebundene Nachläßigkeit in ihren Werken
wahrnehmen, durch welche der absichtliche
Zweck des Schönen verborgen wird, daß wir
hier nicht alles so bloß auf das höhere Schöne
berechnet, sondern hie und da durch äußere Bedingungen die Schönheit gleichsam eingeschränkt
und gehindert sehen: zweitens dadurch, daß wir
in allen ihren Formen, welche das Gefühl des
Schönen gewähren, eine gewisse Zufälligkeit
wahrnehmen, wodurch gerade das Naturschöne
vor dem Kunstschönen hervorgehoben wird, indem der Künstler, so sehr er auch die Natur nachahmt, doch nimmermehr da, wo er
die Natur verschönert, diese Zufälligkeit, diesen
Schein

Schein des zufälligen Ohngefähes von der Natur abcopieren kann. Denn in einem engländischen Garten, wo wir Statüen, größere und
kleinere Seen in schöne Formen gebracht, größere und kleinere Parthien in der angenehmsten
Abwechslung und Aufeinanderfolge unter einander wahrnehmen: wie und wodurch sollten
wir hier auf den Gedanken kommen, daß alles
dieses zufällig veranstaltet, so bloß als eine
glückliche wohlthätige Laune der Natur, ohne
daß sie diesen Zweck des Schönen hatte, hinge-
worfen seyn sollte? Bei diesen charakterischen
Eigenschaften des Naturschönen, die ich aber
unter den Namen Nachläßigkeit und Zufälligkeit bezeichnet habe, muß nun auch
überbleß der Künstler, welcher einen deutschen
Garten anlegen will, so von der Verschönerung
und den Mitteln der Verschönerung Gebrauch
machen, daß sie die Wirkungen der Nachläßigkeit
und Zufälligkeit, welche er über und in seine
Parthien gebracht hat, nicht hindern und un-
terdrücken.

Die

Die unterſcheidenden Merkmale in Abſicht auf Form und Anlage ſcheinen mir aber zwiſchen dem e n g l ä n d i ſ c h e n und dem d e u t ſ c h e n Garten folgende zu ſeyn.

1.) Der e n g l ä n d i ſ c h e G a r t e n ſoll das Schöne der Natur in ihren Landſchaften, in ihrer Zuſammenſetzung der landſchaftlichen Producte darſtellen. Zu dieſen landſchaftlichen Produkten aber gehört nicht bloß der einzelne Baum, das einzelne Gebüſch, nicht bloß das, was wir mit der Hand umfaſſen und greifen können; ſondern alles, was nur im Großen und Kleinen eine Landſchaft mit ihren ganzen weiten Ausſichten und Anſichten, mit ihren weiten Plätzen von Seen, Wieſen, Feldern, Wäldern und Bergen bildet. Nun aber ſcheint mir daraus das erſte Haupterforderniß eines engländiſchen Gartens zu entſtehen, daß er weit, g r o ß ſei, daß er eine w i r k l i c h e L a n d ſ c h a f t, ei- ne l a n d ſ c h a f t l i c h e G e g e n d in i h r e m g a n z e n U m f a n g e bilden muß. Ein be- ſchränkter in einen engen Raum eingeſchloſſener

Garten

Garten, wenn er auch noch so reichlich mit
fremden Hölzern und Pflanzungen geziert ist,
noch so viel von Kunst und Aufwand in sich
enthält — kann ich mir nicht denken, daß er
ein engländischer Garten sein könne, indem hier
der e r s t e w e s e n t l i c h e Charakter einer Land»
schaft, die entfernte Ausficht und Ansicht, die
Uebersicht über alles einzelne wegfällt. .

Der d e u t s c h e G a r t e n aber soll das
I n t e r e s s i r e n d e der Natur, das Interesse
des Naturschönen malen und darstellen. Nun
aber scheint mir zu dieser Darstellung und Ma»
lerei des Interessirenden gar nicht weite Aus»
ficht und Ansicht, weiter Horizont, ferner Him»
mel nöthig zu seyn; ja vielmehr glaube ich,
daß hier die Empfindungen des Interessirenden
mehr in einem s t i l l e n, k l e i n e n, e i n g e»
s c h r ä n k t e n Platze, wo der Mensch sich nur
selbst fühlt, wo er sich selbst ist und sein ist, ge»
nährt werden: wie das Herz, die Mutter des
Interessirenden, sich gern an einzelne Gegen»
stände anschließt, die Einbildungskraft und
Phan»

Phantasie, die Geberin und Empfängerin des Schönen, mehr gern zu weiten entfernten Gegenständen, von einer Mannichfaltigkeit zur andern hineilt. Daher auch mir nicht allein nicht ein weiter ausgedehnter Raum zu einem deutschen Garten nöthig, sondern selbst ein solcher enger, eingeschlossener, stillerer Raum das Eigenthümliche des deutschen Gartens zu seyn scheint, wo seine Anlage, seine Kunst allein gedeihen kann.

2.) Der engländische Garten soll das Schöne der landschaftlichen Natur zeigen. Dieses kann nur in einer Mannichfaltigkeit, durch die reichhaltigste Abwechslung, durch die verschiedenartigste Zusammensetzung der landschaftlichen Producte bestehen: daher auch, daß in einem engländischen Garten die Kunst alle mögliche Mühe anwenden muß, diese Mannichfaltigkeit, diese Abwechslung, diese Verschiedenheit der Formen, der Composition im Großen und Kleinen zu zeigen. Ja auf diese Mannichfaltigkeit und dieses abwechseln-

D

wechfelnde Spiel in den Formen ist auch die nothwendige Aufnahme fremder Hölzer und Pflanzungen, wo die Natur freier und mannichfaltiger spielt, berechnet: daher auch wieder ein unterscheidender Charakter, der dem d e u t s c h e n G a r t e n zukömmt, daß

d i e s e r bei wenigerer Abwechslung, bei einer geringern Mannichfaltigkeit von Gegenständen und von Composition eben so gefällt und vielleicht besser, als bei einer größern und einem zu großen Aufwande von Abwechslung und ermüdender Mannichfaltigkeit. In einem engländischen Garten muß alles zusammengesammelt seyn, was nur das Schöne der Natur in ihren landschaftlichen Producten und der Zusammensetzung derselben zeigen kann: allein in dem deutschen Garten — wozu, zu welchem Endzweck diese Mannichfaltigkeit, da das Interesse und Interessirende schon in einer einförmigen, einfachen landschaftlichen Parthie genug Nahrung und Belebung findet! Wie schön könnte und sollte nicht ein deutscher Garten auch aus bloßen einheimischen Hölzern und Pflanzun

gen

gen unferes Himmelsſtrichs gebildet werden, da
es hier nicht auf abwechſelndes Spiel und Unterhaltung der Kräfte der Phantaſie und Einbildungskraft allein oder auch nur zum größten
Theile ankommt! — obſchon auch hier in dem
deutſchen Garten, da er die Verſchönerung zum
untergeordneten Zweck hat, die Pflanzung
von fremden Hölzern nicht zu verwerfen, ſondern vielmehr zu billigen iſt.

3.) Der engländiſche Garten ſoll
das Schöne der landſchaftlichen Natur in der
Zuſammenſtellung ihrer Parthien, ihrer einzelnen Theile und Producte zeigen. Daher daß
auch in einem engländiſchen Garten die genaueſte
Sorgfalt auf den äußern Umriß, die
Grenzen gleichſam des Gartens und
der innern Theile deſſelben gewandt werden muß. Das Schöne beſtehet faſt allein in
der Form, in der Vereinigung und Zuſammenſtellung der Parthien; daher, daß der Künſtler
des engländiſchen Gartens hier die ſchöne Form
des Gartens, in welche ſich die einzelnen Parthien

thlen und einzelnen Anlagen vereinigen, durch
eine Einheit, welche sich über den ganzen Garten verbreitet, bemerkbar machen muß. Ich
meine, es muß hier eine eben so genaue und
weise Composition seyn, wie in einem musikali-
schem Stücke, wo das Thema bis zum Ende durch die mannichfaltigsten Melodien und
Theile durchgeführt ist, daß das Stück Einheit
hat. Eine solche Einheit, welche die schöne
Form des Gartens bemerkbar macht, ist nun
durch höhere Standpunkte, an welchen sich das
Auge orientiren kann, und welche die Form des
Gartens bezeichnen, zu gewinnen. Natürlich
freilich aber auch, daß diese höhern Standpunkte
mit Sparsamkeit, mit Klugheit müssen angelegt seyn, daß sie den Regeln des Schönen und
der Composition im Großen und Kleinen gemäß
sind.

Aber der d e u t s c h e G a r t e n bedarf nicht
einer so genauen und auf das Schöne berechneten
Form seines Umrisses, seiner Anlagen. Der
M e n s c h in seinem n a t ü r l i c h e n G e f ü h l e
des

des Herzens, in seinem moralischen
Interesse für alles Gute und Wahre, für
alle die Empfindungen und Gefühle, welche mit
dem Wahren und Guten in Gemeinschaft stehen, wandelt hier. Und wozu die Form, an
welcher das Auge sich weidet, wozu die ausgesuchte idealische Composition der Anlage, in
der die Einbildungskraft üppig umherschweift?
da hier das Herz des Menschen durch die Sprache der Natur, durch ihre reine heilige Nachlässigkeit, mit welcher sie Ruhe und Frieden
giebt, unterhalten werden soll.- Ein deutscher
Garten mag also immer ein mehr oder weniger
regelmäßiges, oder mehr oder weniger aus Schönheit berechnetes Ganzes seyn.

4.) Der engländische Garten ist
verschönerte Darstellung der landschaftlichen
Natur: daher das Gesetz und die Erlaubniß,
daß in engländischen Anlagen Statüen, Gebäude, an welchen die Kunst Meisterstücke liefert, seyn können und müssen. Jene Statüen
liefern schöne Ansichten, geben oft einer Parthie
eine

eine bestimmte ausgezeichnete Bedeutung, erheben die ganze Parthie mehr zur Dichtung.
Jene Gebäude bringen aber überdieß auch noch,
außer der Verschönerung, eine besondere Indi-
vidualität in die Anlagen, welche Individuali-
tät bei jedem Kunstwerk seyn muß, wie in der
Landschaftsmalerei die Staffage. Aber auch
diese idealisirende Verschönerung der landschaftlichen Natur durch Statüen und Gebäude ist
in dem

deutschen Garten nicht nöthig, ja wider seinen Charakter. Die einfachste, ländliche
Natur mit ihren Bedeutungen und Beziehun-
gen auf das moralische Gefühl und auf die mannichfaltigsten Aeußerungen desselben ist hier am
willkommensten. Ein blühender Baum mit
seinen Blüthenregen, ein Gebüsch mit seinen sich
gattenden, zur Erde nachlässig und zerstreut
herabhangenden Zweigen ist hier willkommener,
sprechender, als die Statüe, mit der nur der
Gartenkünstler die engländische Anlage, die beste
schönste Parthie derselben zieren konnte. Da um
den deutschen Garten herum frohe Aussicht auf

Anger

Anger und Wiese, auf weidende Heerden, auf
Felder voll Korn, auf einsame Gebüsche, auf
ein einsames Dorf — das ist es, was den Charakter des deutschen Gartens am besten malen,
sein Interesse und sein Interessirendes am besten
vermehren kann.

5.) Der engländische Garten soll die
schöne landschaftliche Natur in ihrem Großen
und Kleinen zeigen, der Wanderer gehet in diesem wirklich großen Gebiete der Landschaft selbst
herum: daher, daß hier der Künstler auf ausgesuchte schöne Formen, auf schöne Verbindung
der einzelnen kleinen Parthien, und, daß der
Wanderer Abwechslung habe, auf Abwechslung des Genusses, der Schönheit
mit dem Angenehmen, und des Angenehmen mit dem physischen Wohlbe-
hagen sehen muß. Aber in einem
deutschen Garten ist auch diese sorg-
fältige Abwechslung von mannichfaltigen Parthien, diese angebrachte Sorgfalt für den ab-
wechselnden Genuß jeder Art nicht nöthig: denn
der

der Garten ist klein, der Wanderer gefällt sich
so sehr und so allein in dem nie ermüdenden Interesse, welches diese Anlage für das Herz giebt.
Und Abwechslung, zu große Mannichfaltigkeit,
zu ausgesuchte kunstreiche Formen würden hier
jenes Interesse mehr vermindern als stärken.

Dieß halte ich für die unterscheidenden
Hauptzüge des Charakters des deutschen und
engländischen Gartens. Dieser ist verschönerte Darstellung der landschaftlichen Natur; jener, Darstellung der
interessirenden landschaftlichen Natur. Jener ist Landschaft im wahren eigentlichen Sinne des Worts; dieser nur gleichsam eine Parthie von einer Landschaft, ein
kleines interessirendes Landschaftsgemälde, in
dem sich der herumschweifende Blick selbst bei
diesen beschränkten Formen und dieser beschränkten Aussicht wohl gefällt.

Der deutsche Garten hat nicht minder Anspruch auf den Namen Kunst, Kunstan-
lage,

lage, als dem engländischen Garten längst
dieser Anspruch ist zuerkannt worden. Denn
auch dort wird das Schöne dargestellt, nur aber
als Naturschönes, in wie fern es ein Interesse
giebt und in wie fern also hier die Kunst ihr
Verschönern und Idealisiren vergessen muß.
Auch hier unterscheidet sich der deutsche Garten
von bloßen Naturanlagen, oder von solchen
Gärten, die dem Nutzen oder dem bloß Angenehmen geweihet sind. —

Ich habe geglaubt, durch diese wenigen
Bemerkungen, durch diesen Aufsatz nichts un-
verdienstliches zu liefern, in wie fern er nämlich
diesen besondern Gegenstand mehr in unseren
Zeiten, die diese schöne freundliche Schwester
der Künste, die Gartenkunst, so sehr bilden
und pflegen, zur Sprache bringen und mehr
Aufmerksamkeit auf ihn erregen kann. Wenn
der engländische Garten als Kunst Vorzug vor
dem deutschen Garten hat: so hat dieser wieder
nicht weniger Vorzug vor jenem, in wie fern er
gleichsam populairer, allgemeinverständlich zu
dem

dem moralischen Sinn eines jeden spricht, und
so auch selbst der moralischen Ausbildung näher
liegt, als der engländische Garten, dessen Ge=
nuß eine höhere, feinere Ausbildung des Kunst=
gefühls zu verlangen scheint; ja in wie fern
selbst jener mehr für den Mittelmann ist, der,
da es nicht in seinem Vermögen stehet, mit un=
geheuren Kostenaufwand eine Landschaft, die
engländischer Garten heißt, anzulegen, sich doch
einen Garten im deutschen Geschmacke
bilden und schaffen kann.

Wittenberg.

Grohmann.

II.

II.

Beschreibung

des

Gartens zu Dieskau

im Saalkreise.

(Aus einem Briefe an eine Dame;
vom Junius 1796.)

— — —

Ein Freund holte mich zu einem Spazierritt ab. Wir trabten auf einem einförmigen Feldwege, durch wohlaussehendes Getreide, über Brückdorf, an einem Teiche unter Weidenschatten hin, und dann zwischen hohen, lombardischen Pappeln nach — Dieskau, das der Herr Kanzler von Hoffmann durch seine Landwirthschaft,

schaft, seinen Garten und seine Mahlzeiten be=
rühmt gemacht hat.

Wir gingen gerade in den Garten durch ei=
nen Eingang zwischen dem Wohnhause und der
Kirche, auf welchen eine breite Baumstraße
führt. Das Haus stößt mit zwei Seiten an
den Garten, der vor der schmälern Seite des
Hauses und dessen Ausgange ein mäßiges Viereck
macht. Auf dessen rechter Seite, in einer
Richtung mit der Kirche, wird er von einem
steinernen Gewächshause begrenzt, dessen ein=
fache Vorderseite über der mittelsten Glasthüre
die einfache Inschrift hat:

Florae et amicis *). — —

Oben darüber ist eine Sonnenuhr ange=
bracht, welche das Merkwürdige hat, noch vom
Herrn von Segner, dem hallischen Mathema=
tiker, berechnet worden zu seyn.

Auf

*) Der Flora und Freunden!

Auf der dritten Seite, dem Wohnhause ge=
genüber, ist, außer grüner Verkleidung der
Wand, nur ein Vogelhäuschen mit allerlei klei=
nen Vögeln und einer Laube dabei. Dazwi=
schen breite Sandwege, die einen mäßigen run=
den Rasenplatz einfaßen.

Die vierte Seite führt etwas abhängig zwi=
schen sehr schönen Rasenstücken und Blumen=
klumps, neben einer gebrannten weißen Urne vor=
bei, weiter in den Garten. Wenn man vor dem
Rasenplatze, mit dem Rücken nach dem Gar=
tenhause steht, so hatte man sonst eine äußerst
liebliche Ansicht des engen Gartenthals, das in
dem herrlichsten Rasenteppiche bestand, von bei=
den Seiten mit lombardischen Pappeln, ameri=
kanischen Kiefern, Platanen u. dergl. kunstlos
abwechselnd in schöner Unordnung eingefaßt,
querdurch von einem Kanale durchschnitten,
und hie und da mit blüthenvollen, duftenden
Geißblattsträuchen bepflanzt. Ein paar Her=
men schimmerten unter dickbelaubten Bäumen
hervor, und das reizende, länglichte Thal hob
sich

sich gegenüber wieder sanft, um mit einem artigen
sinesischen Hause, an das sich auf beiden Seiten
auserlesene amerikanische Kiefern drängen, die
Aussicht zu schließen.   Ganz so schön ist sie jetzt
nicht mehr, und zwar nicht, weil weniger, sondern weil etwas zu viel da ist.   Die Bäume
sind nämlich zu groß gewachsen; sie verdecken
die sanften Krümmungen des Rasens, nähern
sich einander zu sehr, und geben dadurch dem
Ganzen das Ansehen eines ganz geraden Baum-
gangs, der aber mehr einem wilden Waldtheile,
als einer geschmackvollen Anlage gleich sieht,
und gegen eine ächt französische Allee durch seine Unordnung in den Baumarten und durch
sein ungangbares Gras in der That verliert.
Wer das äußerst heitere, lachende Plätzchen vor
mehrern Jahren gesehen hat und jetzt wieder
sieht, dem muß die wichtige Regel und die sehr
schwere Kunst recht klar werden, bei der Pflanzung jedes einzelnen Baumes in freien Gärten
ja sorgfältig zu überlegen, was der Baum in
seinem völlig ausgewachsenen Zustande für eine
Wirkung thun werde.

Wenn

Wenn man anfängt den sanften Abhang
herunter zu gehen, so kömmt man zuerst nach
wenig Schritten zu einem zweiten Vogelhause,
nicht weit vom ersten, auf derselben Seite, nur
größer, und zu einer kunstlosen, aber geraumi-
gen und bedeckten Laube vor demselben. Hier
theilt sich der Weg; der eine geht auf derselben
Seite fort; der andere wendet sich gerade hinüber an die Ecke des Hauses, an welcher eine
sehr große, schattige und wohlriechende Laube
von zwei Stockwerken angebracht ist, in deren
oberes man unmittelbar aus dem gewöhnlichen
Eßzimmer treten kann. Nun krümmt sich der
Weg durch einige Gruppen größerer Gesträuche
und schöner lombardischer Pappeln, und läuft
dann eben so geschlängelt dießeits des beschrie-
benen Thales, wie der erstere jenseits. Die
Grenze, Hof und Wirthschaftsgebäude, sind
mit Büschen und Bäumen verkleidet. Man
findet bald links eine dumpfe, gemeine und wohl
nicht leicht benützte Laube, und gleich darauf
eine Brücke über den erwähnten Kanal, von
welcher man links ein anstoßendes, rundes Was-
serbecken

ferbecken erblickt, das schon im Umfange des Ge-
müßgartens liegt, und ein paar zahme Schwä-
ne beherbergt. Bald darauf verließen wir die
Hauptrichtung dieses Weges, (nach dem sinesischen Hause hinauf,) schlüpften in einen schat-
tigen, duftenden Gang von mannichfaltigen Na-
delholzbüschen und Blütensträuchen, der rechts
Rasen mit einzelnen Büschen, Gruppen und
Obstbäumen, links den Gemüßgarten hat, und
uns zuletzt durch eine Krümmung rechts zu einem sehr angenehmen, gesellschaftlichen Gartenhause brachte, das mir neu war. Es liegt etwas höher, als der Weg, links; an der einen
schmalen Seite des Gartenrechtecks, das mit
der andern an das Eingangsthal gerückt ist.
Die vorderste Seite ist ganz offen, und das
Ganze von unbehauenen Stämmen fest gebaut,
die Säulen durch solche Stämme bezeichnet, die
Felder dazwischen statt der Tapeten mit dürrem
Schilfe ausgelegt, im längern Hintergrunde auf
ähnlichen Holzstämmen ein breites, niedriges,
sehr bequemes Faulbett, an welches sich auf beiden schmälern Seiten ähnliche Kanapees anschließen,

schließen, mit Moos und Matten weich gepol-
stert. Das Dach ist von Schindeln, mit einer
Art von kleiner Laterne in der Mitte, die von
kleinen, natürlichen Aesten getragen wird, so
wie die Halle um die drei vordern Seiten des
Hauses von großen Stämmen und Aesten, die
nach gothischem Geschmacke zusammengefügt
sind. Der Grund, worauf das Haus steht,
macht ein Viereck, das mit kleinen runden Kie-
seln gepflastert ist. Seine Lage (auf dieser Seite am Ende des Gartens) ist so ruhig und einsam, daß seine Größe und seine sichtbare Bestimmung für Gesellschaft dem Orte widerspricht.
Wenig Schritte von dem Hause steht auf der
hübschen kleinen Wiese, an der wir herkamen,
und die man vom Faulbette aus der Länge nach
übersieht, ein runder Altar, worauf ein kleiner
sitzender Amor eine Nachtigall mit seinem Pfeile
füttert. Alles nicht übel in Sandstein gearbeitet.

An der Vorderseite des Altans steht, der
Rundung wegen etwas mühsam zu lesen:

E

Dich

Dich hat Amor gewiß, o Sängerin, fütternd er-
zogen,
Kindisch reichte der Gott dir mit dem Pfei-
le die Kost.
Schlürfend saugtest du Gift in die unschuldige
Kehle,
Denn mit der Liebe Gewalt trifft Philome-
le das Herz.

Man bedauert, daß das Geschwätz und La-
chen einer Theegesellschaft die Stille des Pläß-
chens betäuben, und Amors Nachtigall verscheu-
chen soll.

Ein ebener hölzerner Steig mit einem recht
artig aus Aesten geflochtenen Geländer führt
ganz nahe bei Amorn über einen kleinen meistens trockenen Graben sogleich zu einer dunkeln Wurzelhöhle mit Moossitzen. Sie ist
unregelmäßig, an sich recht gut angelegt, aber
doch gar zu nahe bei jenem Gartenhause. In
ihrem Hintergrunde ist ein Ausgang auf das
Feld; allein man würde eher einen Eingang in
ein unterirdisches Gewölbe vermuthen.

Von

Von hier aus geht man, ziemlich parallel
mit dem Herwege, in gekrümmten Gängen nach
dem sinesischen Hause zu. Dieser Gang ist vorzüglich, und war schon ehemals mein Liebling.
Die reichste Abwechslung schöner Sträuche unterhält das Auge durch ihren Bau; ihr Grün
und dazwischen sehr reichlich und geschmackvoll
ausgestreute Blumen und andere Blüten, indem
man von den süßesten Düften umweht, und von
den lieblichsten Vögeln umsungen und umhüpft
wird. Auf einem etwas düstern Platze findet
man eine einsame Urne, ziemlich groß, doch in
gutem Verhältnisse, die anliegenden Henkel und
sie selbst mit Schleier von — Stein umhan-
gen, den Deckel mit recht gut gearbeitetem
Laubwerke beworfen. Das Fußgestell ist rund,
abwärts gerieft, mit einem ebenen Felde
nach der Seite des Wohnhauses zu, von der
auch der Weg herkömmt, den wir bei der
Abschweifung in das angeschobene Rechteck
verließen. Dahin ist auch die einzige etwas
offene Aussicht von einer steinernen Bank
aus, die sich hinter der Urne befindet. Auf
dem

dem erwähnten Felbe steht mit teutschen Buch-
staben:

Augusten Lüdern,

geb. d. 18. Dez. 1765, gestorben d. 10. März 1778.
Der liebsten, zärtlichsten und folgsamsten Tochter,
voll Sanftmuth, Güte und Gefälligkeit,
heiter und geschäftig,
von Jedermann geliebt.
Ihre Eltern Hoffmann.

Außerdem sind noch einige Inschriften mit
Bleistift und Dinte daran geschrieben, wovon
ich nur eine der Bemerkung werth fand:

Früh mit reifem Verstand, mit Schönheit und
Tugend geschmücket,
sank schon im blühenten Lenz kläglich Au-
gusta dahin.
Also bricht ein zärtlicher Stamm im Haine Pomo-
nens,
wenn zu häufige Frucht reifend die Zweige
beschwert.

––––––

Der dritte Ausgang dieses Plätzchens führt
sehr bald vor das anfangs genannte sinesische
Haus,

Haus, welches auf einer aus gemalten Fel=
sen bestehenden Grotte mit vier offenen Eingän=
gen gebaut ist, und die gewöhnliche Gestalt sines
sischer Häuser hat, rund umber mit Figuren be=
malt, und hoch über die Grotte hinauf dicht
mit Immergrün, wildem Wein und Jeldnger=
jelieber bewachsen. Gleich dahinter läuft eine
Grenze des Gartens; aber im zweiten Stock
auf einem Altan, ist eine weite, angenehme
Aussicht, besonders über Döllnitz und die schöne
liebenauische Aue nach Merseburg hinüber. Im
ersten Stock ist ein Gesellschaftszimmer, von wo
die Aussicht nach dem Gewächshause noch be=
schränkter ist, als sie von dorther war.

Uebrigens kann diese Linie einen Abschnitt
des Gartens machen, und ich führe Sie nun
nach der entgegengesetzten Seite rechts, die sich
als ein drittes Rechteck ziemlich lang aber et=
was schmal hinzieht. Der unterste Weg ist
ganz gerade, lang und stets schattig, der älteste
Theil der Anlage. Der oberste, an der Feld=
grenze, ist ein ähnlicher, heiterer durch ein lieb=
liches

liches Birkenwäldchen. Wir wählten den mittelsten, nicht der Weisheit wegen, sondern weil
da, wie am feurigen Busche in der Wüste, alles
glühte und brannte von den schönsten, mannichfaltigsten Rosen, besonders von den virginischen.
Es war eine Herrlichkeit, in diesen Düften zu
schwimmen, und die Vögel meinten es auch.
Die süße Sprache, in der sie ihr Vergnügen
ausdrückten, vermehrte das unsrige vielfach.
Dürften wir das auch umgekehrt hoffen? —
Ach nein! wir sind nur Vogelscheuchen! Frau
von B** ausgenommen, die würden die Vögel für eine königliche Rose ansehen, und doppelt schön singen.

Aus diesem reizenden Rosenwäldchen wen-
deten wir uns in den langen geraden Gang.
Da begrüßte uns aus dem Wäldchen links heraus ein Apoll in Lebensgröße, ganz nackend, mit
vorwärts gestreckten Armen. Auf der Vorderseite seines vierseitigen hohen Fußgestelles
steht:

Henrici

Henrici
Borus. Princ.
adventu
d. Jul. II. MDCCLXXXIIII. *)

Die Bildſäule ſteht etwa 30 Schritte vom
Wege ab. Vierzig bis 50 Schritte weiter ſteht
näher am Wege eine runde, abgeſtutzte Säule
auf einem vierſeitigen Fuße, zuſammen etwa 7
Ellen hoch. In der Mitte der Säule, auf ei⸗
nem an Laubwerk hängenden Medaillon, nach
dem ſineſiſchen Hauſe zu, alſo nicht nach dem
Gange gekehrt, aber doch vom Gange aus leſ⸗
bar, ſteht:

Dem
Frieden,
d. 13. Mai
1779.

Wenn man ſich nun bald von dem Haupt⸗
wege links ab ſchwenkt, ſo kömmt man zu einer
der ſchönſten, wo nicht zur ſchönſten Gegend des
Gartens. Der ganze Boden und der immer
gekrümmte Weg iſt uneben, und woget in ſehr
sanften

---

*) Auf die Ankunft Heinrichs, Prinzen von
Preußen, d. 2. Juli 1784.

sanften und äußerst angenehmen Wellen von
Erhöhungen und Vertiefungen, die man rechts
hat, und von Zeit zu Zeit mit steten kleinen
Veränderungen zu übersehen bekömmt. Links
ist die Feldgrenze nahe, die meistens durch schöne und mannichfaltige Büsche verdeckt ist. Allenthalben blühen und duften Blumen und
Stauden, wie von der gütigsten Natur unter
Nadelhölzer und andere Sträuche und Bäume
verstreut. Auf einem der nächsten sanften Hügel erhebt sich auf einmal heiter und frei, bei
einer fast ganz offenen Umsicht auch auf einen
kleinen See rechts, eine kolossalische Urne von
nicht ganz alltäglicher Form auf einem vierseitigen Fußgestelle mit der entgegenstehenden Inschrift:

Franz,
dem Freunde
der Rechtschaffenen,
Dessaus Vater
dem
Thätigen,
Wohlthuenden,
Allgeliebten Fürsten.

Auf

Auf der entgegengesetzten Seite:

Ihm
Weihet dieß
von Hoffmann.

Der reizende Weg zieht sich weiter. Man
hat Zeit gehabt, sich in Gedanken zu vertiefen,
oder über den niedlichen, kleinen, ausgemalten — Kupferstichen von Landschaftchen das letztere Denkmal zu vergessen, wenn man unver-
sehens zu einem neuen kömmt. Eine kleine
aber ungeschickte Urne von Sandstein zog, wie
ein Krüpel am Wege, unsere Aufmerksamkeit an
sich. Das trichterförmige Gefäß, geschmacklos
verziert, war mit einer viereckigen Platte bedeckt, an dessen vordern Seite stand:

geborn d. 25. März 1718.
gestorb. d. 21. Juni 1777.

Da dieß ungefähr mannshoch steht, so ließ
man es auch zuerst, und weiß so viel, als —
Sie itzt, von seiner Bedeutung. Wenn man
dann sucht, so findet man freilich unten am
vierseitigen Fuße:

Dem

74.

Dem
Profeſſor
Georg Friedrich
Meier,
ſeinem Lehrer
und Freunde,
Hoffmann.

Schade, daß das geſetzte Denkmal dem da⸗
maligen Geſchmacke des Stifters nicht ſo viel
Ehre macht, als der Gedanke, es zu ſetzen, ſei⸗
nem Herzen! Indeſſen, das Uebrige umher iſt
gut. Die Urne ſteht unter einem Schilfdache⸗
das von acht natürlichen Baumſäulen getragen
wird; und dieſe Baumſäulen ſind durch niedri⸗
ge, bequeme hölzerne Sitze ohne Lehne verbun⸗
den, zwei gegenüberliegende Ausgänge ausge⸗
nommen. Rechts iſt eine Ausſicht auf den See,
und ein darin angelegtes ſcheinbar ſchwimmendes
ſineſiſches Haus, und links ein eingehegter runder
Raſenplatz, wo der Herr Kanzler zuweilen ſeiner
Gemeine ein Feſt giebt, deſſen Tänze Profeſſor
Meier ſehr gern angeſehen haben ſoll. Nicht
weit davon iſt eine Anlage zum Scheibenſchießen,
inglei⸗

ingleichen ein Vogelherd, und auf der Höhe im
freien Felde eine luftige, leichte Laube mit um-
hergepflanzten Pappeln bloß als Ansicht.

Wir gingen durch den zweiten Ausgang der
Meierischen Laube wieder ins Gebüsch und abwärts, da man denn bald auf einen Dammweg am See hin kömmt, der, meistens gerade,
auf einer Seite noch sehr weit, bis zur Mühle
des Dorfs, die ganz allein liegt, und zu einer
hohen weißen Pyramide jenseits des Sees führt,
wohin zu gehen wir weder Zeit noch Lust hatten. Die Pyramide ist ein Andenken für seinen
Arzt, den Professor Goldhagen. Auf der andern Seite führt dieser Dammweg, mit dem bisherigen Wege ungefähr gleichlaufend, wieder
zurück, entweder in die gerade Allee nach dem
Apoll zu, oder in den vierten Theil des Gartens.

Man kömmt nun an den Hafen, worin einige Gondeln und Kähne vor Anker liegen, und
von wo aus man sich auf einer leichten und be-
quemen Fähre selbst nach dem Wasserhause, das
wir von oben sahen, winden kann.

Dieses

Dieses Wasserhaus ist ein zierliches, sinesi-
sches Gebäude, mit landesüblichen Figuren inwendig und auswendig bemalt, und mit einem
Gange um alle vier Seiten. Das niedliche innere Zimmer hat auf der Hafenseite den Eingang, gegenüber ein bequemes Kanapee und auf
den beiden übrigen Seiten zwei große, helle Fenster. Tisch und Stühle sind einfach. Es muß
äußerst angenehm seyn, bei stürmischem See
und kaltem Wetter in diesem schaurigen Zim-
merchen ruhig und warm zu sitzen, und zu
plaudern oder zu lesen. Allein die meisten Anlagen in der Welt sind nur dazu da, dem Fremden Gelegenheit zu geben, wie schön man sie genießen könnte. Ich habe sie schon so oft gemacht, daß ich mir jetzt gar nicht die Zeit dazu
nahm. Du willst sie zu Hause schriftlich machen, dachte ich, übersah den spiegelnden nicht
kleinen See mit seinen frischen, grünen Ufern,
Goldhagens Pyramide, Franzens Urne und
Meiers Hütte, und fuhr zurück.

Nun erst ging es auf dem Dammwege weiter

ter fort, vor einer meiſtens kunſtloſen Laube um
eine alte, hohle Erle vorbei, bis wir durch eine
nahe, kleine Urne mit Blumenſtauden links von
dem bisherigen Theile des Gartens abgezogen
wurden. Zwei hohe, ſchlanke Erlen machen
den Eingang zu dieſem Platze, den ich das
Stammbuch des Gartens nennen möchte.

An dem Baume links ſieht auf weißem
Bleche:

„Kein Thal umſchließt die Freundſchaft, keine
Hügel,
verſperren ſie; kein Meer
brauſt unbeſchiffbar vor ihr her:
ſie hat, wie Amor, zum Verfolgen Flügel,
doch nicht zum Flattern, ſo wie er.“

An dem Baume rechts, aber abwärts vom
Wege:

„Long may You live, happy
may You be
bless'd with content, from Misfortune free.

(Beglückt ſollſt Du, und lange leben;
Zufriedenheit ſoll Dich umſchweben;)

Einige

Einige Schritte weiter steht die erwähnte kleine Urne, am Eingange eines Baumkreises, in dessen Mitte um eine schöne, große Erle eine Rasenbank, und an dessen Umfange einige andere Bänke angebracht sind. Auf der innern Seite des vierseitigen Fußes der Urne befinden sich diese wenigen Wortee:

Ihrem

Freunde

Muzel Stosch

Hoffmann.

Nach dieser Inschrift zu, also dem Kommenden entgegen, winken zwei Inschriften auf Blech an dem mittelsten Baume:

„Sans l' amitié, sans sa douceur
la vie, helas! est importune.
Que fait le rang et la fortune!
Ah! l' on n' est rien que par le coeur!"

(Nein! wer nicht süße Freundschaft ehrt,
den muß nur drücken dieses Leben!
Was kann uns Rang, was Reichthum geben?
Ah! nur das Herz macht unsern Werth!)

Und

Und gleich darunter:

„In questi prati ameni,
dove contento alberga,
ed alma pace e fede,
non fia mai, ch' aspro fato
turbi con stral nemico
quell' ombra fresca e grata
di mille vaghe piante,
quel soave mormorio
di limpidi ruscelli
fra tremolanti canni.
E poi quel, ch' io pur bramo,
egli è, che in questi luoghi
fra cari e fedi amici
talvolta con amore
sia ramentato anch' io.

Diese schöne Inschrift muß auf der Stelle gemacht seyn, denn sie ist ein Gemälde nach der Natur.

(Hier, wo auf angenehmer Aue
Zufriedenheit ihr Hüttchen bauet,
Und hoher Fried' und Treue wohnet,
hier müsse nie des Schicksals Härte
die lieblichen und frischen Schatten
von tausend reizenten Gesträuchen

mit

mit feindlichem Geschoß verletzen;
nie dieses süße Murmeln stören,
womit der Bäche Silberwellen
durch sanftgebeugtes Schilf sich drängen.
Und darf ich dann noch etwas wünschen,
so sei es, daß in diesem Haine
bei theuern und getreuen Freunden
sich liebevoll auch mein Gedächtniß,
zuweilen noch erneuern möge.)

Nur die „Silberwellen,“ die limpidi ruscelli, (auch wohl so etwas von contento ed
alma pace e fede!) sind poetisch in diesen mir
rührenden Zeilen; denn daran fehlt es eigentlich. Die Teiche, deren überhaupt in der Gegend, wohin wir nun gehen, zu viel sind, werden
zum Theil ganz von Schilf überzogen, und haben
zu wenig frisches Wasser. Und der sehr kleine
Bach, der die sämmtlichen 8 bis 9 Teiche hier
herum, worunter einige sehr beträchtliche sind,
erfrischen soll, schleicht erschöpft, und aus Mangel an Fall sumpficht und modricht zwischen ihnen herum, als suchte er, wie der arme Rhein,
sein Grab im Sande. Auch stirbt er, so viel
ich

Ich weiß, eines schimpflichen Todes in einem elenden Froschgraben bei Liebenau, und kommt als ein bloßer Nachdruck, nämlich als Teich=abzug, in die kleine Hydatothek, die Elster. (Ich weiß wohl, daß Sie diesen Witz nicht ver=stehen können, meine gnädige Frau; aber darum bekümmert sich kein deutscher Schrift= und Briefsteller.) Uebrigens ist besagter armer Bach sogar einer von den vier oder fünf Hauptflüssen des Saalkreises, und heißt die Reide.

Jetzt wieder zurück in den Baumkreis, wo links auf der Wasserseite noch ein Baum mit zwei Inschriften auf uns wartet. Oben:

„Couple cheri, qui dans ces lieux tranquilles,
loin du vertige de nos villes
savourez a longs traits le plaisir d'être heureux;
de ma tendre amitié realisez les voeux,
et jouissez de ce bonheur du sage
jusqu' au terme du plus long âge."

(Geliebtes Paar, das hier in stillen Thälern,
vom Hofe fern und seinen Fehlern,
das Glück, vergnügt zu seyn, in langen Zügen
     schmeckt,

F   erfüllt

82

erfüllt den Wunſch, wozu die Freundſchaft mich
erweckt,
genießet dieſes Glück des Weiſen
noch immer, wenn auch ſchon die Haare längſt
euch greiſen.)

Unter dieſem an demſelben Baume:

„Dans ces lieux accueille par l' aimable amitié
de ce couple charmant, createur de ces charmes,
errant dans ces detours sans peine et sans allarmes
j' ai le seul souvenir de ce jour fortuné,
quand j' ai seu par-mes soins m' attirer leur estime.
En ces momens pour eux je forme mille voeux;
je m' en reserve un seul, et je le puis sans crime,
s' est d' être pour toujours agréable à leurs yeux.“

(In dieſen Gründen hier, wo gaſtfrei dieſes Paar,
das rundum Reize ſchuf, mit Freundſchaft mich
empfangen,
irr' ich, gleich frei von Furcht und Unruh' und
Verlangen,
und denke nur, wie froh die holde Stunde war,
als ich durch mein Bemühn Ihr Zutraun mir ge»
wonnen.
Jetzt bring' ich Ihnen hier viel tauſend Wünſche
dar;
nur einer ſei für mich mit reinem Sinn begonnen:
ſtets bleibe mir das Glück, das Ihre Gunſt gebar!)

Ich

Ich habe von Seiten der Kunst gar
nichts gegen einen solchen Platz in einem Naturgarten einzuwenden, noch weniger selbst, als
gegen Inschriften anderer Art, welche sonst vor-
zukommen pflegen, und von manchen Garten-
kritikern getadelt worden sind. Was ist natürlicher, als daß man sein Vergnügen über einen
Ort gleichsam befestigen, oder dem Stifter desselben seinen Dank ausdrücken; oder eine schöne
Stelle eines Dichters darauf anwenden will u. s.
w.! Aber der Ort muß einladend seyn, auf
ihm zu verweilen; so bald er einmal gleichsam
eingeweiht ist, so muß er bequem gemacht werden, damit der Wanderer gern da ruhen, lesen
und träumen möge. Das ist hier aber nicht.
Ohne die Inschriften würde man keinen Blick
auf den Platz werfen; es sieht hier beinahe aus,
als käme man in einen ganz gemeinen Gras-
garten; und folglich sieht man die Inschriften
fast wie einen unangenehmen Aufhalt an, und
liest sie mehr neugierig, als empfindend.

Aus diesem Baumkreise kommt man auf
einen

einen Teichdamm, der bald über eine sineſiſche
Brücke führt, von wo aus man rechts den lan=
gen Kanal hinab nach einem dunkeln Schilf=
dache, links aber nach dem heiter in der Ferne
ſchwebenden Waſſerhauſe, und der weit draußen
ſchimmernden Pyramide ſieht. Dann wendet
ſich der ſchattige Weg rechts in einem rechten
Winkel zwiſchen einem Teiche und dem Kanale,
und ging ſonſt allein an dieſem Kanale hin bis
an das Ende. Jeßt wendet ſich zwiſchen dem
erſten und zweiten Teiche auf dieſer Seite ein
neuer Weg links auch rechtwinklicht von jenem
ab, und führt jenſeits an dem zweiten Teiche
hinauf in einer neuen Anlage fort, die, ohne ſich
gut beſchreiben zu laſſen, doch ſehr angenehm iſt.
Der alte Weg hat etwas düſteres, und iſt we=
gen ſeiner hohen, dickbelaubten, ſchönen Erlen
bei großer Hiße erquickend, und ſelbſt in der
Entfernung, eben auf dieſem neuen Wege, ei=
ne maleriſche Einfaſſung des Ufers. Der neue
Weg iſt heiter, rechts ganz offen, anfangs nahe
am Waſſer, dann an einem Streifen von ſchö=
nem feinen Graſe, das der Beſißer vorzüglich
                                              gut

gut zu halten versteht. Links laufen dichte
Pflanzungen von allerlei meistens ausländischen
Sträuchen am Wege hin, die durch ihre mannichfaltigen Farben und Blüten, und durch
reichlich unter sie ausgestreute eigentliche Blumen ungemein reizend sind. Besonders brannte jetzt allenthalben die virginische Rose vor.
Es ist überhaupt ein Vorzug vom Dieskauer
Garten, daß zu allen Jahreszeiten ein großer
Reichthum von Blüten und Wohlgeruch darin
herrscht. Auch das giebt dieser Anlage eine An-
nehmlichkeit mehr, daß gleich hinter dem Gebüsch ein lebhafter Feldweg vorbei geht, wodurch dieß heitere Plätzchen stets Leben und Abwechslung erhält.

Weiter hin breitet sich die Wiese; und der
obere Theil des Teiches, so wie die Wiese rechts,
sind mit einer gleichfalls heitern, durchsichtigen
Pflanzung von lombardischen Pappeln eingefaßt,
durch welche sich ein Zweig unsers Weges hinüber in den dunkeln Erlengang schlängelt, wo
sich dieser in eine Allee von alten ganz ungemein
hohen

hohen und ſtarken lombardiſchen Pappeln ver-
ſtrrt. Gegen das Ende der Wieſe ſteht ganz
frei auf einer runden, ſchlanken Säule eine
ziemlich länglichte, bedeckte, einfachzierliche Urne von gleichem Durchmeſſer, und auf einem
Medaillon an der Säule, herüber nach dem
Wege zu, lieſt man:

Viro bono
Patri optimo filius
aemulus
Hoffmannus. *)

Um die Urne herum rechts in das Pap-
pelwäldchen! Links auf dem erſten Wege fort
zu einer viereckigen, ſchattichten Laube, unmittelbar an der erwähnten Straße, und an einem ganz kleinen wirklich nur liſpelnden Bache.
Dieſer entfernteſte Punkt war ehemals ſeiner
Einſamkeit wegen ein Lieblingsplatz. Jetzt iſt er
verfallen, wie vermuthlich manches andere auch.
Unglücklicher Ort, der vielleicht ſchon manche
Thräne

*) Dem braven Manne, dem beſten Vater,
ſein nacheifernder Sohn H.

Thräne eines unbefriedigten Herzens verbarg,
gönnte man dir etwa nicht mehr den Vorzug,
sie zu verbergen? Oder ist ihr Fluß durch Er-
bitterung verdämmt worden?

„Que fait le rang et la fortune!
Ah! l'on n'est rien, que par le coeur!" —

Ein dunkler, einsamer Erlenhain schließt
sich mit sanftem Uebergange an die neue,
heitere Anlage, und an einer Ecke davon, jenseits, neben den hohen Pappeln befindet sich eine
abgestumpfte Pyramide, auf einem hohen, vierseitigen Fußgestelle. Sie dient bloß zu einer
Ansicht.

Man trifft nun auf den langen, dunkeln
Kanal, den wir von der sinesischen Brücke aus
schon übersahen, und betritt das auch schon ge-
sehene Haus. Es ist über den Kanal gebaut,
denn es ist zu einem Bade bestimmt; und wird
das otaheitische Bad genennt; seine Bauart
aber ist ganz sinesisch, nur daß es an allen vier
Seiten mit Schilf bekleidet, und seine zwei
Dächer

Dächer auch damit gedeckt sind. Inwendig ist
es geräumig, aber nicht sonderlich bequem; es
wird aber wohl wenig, oder nie gebraucht.

Zwanzig Schritte weiter hin endigt die hal-
lische Straße auf dieser Seite den Garten.
Durch sie geht der Abzug aus dem Bruckdorfi-
schen großen Teiche, der gleich an die Straße
stößt. Dieser Abzug bildet einen kleinen, angenehm rauschenden Wasserfall, indem er den Kanal bewässert; und diesem Falle zu Liebe ist auf
einer Brücke neben dem Bade ihm gegenüber
eine Bank angebracht, der ich eben darum mehr
Bequemlichkeit wünschte, weil es sich wirklich
da sehr süß muß träumen und auch wohl
schlafen lassen. Jetzt sitzt man schlecht.

Zehn Schritte davon, an einem Wege, der
unmittelbar auf die Straße führt, steht ein kleiner, vierseitiger Altar mit der antiken, zum
Theil verletzten Inschrift:

C. A F.

T H. E.

et

T. A B.

welche

welche ich Ihnen selbst zu entziffern überlasse. Das innere des Altars ist ein kleiner Herd.

Nachdem wir im Anblicke des malerisch an=
gelegten Wasserfalles ein Weilchen geruhet hat=
ten, ohne zu sprechen, wandelten wir wieder zu=
rück, erst den langen Erlengang herab, und
dann auf dessen Hälfte über ein ebenes Brück=
chen links hinüber, wo ein schattiger Weg ohne
weitere Merkwürdigkeiten zwischen zuviel Tei=
chen und Graben in den Apollgang, und in die
erste Abtheilung zurückführt. —

A— —z.

III.

III.

Ueber die Anlagen

und

Umwandlung der Gärten zu englischen Parks,

vorzüglich

aber bürgerlicher Gärten.

Da die Liebhaberei, Gärten anzupflanzen, in unserm jetzigen Zeitalter immer größer zu werden scheint, und die Neigung, dergleichen Gärten im englischen Geschmack anzulegen, sich von oben herab bis zu den kleinsten Gutsbesitzern ausbreitet; nicht aber jede Sache ohne alle Rücksicht ganz nachzuahmen ist; so sei es mir erlaubt, hierüber meine ohnmaßgeblichen Gedanken zu eröffnen, und Vorschläge zu thun, wie der allgemeinen Sucht dazu Grenzen gesetzt werden

werden möchte, und wenn es ja englische Parks
seyn müssen, die man anlegt: wie das mit einiger Rücksicht geschehen und der Nutzen nicht
von dem Vergnügen ausgeschlossen bleiben
möchte.

Man hat bereits schon in der Baukunst dafür gesorgt, Baulustigen Risse zu mancherlei
Gebäuden, als fürstliche und adeliche Paläste,
bürgerliche, gemeine Garten = und andere Häuser in die Hände zu liefern, die sich auf einen
gegebenen und bestimmten Platz einschränken,
und dennoch für Geschmack, Bequemlichkeit und
Bedürfniß sorgen; warum sollte dieß nicht auch
für den Gartenliebhaber geschehen können?
Um diese Idee mehr zu erreichen und zur Ausführung zu bringen, werde ich am Schlusse dieses Aufsatzes einen Versuch liefern, wobei ich
wünsche, daß derselbe von denen, die die Sache
mehr verstehen, als ich, vollkommen ausgeführ-
ret werden möge. Er gründet sich nicht blos
auf den Begriff von einem englischen Garten, auch nicht bloß auf den von einem
Französi-

Franzöſiſchen, noch auf den von einem Baum-
und Graßgarten, ſondern auf einen weitläufti-
gern, der alle drei umfaßt, um Nuhen mit
Vergnügen·bei ſeinen Gartenanlagen mit einander zu verbinden.

Dergleichen Vorſchläge ſcheinen um ſo nö-
thiger zu ſeyn, weil das Publikum in der Lieb-
ſchaft zum Gartenweſen immer mehr und mehr
wächſt, um ihm theils eine gewiſſe Anleitung
zu geben, wie es hierbei nach Beſchaffenheit der
Umſtände verfahren könne; theils aber auch zu
warnen; daß es, indem es für Vergnügen
ſorgt, nicht auf Koſten ihrer und der Wohlfarth
des Staats geſchehe. Es giebt Tauſende, die
es wünſchen, ſich einen Garten anzulegen, worin Vergnügen mit Nuhen verbunden werden
möchte; ſie ſind bereits auch in dem Beſih eines
Stück Landes oder eines alten Gartens, wiſſen
ihm aber keine Einrichtung zu geben, durch welche obige Zwecke erhalten werden; für dieſe alſo
mögen die Gedanken ſeyn, die ich hier hinſtreue.
Was hilft ein Garten, der mir nach meiner in-
dividuel-

dividuellen Denkungsart tausend Vergnügen
gewährt, aber den größten Theil meiner Einkünfte verschlingt, und mir weiter nichts Reel-
les gewährt? Auch für den Staat kann dieß
nicht gleichgültig bleiben. Doch fürs erste noch
etwas Allgemeines über die Anlagen der jetzt so
häufig vorkommenden englischen Gärten oder
Parks, um das gesagte zu bestätigen.

Man sieht jetzt schon, seitdem englische Gärten von den Großen der Erde eingeführt worden
sind, was die Nachahmungssucht nicht allein
für einen Wirrwarr in die kleinen Gärten, sondern auch ihren Besitzern für Nachtheil in ihrer
Einnahme gebracht hat. Alle die nach Gärten
verlangen, wollen jetzt englische Gärten besitzen;
die tragbarsten Gärten und Felder werden also
jetzt in sogenannte Parks umgeschaffen. Die besten Obst- und Gemüßegärten werden ausgerot-
tet und fremde und ausländische Gesträuche
werden mit vielen Kosten angeschafft und in einem großen Wirrwarr bunt durch einander
dafür hingesetzt, mit verschiedenen Gängen
durch-

durchſchlungen und nun iſt der Park fertig;
und was noch das lächerlichſte dabei iſt: oft iſt
er nicht größer als eine gemeine Ruthe, 8 bis
10 mal übers Kreuz geſchlagen; übrigens kauft
der Beſitzer ſeine Peterſilie und ſeinen Blau-
kohl auf dem Markte. Heißt dieß nicht übertrieben? —

Ich kenne Gärten, die ehemals ihren Be-
ſitzern, wenn ſie ſolche an gemeine Gärtner ver-
pachteten, 100 bis 120 Thaler einbrachten; ſie
übernahmen ſie, wie die Parks Mode wurden,
ſelbſt, verwandelten ſie mit großen Koſten in
engliſche Gärten, halten eine Art Gärtner, der
das Nöthige darin beſorgen muß, und auf 60
bis 70 Thaler kommt, und haben bei dieſem
Aufwand und jenem Verluſt des Pachtgeldes,
weiter kein Vergnügen, als daß ſie jetzt einen
einzigen Buſch vor ihrem Hauſe ſehen, einige
fremde Geſträuche und Hölzer haben kennen lernen, und etwa täglich ein Mal einen Gang in
denſelben thun können. Wie bedaure ich den
elenden Geſchmack, den großen Geldverluſt und
das

das elende Vergnügen, in einigen krummen
Gängen umher zu laufen. Wem fällt nicht bei
den großen und kleinen englischen Gärten, die
man so in Menge, und erstere von so gro=
ßem Umfange anlegt, Horazens 15te Ode im
2ten Buch ein: Iam pauca aratro iugera re-
giae moles relinquent etc.

Wenn Hirschfeld in seiner Theorie der Gar=
tenkunst *) das Vergnügen zum Hauptzweck der
Gärten macht, so redet er nur von den Gärten
der Großen, denen es so wenig auf Nutzen der=
selben

*) Dieß Buch, das so vortreflich in seiner Art
   ist, scheint von den Gartenkünstlern und
   Gartenfreunden noch wenig gelesen und be=
   nutzt worden zu seyn, welches sehr zu be=
   dauern ist. Denn bis jetzt ist man noch
   nicht viel weiter gekommen. Man rottet
   zwar den steifen französischen Gartenge=
   schmack aus, und führt den englischen ganz
   freien ein. Sollte nicht von einem deutschen
   Genie die Mittelstraße gefunden, und aus
   beiden ein deutscher Garten erfunden wer=
   den können?

selben ankömmt; ich halte aber dafür, daß bei bürgerlichen Gärten der Nutzen mit dem Vergnügen verbunden werden müsse. Ich schränke mich daher in diesem Aufsatze nur auf bürgerliche Gärten ein, deren Besitzer sich doch auch die angenehme Gartenlust zu verschaffen im Stande sind, und diesem Vergnügen einen nicht zu hohen Verlust ihrer Einkünfte aufopfern mögen.

Nichts ist bei einem Garten erforderlicher, als daß er den freien Genuß der Luft und der Sonne hat; denn Boden und andere Dinge lassen sich verbessern, jene aber kann man ihm nicht geben, wenn seine Lage ihn nicht schon hat. — Ich halte diese Dinge für die nöthigsten Erfordernisse, wenn man den Hauptzweck eines Gartens erreichen will. Ohne ein stetes Hinzuströmen von frischer Luft und der Einwirkung des Sonnenlichts wird nichts wachsen, oder wenn fetter Boden vorhanden ist, so wird alles geil in die Höhe schließen, und beides noch mehr verhindern und noch mehr Schaden als Nutzen bringen. Wie nothwendig ist nicht bei

seinen

seinen Gängen in dem Garten das Einathmen
einer frischen, freien Luft zur Erheiterung des
Geistes, wenn man Geschäfte wegen so lange auf
seiner Stube gefesselt worden ist.

Ist dieses Erforderniß vorhanden, so stehet
ihm zunächst an der Seite: daß der Boden von
derjenigen Beschaffenheit sei, daß Gewächse in
ihm fortkommen können, und wenn er auch
nicht ganz der beste wäre, dafern er sich nur ohne große Kosten verbessern läßt. Auf Sumpf
läßt sich kein Garten anlegen, und wenn man
auch, durch Anlegung verschiedener Canäle,
den größten Theil überflüssiger Feuchtigkeiten
ableiten könnte; er wird immer etwas dumpfig
und also der Gesundheit nicht zuträglich seyn;
auch kömmt schwerlich ein Fruchtbaum in dergleichen Boden fort. Ein Boden von bloßer
blauer Lette taugt auch nichts zum Garten,
wenn nicht unter ihr ein anderer fetter Boden
ist, wie sich oft zuträgt, den man stürzen und
durcheinanderwenden und verbessern kann. Aber
außer diesem kommt selten ein Gewächs fort und

ein

ein dürres hungriges Gras macht auch dem
Garten einen Brandfleck. Stellenweise läßt sich
zwar dergleichen Boden verbessern, wer wollte
dieses aber mit einem ganzen und vielleicht großen Garten vornehmen. Aber schon im mittel-
mäßigen guten Boden läßt sich viel ausrichten,
wenn man die gehörige Aufmerksamkeit darauf
richtet. Die sogenannte Garten- oder Damm-
erde ist freilich die beste.

Hauptsächlich kömmt es auf die Absicht an,
die man bei Anlegung eines Garten hat, und
ob man sein darin steckendes Capital ganz, mehr
oder nur zur Hälfte nutzen will; ob man seinen
Vortheil mehr oder weniger dem Vergnügen,
oder das Vergnügen mehr oder weniger seinem
Vortheil aufopfern will; nur dürfen sie in bürgerlichen Gärten nach meinen obigen Außerun-
gen nicht getrennt seyn.

Wenn ich einen Garten anzulegen hätte,
so würde ich zuerst auf seine Fläche sehen, und
welche Gestalt und welche Ausdehnung sie hätte.

Die

Die regulaire Gestalt würde ich der irregulairen und das Oblongum dem Quadrat vorziehen, und sollten sich auch bei diesem Winkelabschnitte oder Bogenabschnitte ergeben, so würde ich sie verbergen und mit etwas anderm benutzen. Dieses wissen auch schon die gewöhnlichen Gärtner einzurichten und dergleichen Abschnitte zu allerlei wirthschaftlichen Dingen zu benutzen. Die, welche mehr Liebhaber von auswärtigen Gesträuchen sind, können auch Pflanzschulen zu dergleichen Gewächsen daselbst anlegen. Das Ganze aber müßte immer in eine regulaire Figur gebracht worden seyn.

Es dürfte aber hierbei noch in Erwägung gezogen werden müssen: von welcher Seite der Eintritt in den Garten genommen werden könnte, ob vom Morgen, Mittag, Abend, oder Mitternacht; ob er eine liegende Fläche oder einen Abhang ausmacht, oder hüglicht ist. Nachdem sich alle diese Umstände abändern, nachdem muß auch die Einrichtung eines solchen Gartens getroffen und so angelegt werden, daß die darein

zu

zu pflanzenden Gewächse alle ihren Antheil an
Luft und Sonne nehmen, und zum Theil auch
wieder gegen die ihnen ungünstige Witterung
beschützet werden.

Aus diesem Wenigen sehen wir, daß sich kein
allgemeiner Entwurf zu Gärten für alle Lagen
machen läßt, sondern nur gewisse allgemeine Lagen angenommen werden können, wo dann doch
noch gewisse Umstände vorkommen möchten, welche eine Abänderung nöthig haben. In diesem
Falle denke ich mir zu einem Garten, den ich
anzulegen hätte, eine in ein Oblongum gezo-
gene Fläche, die sich von Norden gegen Süden
erstreckt, wie groß, läßt sich auch nicht im Allgemeinen bestimmen, und wozu der Eintritt
von der Nordseite angelegt werden muß.

Um Nutzen mit Vergnügen zu paaren;
das regelmäßige der französischen Gärten, der
nachgeahmten, wilden Natur der englischen Gärten, nicht ganz aufzuopfern, und also die Sitte der gegenwärtigen Zeit, Gärten im englischen
Geschmack

10

ach
bil
nen
ein
hel
talt

ile.
bil
fin
in
ere
iſt
ild
en.
ſich
tch
ah
eit

mg
ute
t.

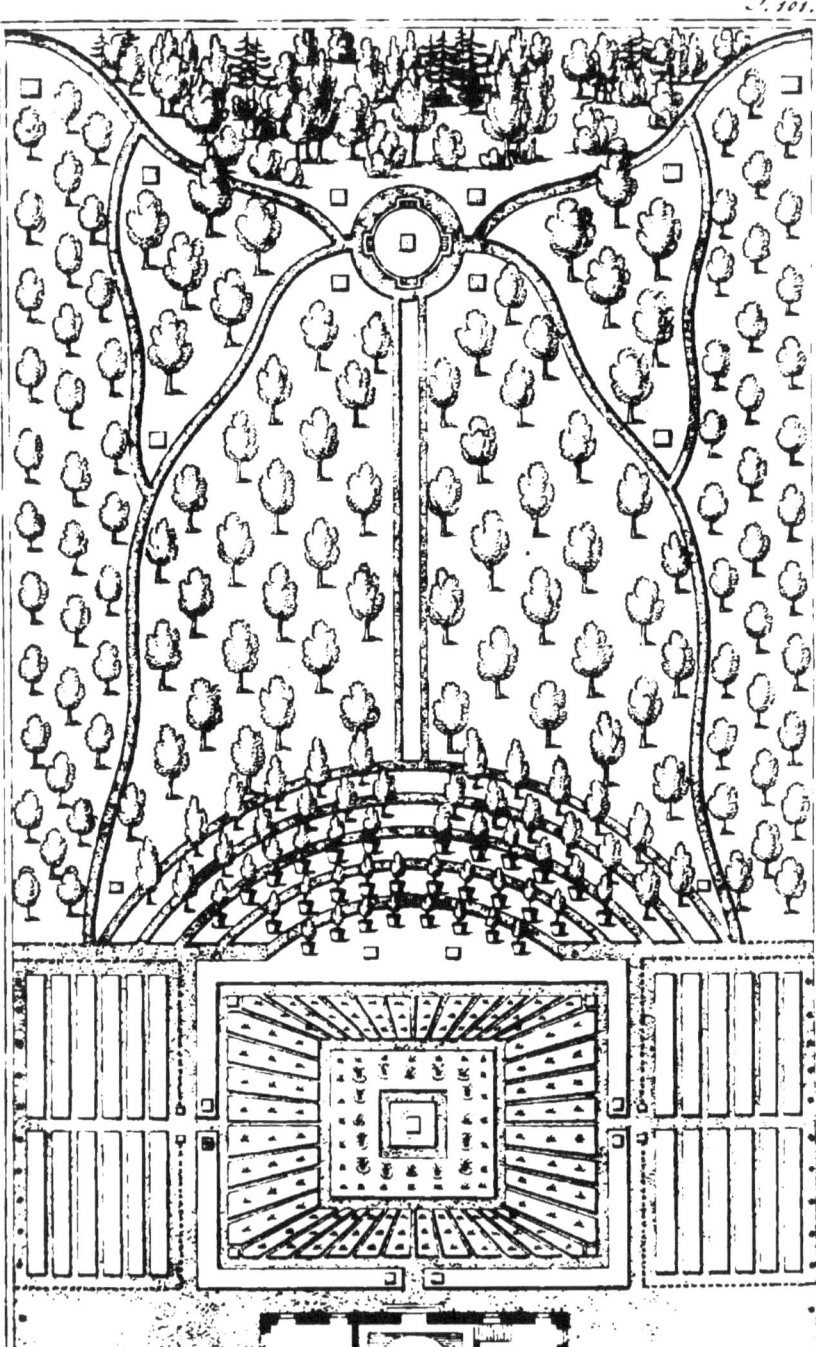

Geſchmack anzulegen, nicht ganz zu vernach=
läſſigen, und aus beiden einen Garten zu bil=
den, den ich zur Ehre unſrer Nation einen
deutſchen Garten nennen möchte, würde ich mein
Oblongum ſo viel wie möglich in drei Abthei=
lungen bringen und dieſelben folgender Geſtalt
einrichten. *)

Die ganze Länge theile ich in drei Theile.
Der erſte Theil, in welchem ſich an der nördli=
chen Wand oder Mauer das Gartenhaus befin=
det, iſt ein aus geraden Linien und rechten Win=
keln beſtehender Platz, der wieder drei beſondere
Abtheilungen hat. Die mittlere Abtheilung iſt
zum Theil eine grüne, viereckichte liegende Flä=
che, rund herum mit Blumenbeeten umgeben.
In der Mitte der grünen Fläche befindet ſich
ein Poſtament. Auf jene Beete würde ich
die mannichfaltigen Blumen, wie ſie nach Jah=
reszeit

*) Hier bitte ich die beiliegende Zeichnung
nachzuſehen, welche die hier hingeſtreute
Idee vom Garten etwas verſinnlichen ſoll.

reszeit und Monat abwechseln, setzen lassen, um
stets für das Auge etwas Angenehmes zu fin=
den; selbst das Grüne würde ich mit einigen ge=
meinen Blumen hie und da besetzen und schattiren
lassen. Das Postament würde ich mit einem Ge=
genstand zieren, der tiefen Eindruck auf Herz und
Sinn zugleich machte. Die Stücke zu beiden Sei=
ten dieses Platzes würde ich den einen zu Gemüße
und Bedürfnissen der Küche, und den andern zu
einer Baumschule gebrauchen und in Beete
durch gerade Gänge und rechte Winkel ab=
theilen.

Die zweite oder mittlere Abtheilung der
Länge dieses Gartens ist den Baumfrüchten ge=
widmet, und da die immer geraden Linien der
ersten Abtheilung durch ihre Einförmigkeit das
Auge ermüden würden, so fangen sich nach und
nach die krummen Linien an, und zwar zuerst
einige regulaire krumme Linien unmittalbar
über dem mittelsten Stück der ersten Abtheilung,
und dann auf beiden Seiten einige irregulaire
krumme Linien zu Gängen unter den Obstbäu=
men,

men, wobei jedoch die regulairen Linien nicht ganz vernachläſſiget worden ſind, denn die Pflanzung der Bäume iſt nach geraden Linien und zwar nach dem Quincunx geſchehen.

Die regulairen krummen Linien, die ſich in der Mitte dieſer Abtheilung anheben, werden auf den angegebenen Punkten mit niedern fruchtbaren Geſträuchen beſetzt, als — Johannis- und Stachelbeerbäumchen ꝛc. die ſich immer mehr und mehr erheben. Die letztern mit Obſtorangeriebäumchen in Töpfen oder Kübeln hinter derſelben mit niedern Obſtbäumen, als Jacobsäpfeln, Borsdorfer- Holländiſche- Zuckerbirnen ꝛc. und ſo kann man von allen Obſtſorten diejenigen ausſuchen, deren Kronen ſich immer mehr und mehr über die vor ihnen ſtehenden erheben. Auf beiden Seiten dieſer zweiten Abtheilung würde ich nun mein Steinobſt in Hochſtämmen bringen, und auf eben dieſe Weiſe von den Bäumen, die ſich am niedrigſten hielten, bis zu denen, die am höchſten hinaufſteigen, und wo möglich in Gleichförmigkeit mit dem

dem mittelsten Stück abwechseln. So würde ich
zum Beispiel bei den Kirschen auf der Morgenseite mit der Ostheimer Kirsche anfangen, mit
Amarellen, deutscher Pelzweichsel abwechseln,
und zuletzt mit dem großen, schwarzen Herzkirschenbaum von hartem Fleisch beschließen; so
wie ich auf der Abendseite mit Zwergpflaumen,
Schleen, Mirabellen, Zwetschen und großen
Damascenerpflaumenbäumen die Ordnung des
Aufsteigens auf eben diese Weise beobachten
würde. Unter allen diesen Bäumen müßte ein
grünes Gras den Boden schmücken, damit das
reife und herabfallende Obst durch keinen Schmuz
besudelt würde.

Die dritte Abtheilung der Länge dieses
Gartens würde mehr die Form englischer Gärten annehmen, doch so, daß nicht bloß wilde
und unfruchtbare Gesträuche, sondern auch gewisse fruchtbare Gesträuche und Bäume sich
darunter befänden und mit andern abwechseln
müßten. Außer den fremden und ausländischen
Gesträuchen, die ich etwa pflanzen wollte, würde

de ich hie und da Quitten, Mispeln, Azerolen, verschiedene Sorten Hasel = Lambrechts und Zellernüsse hinpflanzen, sogar auch Pfirschen, Aprikosen und Mandeln, als Busch und nicht zum Tragen, sondern wegen ihrer schönen Blüten im Frühjahr, in die Höhe gehen lassen, damit sie dem Orte bald einiges Leben und Ansehen verschaffen möchten. Im Hintergrunde stünden nun einzelne Kastanien = Zwisselkirschen = und Welschenußbäume; und italienische und andere Pappeln machten den Beschluß.

Nun wären noch die Mauern des Gartens gegen Abend, Morgen und Mittag mit Spalierbäumen zu besetzen; denn die, welche ihre Fläche dem Norden bloß stellt, würde von zu hohen Bäumen beschattet, als daß sie auf diese Weise benutzt werden könnte. Die, welche ihre Fläche der Morgensonne bloß stellt, würde ich mehr mit Wein, die gegen Abend mit Pflaumen und Aprikosen und die gegen Mittag mit Pfirschen besetzen, so viel sich noch Raum für sie daselbst fände.

Da einem Garten, der nicht an der beständigen

digen Wohnung selbst ist, ein Haus nöthig ist, in
welchen nicht nur ein Gärtner oder die Person, welche zur Verrichtung der Gartengeschäfte gebraucht
wird, einen Aufenthalt haben muß, sondern der
Besitzer selbst, wenn er sich im Garten befindet,
Bequemlichkeit, so ist diesem Hause seine Stelle
billig beim Eingange anzuweisen. Die unterste
Etage sei dem Gärtner bestimmt. Zur Rechten
des Eintritts vom Garten herein sei seine Wohnung, links eine Abtheilung zu allerhand Gar-
tengeräthen, und in der Mitte eine breite
Hausflur, weil manches in unangenehmem
Wetter, wenn man nicht noch ein Nebengebäu-
de dazu widmen will, darin verrichtet werden
muß. Die zweite Etage kann ganz zum be-
quemen Aufenthalt des Besitzers eingerichtet
werden. Die Ecken an beiden Seiten des Hauses sind bequeme Plätze zu einigen Mistbeeten
oder kleinen Gewächshäusern. Von der Mitte
des Hauses läuft eine gerade Linie durch die
Länge des Gartens, nicht eben als Weg, sondern als Abtheilung der fernern Bäume, welche dem Auge, besonders vom obern Theile des
Hauses,

Haufes, eine freie Aussicht nach Süden verstat=
tet, die auch dazu dienen könnte, den Einzug
der Luft auch auf dieser Seite zu befördern.

Da es auch zum Schmuck der Gärten ge=
hört, Statuen in denselben zu finden, so trifft
man auch verschiedene Gelegenheiten dazu in die=
sem an. Ich habe einige Plätze in den Ecken und
an den Wegen bemerkt, welche wegen der
Gleichförmigkeit nicht füglich mit Bäumen be=
setzt werden konnten, wo sie aufgestellt werden
können. Aber was sollen diese vorstellen? —
Alte Götter der Heiden? die zum Theil abge=
schmackt und unzüchtig, vormals in den Gärten
der Großen und zum Theil auch wohl jetzt noch
aufgestellt wurden? — Ich würde diese nie
wählen; theils, weil sie mit unsern Begriffen
von Gott und der Tugend gar nicht überein=
stimmen, ja sogar auf Abwege und schmutzige
Gedanken leiten können; theils, weil der große
Haufen und besonders der gemeine Mann, der
in solche Gärten kömmt und darin arbeitet, gar
keine Vorstellung dabei hat. Wer Mythologie
                                                    lernen

lernen will, lerne sie aus Büchern, um alte
Schriftsteller zu verstehen; für den großen Men-
schenhaufen haben dergleichen Vorstellungen in
öffentlichen und großen Gärten gar keinen Nutzen und auch wenig Vergnügen. Was für
sonderbare Ideen dergleichen Dinge erwecken
können, beweiset folgende kurze Anekdote. Zwei
nicht ganz ungebildete Jünglinge, die aber noch
nie in einen fürstlichen Garten gekommen waren, und die heidnischen Götter Saturn, Jupi-
ter, Venus bis zum Priap herab mit allen ihren geoffenbarten Heimlichkeiten vorgestellt fanden, zerbrachen sich lange die Köpfe, besonders
der jüngste, wer diese hier abgebildete Menschen
seyn möchten, dem endlich der Aeltere, der klü-
ger seyn wollte, und es sich ausgedacht zu haben
glaubte, die Antwort gab: Siehst Du, das
sind unsers Fürsten seine Vorfahren. Wie lä-
chelte nicht mein Freund, der diese Erklärung
hinter einer Hecke mit anhörte, hervortrat, und
ihnen das Verständniß öffnete.

Wir Deutschen sind gewiß nicht so arm an
großen

großen Menschen, die auf die Achtung sowohl
ihrer Zeitgenossen, als auch der Nachkommenschaft Anspruch machen können, als jene gewesen sind, welche die Alten vergöttert haben. Es
ist billig, daß wir uns ihre Thaten durch Darstellung ihrer Abbildung erinnerlich machen,
und dadurch so wohl einen Theil der Dankbarkeit
gegen sie an den Tag legen, als auch uns und
unsere Nachkommen dadurch zu ähnlichen Thaten ermuntern. Wenn kann dieß aber am besten geschehen, als wenn wir froh und heiter in
unsern Gärten lustwandeln, und ohne tiefsinni-
ge Speculation einigen Stoff zu Betrachtungen
haben wollen. Hier dürfte es nur auf die Wahl
ankommen, welchen von jenen großen Menschen
man sich aufstellte. Es mangelt uns ja aber
nicht an guten Fürsten, Staatsmännern, Gelehrten, Helden, Vätern und Müttern, deren
Bildnisse aufgestellt zu werden verdienen, um
ihr Andenken zu erhalten, und uns zu ähnlicher Thätigkeit zu erwecken. Gewiß, wir bedürfen es nicht, daß wir diese Art der Ermunterung
aus der heidnischen Welt der Vorzeit holen.
Hierbei

Hierbei wünschte ich aber, daß ein jeder nach seinem Geschmack und nach seiner Ueberzeugung sich seine Helden hierzu wählte. Dieses würde mehrere Mannichfaltigkeit in die Gärten überhaupt bringen, und man würde nicht immer auf den einzigen Fürsten, auf den einzigen Staatsmann, Helden, Philosophen 2c. stoßen.

Aber nun, wie wären diese in so verschiedener Rücksicht großen Menschen in meinem Garten zu ordnen? In diesem meinen Gartenentwurf würde ich auf den in der ersten Abtheilung bemerkten und mit grünen Rasen umgebenen Postament, ein Symbol der Gottheit setzen, also des Urhebers alles Schönen und Guten, welches ich überhaupt und in diesem Garten insbesondere genösse. Gute Väter und Mütter würden sie in dieser Abtheilung umgeben, um an die Wartung und Pflege zu erinnern, die junge Pflanzen nöthig haben, und die sie ihren Kindern so gern und so emsig ertheilen. In die zweite Abtheilung würde ich die Bildnisse dererjenigen nützlichen Menschen setzen, die,

vom

vom Fürsten bis zum Handwerker herab, dem
Staate nützten und ihm so viele Früchte brach=
ten. Die nachdenkenden Gelehrten, Philoso=
phen, Künstler, die im Stillen wirkten und das
Gute ausdachten, das nach seiner Bekannt=
machung so viel Segen über ihre Mitbürger
brachte, würde ich in die dritte Abtheilung als
ein Bild der Stille, der Ruhe und des Nach=
denkens bringen. Den Abbildungen der Hel=
den und Vertheidiger des Staats würde ich hie
und da auf den Mauern ihre Stelle anweisen,
um den Gedanken zu erwecken und zu unter=
halten, daß sie Vertheidiger des Vaterlandes
waren, und dasselbe mit ihrer Person gegen
feindliche Einfälle und Verheerungen schützten,
wie diese Mauern die zarten Pflanzen und nütz=
lichen Bäume gegen die Verheerungen des
Sturmwindes.

Welch eine Wonne, einen solchen Garten
zu besitzen, wo bei einem ruhigen und guten
Gewissen und bei einem zarten Gefühl der See=
le, die sanfte Natur ihre Einwirkung auf Sin=

ne

ne und Herz gewiß nicht verfehlen, und das Ver=
gnügen erhöhen wird, welches die Gärten jedem
Liebhaber, der sie im reinen Geschmack cultiviret
und Vergnügen mit Nutzen verbindet, gewähren.

Mein Garten wäre also fertig. Jetzt trete
ich aus demselben heraus, wo meine Vorstel=
lung noch an das symmetrische und an gerade und
rechte Winkel gefesselt war; die Scene wird
nicht plötzlich verändert. Ich sehe noch etwas
davon in der ersten Abtheilung, aber grünes
Gras und frische Blumen in mannichfaltiger
Abwechselung, und rechts und links ziehen
Pflanzen und kleine Bäumchen meine Aufmerk=
samkeit auf sich und zerstreuen mich etwas.
Wenn eins oder das andere unabsehlig dauerte,
so würde der Anblick bald ermüden, daher ver=
ändert sich diese Scene in der zweiten Abthei=
lung etwas. Man wird über der ersten regu=
lairen krumme Linien gewahr, welche mit ge=
raden abwechseln; dabei erhebet sich das Grü=
ne der kleinern Gesträuche und Bäumchen bis
zu den größten Frucht= und andern Bäumen,
                                    welches

welches alles, wenn es in der Anlage und beim
Setzen gehörig geordnet worden ist, wie ein grü=
ner Berg in die Höhe wallet. Der in der Fer=
ne stehende sieht mich in diese Abtheilung kom=
men und wird glauben, ich gehe an einem Berge
oder unter einem Berge weg, und mein Garten
scheint sich in der Luft zu verlieren; und wie
mancherlei wird mir diese Abtheilung, besonders
wenn ich auf den Monatswechsel der Früchte
Bedacht genommen habe, zum Genuß anbieten!
Kirschen, Pflaumen, Aepfel, Birnen ıc. . Die
dritte Abtheilung entzieht mich durch seine krum=
men Gänge nun dem Auge des Forschers und
bringt Stille und Ruhe in meine Seele; und
doch sehe ich in dieser erkünstelten Wildniß noch
manches Nützliche und dem Genuß sich anbieten=
des Naschwerk in Nüssen, Mispeln und derglei=
chen. Die Entfernung sowohl als auch verschiede=
ne Beere und Nüsse unter dem Gesträuche würden
auch manche Vögel dahin locken und dieser Theil
würde nicht ohne Zwitschern und Gesang der Vö=
gel, und also auch von dieser Seite nicht ohne
Anmuth seyn.

H.

Etwas

Etwas scheint in diesem Garten vergessen
zu seyn, welches doch eins der nöthigsten Stücke
ist, das ein Garten fordert, und das ist das
Wasser, welches ich aber mit Fleiß bis hieher
verspart habe. Oft hat er schon einen Bach
oder er ist ihm doch in der Nähe, und dann läßt
sich leicht ein kleines Bächlein ableiten, wobei
es auf die eigene Einsicht dessen ankömmt, der
die Anlage dazu anordnet. Gern hat man es
dem Hause, Küchen= und Blumengarten nahe.
Sollen aber Hindernisse vorhanden seyn, die
diesem allen sich entgegen setzten, so findet man
ja in den meisten Orten Wasser in der Erde,
wenn man tief gräbt. Man legt also einen
Brunnen mit einem Saugwerke, oder wenn er
tief seyn sollte, mit einem Druckwerke an.
Oft läßt sich dieses mit wenigen Kosten, beson=
ders nach einer in hiesigen Gegenden Mode ge=
wordenen Art, im ersten Fall, ausrichten. Müß=
te dieses durch Röhrengänge hergeleitet werden,
so wäre dieses sehr kostspielig. Ich habe in der
dritten Abtheilung eine Stelle in der Mitte be=
merkt, die entweder zu einem runden Moos=

häuschen

häuschen mit Baumrinde bedeckt, benutzt werden kann, oder wenn kein Wasser vorhanden,
so könnte auf dieser Stelle oder neben einem
solchen Häuschen ein Brunnen gegraben werden,
dessen Wasser durch Pumpen in die Höhe gebracht und i⬤en Garten hie und da vertheilt
werden kann. Um dieses Wasser sicher zu leiten, könnte man ohne große Kosten Wasserröh-
ren, der Erde gleich an einander gestoßen, nach
den Gegenden hinlegen, wohin man das Wasser
haben wollte. Denn ein Wasser, das nicht immer läuft, würde sich erst zu viel in die Erde
ziehen, ehe es an Ort und Stelle käme.

Ich habe bei diesem Gartenplan keinen
Maaßstab genommen, weil er ein Bild im Allgemeinen seyn soll, das sich nach der besondern
Anwendung in dieser Richtung und Lage und
der gegebenen Größe abändern muß; wie ich
denn überhaupt hinzufüge: daß dieses keine
Vorschrift, sondern nur ein Vorschlag seyn soll,
wodurch ich an das, was bei einem bürgerlichen
Garten, welcher Vergnügen mit Nutzen verbinden

den und den Geschmack nicht beleidigen soll, im
Allgemeinen nöthig seyn möchte, habe erinnern
wollen.

Wenn es jenem Mathematiker S t u r m er=
laubt war, aus den vorhande⬛ Säulenord=
nungen eine neue zusammen zu setzen und sie
die deutsche zu nennen, so hoffe ich Verzeihung
zu verdienen, wenn ich diesen aus den Französi=
schen und Englischen zum Theil zusammen ge=
setzten Garten einen d e u t s c h e n nenne, weil
es mir scheint, daß sein Bild, welches von der
bloß ins Auge gemachten Blendung der fran=
zösischen Gärten und von dem englischen Luxus,
der nur Geld ohne Rücksicht und Nutzen erfor=
dert, abweicht, sich mit der deutschen Thätig=
keit und Solidität am besten verträgt.

Sickler.

IV.

IV.

Ueber einige
Gegenstände der Gartenkunst.

An
Herrn Buchhalter Meyer.

Noch immer, mein Lieber, kann man auf unsere schöne Gartenkunst anwenden, was Horaz einem Sklaven von der Liebe sagen läßt:

— — — — O here, quae res
Nec modum habet neque consilium, ratio-
ne modoque
Tractari non vult — — — —
— — Haec si quis tempestatis prope ritu
Mobilia, et caeca fluitantia forte laboret
Reddere

Reddere certa sibi, nihilo plus explicet,

ac si

Insanire paret certa ratione modoque. *)

Denn so lange man glaubt, daß der gute Ge=
schmack — wie selbst Künstler oft behaupten —
sich nicht auf allgemeingültige Regeln zurück
führen lasse, ist dieß auch von ihr wahr, und
wird, wenn nicht — wie ich doch hoffe — ein
Heydenreich, **) in Ansehung ihrer, uns
vom Gegentheil überzeugt: auch noch lange von
ihr wahr bleiben.

Der große Haufe unserer Gartenanleger
glaubt jetzt freilich, ein Meisterwerk hervorge=
bracht

**) O lieber Herr! Ein widersinnig Ding läßt
sich nicht vernünftig behandeln. Etwas so
Unstetem und Wetterwendischem Stetigkeit
geben zu wollen, würde eben so viel seyn,
als verlangen, daß ein Wahnsinniger nach
Regeln rase.*

***) Durch dessen Theorie der schönen Garten=
kunst.*

bracht zu haben, wenn er, ohne Rücksicht auf
die Lage und Beschaffenheit seines Gartenplatzes,
dem Engländer seinen Plan abgeborgt; wenn
er Gebäude, im Geschmack aller Nationen, und
Anlagen und Kunstwerke, in der größten Bunt=
scheckigkeit neben einander hingedrängt hat, oh=
ne überdacht zu haben, welche Gebäude für
seinen Rang und die Verhältnisse seines Gar=
tens schicklich sind, welche Anlagen und Kunst=
werke das Oertliche desselben neben einander
dulden kann oder nicht. Der Natur nachzu=
spähren, das mag man nicht lernen.

Dieß, Freund, rügt auch Ihre Geißel mit
dem größten Rechte. Aber da Sie mir erlau=
ben, Ihnen meine Gedanken über Ihre Aeuße=
rungen mitzutheilen, so werde ich diese doch hin
und wieder einzuschränken gedrungen seyn,
wenn wir für die Beförderung eines bessern
Geschmacks etwas thun wollen.

Sollten deutsche Naturgärten je
alle verkünstelte Lustanlagen nach ausländischem

Ge=

ſchmack aus unſerm Vaterlande verdrängen:
ſo würden ſie doch darum, daß ſie Nationalgär⸗
ten würden, nicht jedes Werk griechiſcher
Kunſt von ſich ausſchließen dürfen,

Freilich bedürfen ſie deſſen nicht.
Aber da bei einer Nation, die auf Bildung An⸗
ſpruch macht, die Künſte Hand in Hand gehen
müſſen, und ihr, zur Unterſtützung der einen
oder der andern, am wenigſten die Muſter
der bildenden Künſte gleichgültig ſeyn
dürfen: ſo, denke ich, dürfen ſolche auch wohl
in unſern Naturgärten ihren mit Verſtand aus⸗
gewählten Platz finden, wenn ein vermögenderer
Gartenbeſitzer ſeine Anlagen damit zieren kann.

Ihr Ausdruck: Griechiſche Bildne⸗
rei, bedarf inzwiſchen auch wohl noch einer
kleinen Zergliederung, um richtigen Grund⸗
ſätzen auch im vorliegenden Falle auf die Spur
zu kommen,

Griechiſche Bildnerei wären wohl,
einer⸗

einerseits, jene Meisterwerke griechischer
Künstler, die der wohlthätige Genius der Kunst
uns zur Bewunderung und zum Muster seit
Jahrtausenden, wenn auch leider! öfters nur
höchst verstümmelt, erhalten hat,

Da wir aber nicht fürchten dürfen, daß diese sich so leicht in unsere Naturgärten verirren
möchten: so scheint es, daß Sie, anderer-
seits, durch jenen Ausdruck Alles umfassen,
was der Meißel bei dieser oder jener Nation, in
Beziehung auf Mythologie und Geschichte, nach
dem Muster der Griechen, hervorgebracht hat,
oder noch hervorbringt,

Aber Sie, der Sie selbst geschmackvoller
Künstler *) sind, wollen doch wohl gewiß, daß
unsere nordischen Heroen, die Sie zur
Aufstellung in unsere Naturgärten empfehlen,
im besten, das heißt, griechischen Styl
gearbeitet seien. Und so hätten wir denn an
diesem

*) Landschaftsmaler.

diesem doch auch wieder griechische Bildnerei. Nicht wahr? —

Doch, Sie wollen nur alles das aus unsern
Naturgärten verbannt wissen, was uns die Greuel
des Aberglaubens und der Unterdrückung der
Vernunft ins Gedächtniß ruft. Wohl! würden aber die Gebilde unserer Heroen dieß
weniger thun, als die, welche Sie Ihren Bann-
strahl treffen lassen, da die von Ihnen genann-
ten gerade diejenigen mit sind, welche jene Ungeheuer am kräftigsten bekämpft haben?

Und so, dächte ich, wären wir denn auch
hier duldsam, nicht nachahmend den zeloti-
schen Inquisitionen, die je waren und noch seyn
werden; und ohne beim Anblick eines Sie
ärgernden Kunstwerks jener Art in unsern Lust-
gefilden, den Bäumen derselben ein zu zeloti-
sches: Verdorret! zu gebieten, stellten wir
immer würdige, sich dahin schickende Gebilde,
sie mögen uns Erinnerungen zurückrufen, welche sie wollen, neben ihnen hin, und ließen

ihre

ihre grünende Schatten sie uns im reizendern
Lichte darstellen.

Allein in unsern Naturgärten ist Ihnen
auch noch das Nackende in der Bildnerei ein
Anstoß.

Seltsam genug, daß ich Greis, gegen Sie,
Jüngling, die Vertheidigung der Darstellung
desselben hier übernehmen, und Sie dabei in
dem Lichte eines keuschen Josephs, und mich,
ich weiß nicht, welches alten Wollüstlings, erscheinen lassen muß. Doch zur Sache!

Daß hier von keinen das feinere sittliche
Gefühl beleidigende Nacktheiten die Rede seyn
kann, versteht sich; und lächerlich würde es seyn,
ihnen das hier wiederholen zu wollen, was die
Lehrer der Kunst zu Gunsten der Darstellung des
Nackenden beibringen. Sie wissen dieß so gut,
als ich; und daß das Nackende der höchste Gegenstand und der Probierstein des Bildners ist.

Ih

Ich werde Sie also nur an jenen alten Ausspruch erinnern: den Reinen ist alles rein.

Wem auch der Anblick des anständigen Nackenden in den Werken der Kunst gefährlich werden kann, an dessen Moralität dürfte wohl nicht viel zu verderben seyn; und eine bis an den Hals in ihren langen Rock versteckte Bewohnerin der innern Alpen, wird ihm immer noch gefährlicher seyn, als eine aus dem Bade steigende Venus in Marmor.

Und wollten Sie wirklich einem edlen Gebilde dieser Art in einem Naturgarten, an dem Ufer eines schönen Wasserstücks den Platz wohl versagen?

Nur ist es in solchem Falle ein eigenes Ding mit den Postamenten. Soll ich mir denken, daß eine Nymphe, indem sie das Bad verläßt, ein Fußgestell, auf dem sie lebend sich kaum erhalten könnte, erklettert, um sich da zur Schau zu stellen:

stellen: so gestehe ich, daß auch mir dieß höchst
unerträglich ist.

Und so — dieß sei hier gelegentlich gesagt! —
ist es auch mit den Postamenten so mancher an#
dern Gebilde.

Ihrem Geschmack kann ich nun freilich nicht
zutrauen, daß Sie mir je in meinem Naturgar#
ten meinen Lieblingsheros, Friedrich, in sei#
nem abgetragenen Ueberrock, seinen schlaffen
Stiefeln, mit seinem Federhuth und Krücken#
stab, sei er auch von einem neuern Praxiteles
gebildet, stellen werden. Aber könnten Sie dieß:
so gestehe ich Ihnen, daß ich sein Gebilde viel
lieber gänzlich entbehren, und mir die Idee,
wie ich ihn auf die Höhen vor unserm Hallischen
Thore, als Genius seiner Völker, hinzaubern
möchte, genügen lassen will. Auch würde ich
Ihnen dann, zur Dankbarkeit, alle ihre Nym#
phen in Ihren Geßnerischen Idyllen*) in

Schnür#

*) Herr Meyer hat mit Beifall einige dersel#
ben gemalt.

Schnürbrüste zwängen, und ihnen den Kopf
mit einem Zigeunertuch, nach itzigem Geschmack,
bestecken.

Doch hier auch noch dieß! Wenn Gebilde
in einem Garten nicht von Marmor oder Erz
seyn können: so möchte ich dort fast immer lieber gar keine. Hieraus ergiebt sich also auch
von selbst, wie wenige ich deren nur dulden
würde. Welche übrigens hierher gehören, kann
nur ein gebildeter Geschmack uns lehren.

Auch ich table mit Ihnen die Einförmigkeit,
die in den neuern Gärten herrschend wird. Man
weiß sie nach gerade auswendig, wie man ehedem die französischen auswendig wußte. Ein
griechischer Tempel, ein gothisches, ein chinesi-
sches Gebäude, eine Einsiedelei und hohe chinesische Brücken in der Ebene, prunken in allem,
und nichts sieht man seltner, als etwas Selbst-
gedachtes; oder findet man ja deß Etwas: so ist
es gewöhnlich eine Abgeschmacktheit.

Dennoch

Dennoch möchte ich nicht mit Ihnen auch alle jene Verzierungen gänzlich aus unsern Naturgärten verwiesen sehn, außer das chinesische Gebäude, das mir bloß dahin zu gehören scheint, wo irgend die Natur eine, einer chinesischen ähnliche Gegend gebildet, und wo eine ansehnliche Parthie einer Lustanlage, oder auch ein ganzer Garten im Geschmack der Chinesen anzulegen ist.

Was Gebäude betrifft: so können wir doch nie etwas Edlers, als im griechischen Styl entwerfen; und da unsere Naturgärten vernünftig und edel verziert seyn müssen: so werden Gebäude jener Art, wenn der Besitzer eines Gartens sie zu erbauen vermag, auch vorzüglich dahin gehören.

Ein gothisches Gebäude sollte in Naturgärten nur immer das Ansehen eines Ueberbleibsels aus vorigen Zeiten haben, wäre es auch nur in seinem Aeußern. Außer in dem Falle, da das Wohnhaus des Gartenherrn gothisch ist. Alsdann

dann könnten wohl sehr schicklich alle Gebäude, Gartensitze, Brückengeländer und andere Verzierungen in diesem Style seyn. Aber alle Einmischung von einem andern Style müßte dann, wie vorhin auch bei den chinesischen Anlagen, gänzlich wegfallen.

Sie mißbilligen Einsiedeleien in unsern Gärten? Warum? Eine Einsiedelei ist uns hier kein religiöser, sondern ein eben so gleichgültiger Gegenstand, als irgend ein Heiligthum der Mythologie, oder eine Pagode; und da die Natur selbst eine Gegend zu einer Einsiedelei ausgezeichnet haben kann: warum sollte ich sie nicht dazu nützen? Es macht ja so Manchem Vergnügen, einen Aufenthalt zu finden, wohin er zuweilen dem Geräusche der Welt entfliehen kann. Nur muß ich die Einsiedelei eines Gartens auch wirklich in einer solchen Abgeschiedenheit und in der Ferne finden.

Eine solche Anlage ist auch wohl um so mehr erlaubt, da wir noch wirklich Einsiedler haben;

haben; und es sich ja treffen könnte, daß auch
ein Protestant einen Grund und Boden zu Lustanlagen nuzte, wo noch ein solcher hauset, und
wem würde dieser hier nicht willkommen seyn?
Was würde ich wenigstens, wäre ich ein Fürst,
nicht darum geben, wenn ich die zum Theil in
Felsen gehauene Einsiedelei bei Sitten im Wal-
liserlande, welche in der That so romantisch
liegt, als Herr de Lüc in seinen Briefen sie
schildert; oder jene bei Solothurn, welche ich
nicht sah; oder jene sogenannte Klause, welche
sie am Harz*) im Felsen fanden, in meinen
Naturgarten versetzen könnte?

Inzwischen stimme auch ich sehr für einen
heilgen Hain der Hertha, einen Druidentem-
pel, und die Wohnung eines Barden. Nur
wird dieser Ehrenmann dahin sehen müssen,
daß sein Saitenspiel bloß bei gutem Wetter
an der heiligen Eiche hange.

Auch

*) Bei Halberstadt.

J

Auch in Ansehung des Kreuzes und der Gräber, lassen Sie wohl eine Ausnahme von Ihrer strengen Regel Statt finden? Wenigstens was das erstere betrifft, wohl, wenn der Gartenbesitzer ein Katholik ist; und die letzten versagen Sie doch gewiß auch einer Geliebten, oder einem andern theuren Todten in Ihren Lustanlagen nicht?

Ich gestehe, daß mir sogar ein förmlicher öffentlicher Begräbnißplatz, wenn ich ihn mit meinen Lustanlagen verbinden und ihn nach meinem Sinn ordnen könnte, gar nicht unwillkommen seyn würde. Ich dächte auch, es sollte z. B. eine Art ähnlicher Verbindung zu Wörlitz Niemandem mißfallen können.

Und dann verdient doch wohl der, zu dessen Andenken wir das Kreuz zu errichten pflegen, mehr als alle Wohlthäter des Menschengeschlechts, ein Denkmal in unsern Gärten? Da nun aber einmal das Kreuz das allgemein angenommene Symbol seiner Verdienste ist: so,

denke

denke ich, laſſen wir es auch dabei bewenden.
Ich wenigſtens ſehe auch faſt kein ſchicklicheres.
Eine Statue, z. B., würde uns meiſtentheils
nur einen Augenblick ſeiner Bemühungen um
unſer Wohl darſtellen; aber jenes Symbol um-
faſſet Alles. Doch dadurch, daß man der
Statue durch halberhobene Bildnerei an dem
Fußgeſtelle zu Hülfe käme, könnte man wohl
auch jenes Alles umfaſſen; z. B. durch eine
Zubereitung der Kreuzigung. Aber dieß hieße
gleichwohl im Grunde auch ſeine Zuflucht zu
jenem Symbol nehmen. Wollten Sie et-
wa ſonſt durch eine Inſchrift ſich helfen, ſo ge-
ſtehe ich, daß ich gern ſehe, wenn Gebilde ohne
Inſchrift ſprechen. Und ſo wird auch mir bei
dem vermögenderen Gartenbeſitzer eine Statue
ohne Hülfsbildnerei nicht unwillkommen ſeyn,
die das Charakteriſtiſche eines Chriſtusbildes,
im Allgemeinen — nicht in einer beſondern Handlung, wie ich es mir vorhin dachte — an ſich trägt. Auch ſie vergegen-
wärtigt uns allerdings jenes ganze Verdienſt. Aber dem Minderbegüterten dient
doch

doch wohl immer das Kreuz zum schicklichsten
Denkmal des großen Wohlthäters der Menschen.

Genußstörend sind Ihnen in Gärten
die eben berührten Gegenstände, welche zu
ernstern Gedanken wecken? — Aber Sie wollen doch nicht lauter heitere lachende Scenen allein in Ihren Anlagen, außer, wenn die Natur
selbst sie schuf, oder sie fodert? Wo diese aber
ernstere hin verlangt, da wollen Sie ihren Winken doch gewiß auch folgen? Und wären denn
ernstere Betrachtungen, die uns so sehr heilsam
werden können, nicht auch Genuß?

Ihre Schäferhütte am Bache, soll dieß eine solche seyn, als in unsern Gegenden den
Hordenschlägen auf Rädern nachgezogen wird?
Oder ein kleines wirkliches Wohngebäude?
Aber jene, so wie dieses, würden hier wohl ziemlich unnatürlich seyn; da erstere nur auf die
Ackerfelder bei den Horden hingehört, welche
nur auf einige Tage höchstens an einen Bach
stoßen möchten; und letzteres keinen Schäfer-
aufent-

aufenhalt bei uns vorstellen kann, wo die Schä-
fereien gewöhnlich beträchtlich sind, und, sie
mögen nun bei den Dörfern oder allein liegen,
aus größern Gebäuden bestehn. Ein solches Gebäude könnte also nur die Wohnung eines Land-
manns vorstellen, der sein Gärtchen hier pflege,
und ein Paar Schaafe darin halte, denn außer
demselben dergleichen zu halten, würde ihm
nicht verstattet seyn.

Wenn ich Naturgarten sage, denke ich
mir allerdings auch ein ausgedehnteres Stück
Landschaft; aber sollte dieß verhindern, daß ich
nicht auch einen kleinen Gartenraum im Naturgeschmack ordnete? Es könnte mir ja ge-
fallen, von einem größern Naturgarten ein Stück
eigends abzusondern, und es als ein für sich be-
stehendes Ganze zu behandeln; würde dieß dann
nicht auch ein Naturgarten im Kleinen seyn?
Und warum dürfte ich denn nicht auch einen
eigenen kleinen Raum besonders nach dieser Art
anlegen?

Aber

Aber Sie tadeln auch gewiß nicht, daß jener Garten, auf den Sie anspielen, in einem andern Geschmack, als er ehedem war, geordnet worden ist; nur die Ueberladung und Verkünstelung sind Ihnen darin ein Aergerniß. Und dieß sind sie mir eben so sehr, als Ihnen. Lassen Sie uns also mit vereinten Kräften diese bekämpfen, aber nicht den Besitzer eines kleinen Gartenraums abschrecken, solchen der landschaftlichen Natur, so viel, als der gesunde Menschenverstand es erlaubt, nachzubilden.

Sie mißbilligen doch gewiß auch nicht die kleinen Anlagen hier uns gegenüber bei der Artilleriewache, *) und jene vor dem Potsdamschen Thore,

*) Unsere Artillerie hat im hiesigen kleinen Thiergarten, nördlich, in einiger Entfernung von der Residenz, wegen der hier herum und in der sogenannten Jungfernheite befindlichen Pulvermagazine, eine, an diesem Walde und der kleinen Landstraße nach Spandau, einsam gelegene Wache, welche täglich

Thore am Wege nach dem Thiergaarten, *) wel=
che im vorigen Frühlinge entstanden sind? Ich
wenig=

täglich von einem der Herren Officiere jenes
Corps bezogen wird. Mehrere dieser Her=
ren haben, bei ihrer Muße hier, sich und
den fühlenden Verbeigehenden das Vergnü=
gen gemacht, mit Hülfe ihrer unterhaben=
den Mannschaft, die Gegend neben der Wa=
che durch kleine niedliche Anlagen und An=
pflanzungen im Naturgeschmack zu verschö=
nern.

*) Es ist ein kleines, zwischen Gärtnerhäusern
gelegenes Gartenfleckchen, das am Wege ein
zierliches Staket hat, welches weder die Ein=
sicht, noch die Aussicht auf das hier sehr
lebhafte Gewühl von fahrenden, reitenden
und gehenden Spazierenden hindert. Man
hat die darauf schon gestandenen Obstbäume
erhalten, und die angelegten Gänge sich zwi=
schen dieselben um Rasenstücke hinwinden
lassen, und seitwärts ein Gartengebäude
von Holzwerk, im edlen Styl, dessen
flaches Dach Attike ; Säulen unterstützen,
errichtet. Wer der geschmackvolle Anleger
ist, konnte ich im Verbeigehen nicht gleich
erfahren.

wenigſtens freue mich über dergleichen weit mehr,
als über weitläuftige neue Gärten. Sie zeugen
ſicherer von ausgebreiteterm Naturgeſchmack,
als jene, welche die Großen oder Reicheren, weil
nun einmal engländiſche Gärten Mode ſind, ei=
ner dem andern nachbilden laſſen, ohne ſelbſt
wahres Gefühl für die ſchöne Natur zu haben.

Außer dieſen neuern kleinen Anlagen zeigen
Ihnen auch noch jene, die der Herr Kriegsrath
Schmidt hier bei einem unſrer Nachbarn aus=
führen laſſen, ſo wie die Vorgärten des Herrn
Oberbaurath Becherer, und des Herrn Gehei=
meraths von Oeßfeld, im Thiergarten — meines
eigenen Vorhofes nicht zu erwähnen — wie
niedlich ſich kleine, im beſſern Geſchmack ange=
legte Räume ausnehmen.

Und ſo hätte ich dann — Wäre es nur
auch mit Ihrem Beifalle! — Ihrem freund=
ſchaftlichen Verlangen wohl hinlänglich Genüge
geleiſtet,

Mich

Mich muß es übrigens natürlicher Weise
sehr freuen, daß nicht allein die Benennung:
deutsche Naturgärten, genehmigt wird,
und auch der Herr Pfarrer Christ zu Kronen-
berg *) ebenfalls Gartenanlagen im beßern Geschmack von Obstgesträuchen und Obstbäumen,
wie ich schon im Kleinen den Anfang damit gemacht habe, vorschlägt; sondern auch der Geschmack an Naturgärten im Auslande Eingang
findet, und Engländer sogar zugleich anfangen,
den Naturgeschmack ihren Gartenbesitzern zu
predigen.

Diese bedürfen dieß nach gerade auch wohl
eben so sehr, als ihre Nachahmer, die sogar ihre
Pflanzungen so ängstlich ordnen, daß die verschiedenen Schattirungen des Laubes, wie in einer Stickerei, in einander greifen. So ordnete
doch die Natur wohl gewiß nirgends? Und
doch bildete sie tausendfach reizendere Massen,
als jene Verkünstelung sie je zu schaffen vermag.

Wenn

*) S. Sickler's deutschen Obstgärtner. Weys-
mar 1794. dritter Jahrgang, Nr. III. 1.

Wenn doch unter unfern Großen und Rei=
chern sich die Gefühle, welche in den R h a p f o=
d i e n über schöne Gartenkunst *) herr=
schen, verbreiteten; und man lernte, wie leicht
der Anleger von Lustanlagen in Verkünstelung
verfallen kann; und wie nöthig ihm daher die
tägliche Anrufung der Göttin ist, die ihn leiten
soll:

Spähret Deinen Pfaden, o Natur! mein Auge
nach.
Auf den Höhn, im Thale, an dem See, im
Hain, am Bach;
daß ich, Holde, dann nicht irre!

Berlin,
im kleinen Thiergarten.

A. F. Krauß.

*) Aus dem Coup d'oeil sur Beloeil. S. Jahr=
gang 1796. dieses Taschenbuchs,

V.

V.

Linnées Denkmal

in einer

ſyſtematiſchen Pflanzenparthie.

Bereits ſeit undenklichen Zeiten herrſcht der vortrefliche Gebrauch, große, verdienſtvolle Männer nach ihrem Tode durch öffentliche Denkmäler zu verehren, um ihnen im Tode noch einige Belohnung für ihre Mühe und Arbeit zu ertheilen, welche ſie zur Beförderung der Glückſeligkeit der Nachkommenſchaft anwendeten. Oefters war auch dieſes nur eine alte Schuld, welche man ihnen im Leben abzutragen vergeſſen hatte, wie uns die Geſchichte ſo manches Beiſpiel erzählt.

Der

Der Einfluß, welchen dergleichen Denkmäler auf die Nachkommenschaft haben, ist von
äußerster Wichtigkeit, und man sollte sich hierin
mehr, als in mancher andern, weniger bedeu-
tenden Sache, bemühen, den Römern und Griechen nachzuahmen; denn bei dem Anblick eines
solchen Denkmals wird mancher thätige Jüngling, in dessen Busen ein stilles Feuer des Ver-
dienstes und Ruhms glimmt, zu Handlungen
angefeuert, welche ihm sein idealisirtes Ziel mehr
oder weniger erreichen lassen.

Unter der Menge verdienstvoller Gelehrten,
welche unser Jahrhundert zieren, ist gewiß auch
der für die Naturgeschichte unsterbliche schwed-
sche Naturforscher, Carl von Linnée der Aeltere, einer von denenjenigen, welcher auf diese
Art von Verehrung Anspruch machen darf; denn
er war es, welcher die Naturgeschichte, und vorzüglich die Pflanzenkenntniß, zu einer förmli-
chen und angenehmen Wissenschaft bildete, und
uns so den Weg bahnte, auf welchem wir alle
unsere jetzigen beträchtlichen Fortschritte machen.

Jeder

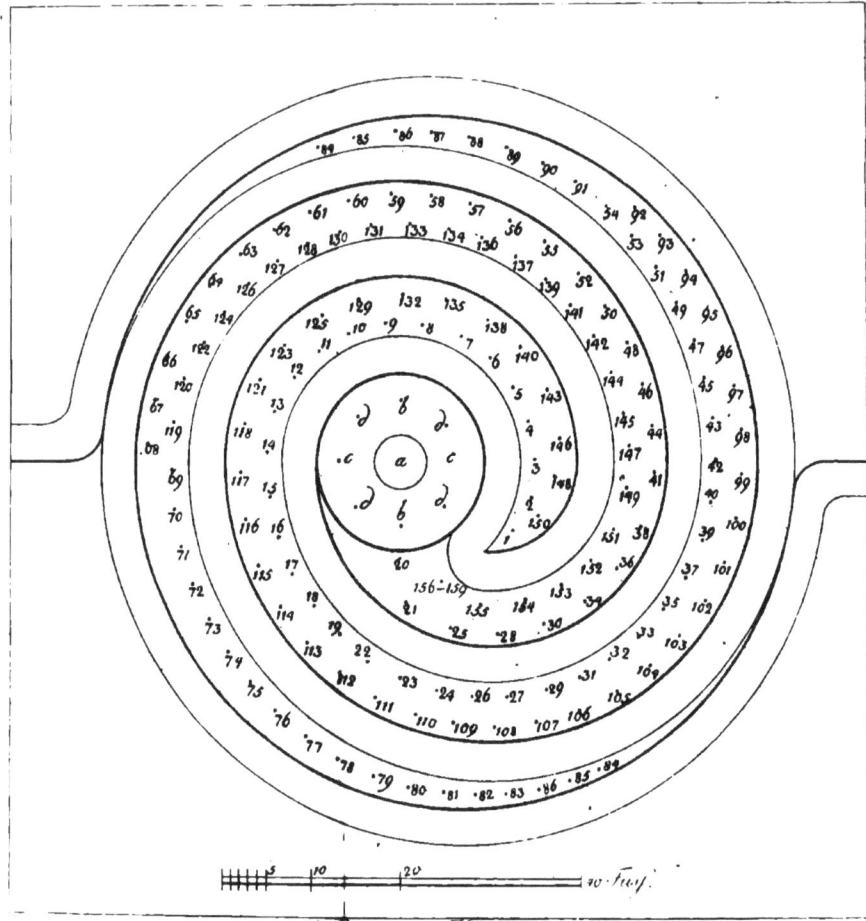

Romée's Denkmal
in einer systematischen Pflanzenparthie.

Jeder wahre Verehrer der so angenehmen
als nützlichen Pflanzenkenntniß wird es sich daher für Pflicht anrechnen, mit dem Denkmal
dieses großen Mannes seinen Garten zu zieren;
und ist dieser nur von einigermaßen beträchtlichem Umfang, so würde die zweckmäßigste Anlage, welche dieses Denkmal umgiebt, eine systematische Pflanzenparthie seyn; denn hier im
Angesicht des Schöpfers der Botanik würde der
junge Anfänger derselben mit doppeltem Fleiße
beobachten, der schon Eingeweihte dieser Wissenschaft aber zu Arbeiten, welche ihren reellen
Fortschritt befördert, angefeuert werden.

Zu einer solchen systematischen Pflanzenparthie will ich demnach versuchen, einen Plan zu
entwerfen, welchen man noch in verschiedenen
Nebendingen auf mancherlei Art, nach Befinden
der Umstände, verändern kann.

Der Raum, welchen ich hier annehme, ist
ein Zirkel von ohngefähr 80 Fuß im Durchmesser, welcher auf einer angenehmen Wiese liegt,
und

und in einiger Entfernung mit italieniſchen Pap‐
peln kann umgeben werden. Er iſt durch einen
4 Fuß breiten Gang in eine zurückkehrende
Schneckenlinie eingetheilt, in welcher die Pflan‐
zen auf der einen Seite von der 13ten zur 1ſten,
auf der andern von der 14ten zur 24ſten Lin‐
neiſchen Klaſſe auf 6 Fuß breite Rabatten ein‐
getheilt ſind; ſo daß ſich in der Nähe des
Denkmals die letztere und erſtere Klaſſe an ein‐
ander ſchlieſſen.

Die unter den Nummern des Plans in
dem hier folgenden Verzeichniſſe ſtehenden Pflan‐
zen ſind ſo viel möglich alle ſo gewählt, daß ſie
erſtlich keinen großen Raum einnehmen, zwei‐
tens ein ſchönes Anſehen haben, drittens leicht
zu bekommen ſind, und endlich unſere Winter
theils als Stauden, theils als Sträucher gut
vertragen. Nur bei einigen konnten dieſe Re‐
geln, wegen Zwang des Syſtems, nicht völlig
beobachtet werden, doch wird ſich ein jeder darin
ſelbſt zu helfen wiſſen, und bei großen Bäumen,
z. B. kleine Exemplare wählen, welche man
mit

mit der Zeit mit andern verwechseln kann, bei kleinern, unansehnlichen Pflanzen aber theils durch ihre Menge, theils durch ihre Nachbarschaft die Lücken ausfüllen.

Bei ihrer Vertheilung ist immer auch, so viel als es sich thun ließ, auf die Wirkung, welche sie aufs Auge machen sollen, gehörige Rücksicht genommen worden.

In den innern zirkelförmigen Platz kömmt das Denkmal Linnée's auf die Rasenterrasse 2 zu stehen, welches übrigens nach eines jeden eigenem Geschmack ausgeführt werden kann, im wesentlichen aber immer dessen Büste mit der auf ihn gemachten Preisinschrift:

Nocte sub alta,
Omnis late natura jacebat,
Vixit Linnæus!
Lux et ubique fuit.

enthalten muß. Am Fuße dieses Denkmals wird sich die Linnea borealis, welche man von Wittenberg, Berlin 2c. wo sie wild wächst, erhalten kann,

kann, sehr vortheilhaft und vielsagend anbrin=
gen lassen. Um das Denkmal herum können
b. b. entweder babylonische Weiden (Salix ba-
bylonica) oder Weymuthskiefern (Pinus Stro-
bus), bei c. und c. Bohnenbäume (Cytissus
Laburnum) oder rothe Acacien (Robinia
hispida) und zwischen diesen bei d. d. d. d.
hochstämmige Rosenstöcke angebracht, der ganze
Zirkel aber mit hohen Flammenblumen (Phlox
paniculata) eingefaßt werden.

In der Nähe des Zirkels kann No. 20. ein
kleines Gebüsch formiren, welches wegen der
Schönheit dieses Strauchs einen sehr guten Ef=
fect machen wird.

Die Einfassungen der Rabatten werden am
schicklichsten durch eine, einen halben Fuß breite
Rasenborde gemacht werden können.

Die äußere Linie, welche den beiden Ein=
gängen linker Hand liegt, kann am schicklich=
sten eine kleine Rosenhecke formiren.

Unter

Unter den Nummern des Verzeichnisses sind öfters mehrere Pflanzen angeführt, um im vorkommenden Fall eine vor der andern wählen zu können.

Sollte dieser Plan auf einen größern Platz, als gegenwärtiger ist, bei welchem man alles nur im Kleinen unterhalten kann, angewendet werden, so würde man freilich ungezwungener dabei seyn, und manche vortheilhafte Abänderung darin machen können. Im Fall aber der Raum noch geringer, als hier angegeben ist, wäre, so könnte man entweder bloß Sträucher oder bloß Stauden und Sommergewächse dazu nehmen.

Systematisches Pflanzenverzeichniß zu Linnée's Denkmal.

(S. oben.)

I.

Monandria.	Monogynia.		
1. Canna	indica.	— —	2.

ℜ   NB.

146

NB. Aus Mangel einer andern in dieser Ordnung, muß man sie nehmen; sie hält aber nur den Sommer über im Freien aus, im Winter setzt man sie ins warme Haus.

2. Salicornia	fruticosa.	—	♄
— — — —	Digynia.		
3. Blitum	virgatum.	—	☉

II.

Diandria	Monogynia.		
4. Monarda	didyma.	—	♃
Circaea	lutetiana.		
Veronica	virginiana.		
5. Jasminum	fruticans.	—	♄
Syringa	persica.		
— — — —	Digynia.		
6. Anthoxanthum	odoratum.	—	g.

NB. Wächst auf allen Wiesen.

III.

Triandria	Monogynia.
7. Eriophorum	polystachium.

Scirpus

Scirpus   sylvaticus.

NB. Erſteres Gras findet ſich auf Sumpf⸗
wieſen, letzteres in ſtehenden Waſſern. Die⸗
ſe und alle noch folgenden Waſſer⸗ und
Sumpfwieſenpflanzen, muß man entweder
in großen Blumenſſchen, ohne Oefnungen
am Boden, eingraben, oder ſie in mit
Thon ausgelegte Gruben pflanzen und ſie
ſehr naß halten.

Cyperus	esculentus.	—	g.
8. Iris	germanica.	—	K.
9. Valeriana	rubra.	— —	♃
10. Cneorum	tricoccon.	—	♄

NB. Iſt im Winter dem Erfrieren leicht
unterworfen; man bedecke ihn daher lieber.

— — — —	Digynia		
11. Phalaris	arundinacea.	—	g.
Arundo	Donax.		
— — — —	Trigynia.		
12. Holosteum	umbellatum.	—	☉
Mollugo	verticillata.		

IV.

IV.

Tetrandria	Monogynia.		
13. Epimedium	alpinum.	—	♃
Sanguisorba	officinalis.		
14. Gallium	sylvaticum.		
Asperula	odorata.		
15. Elaeagnus	augustifolia.	—	♄
Ptelea	trifoliata.		
Cornus	sanguinea.		
— — — —	Digynia.		
16. Hamamelis	virginica.		
17. Hypecoum	procumbens.	—	☉
— — — —	Tetragynia.		
18. Sagina	procumbens.		
19. Ilex	aquisolium.	—	♄

V.

Pentandria	Monogynia.	
20. Lonicera	sempervirens.	
	Peryclymenum,	
Licium	europaeum.	

21.

21. Pulmonaria	virginica.	—	♃
⸍ Dodecatheon	Meadia.		
— — — —	Digynia.		
22. Apocynum	androsaemifolium.		⌣
Gentiana	acaulis.		•
23. Astrantia	minor.		
24. Scandix	odorata.		
Imperatoria	Ostruthium.		
25. Periploca	graeca.	— —	♄
Ulmus	campestris.		
— — — —	Trigynia.		
26. Viburnum	opulus.		♈
Tamarix	germanica.		•
27. Sambucus	ebulus.	— —	♃
28. Corrigiola	littoralis.,	—	☉
— — — —	Tetragynia.		
29. Parnassia	palustris.	—	♃

NB. Auf Sumpfwiesen wild.

— — — —	Pentagynia.	
30. Statice	Limonium.	
	Armeria.	

Aralia

	Aralia	racemosa.			
31.	—	spinosa.	—	—	♄
	Linum	suffruticosum.			
— — — —		Polygynia.			
52	Myosurus	minimus.	—		☉

NB. Auf naſſen Aeckern.

VI.

Hexandria	Monogynia.			
33. Frankenia	laevis.	—	—	♃
34. Tradescantia	virginica.			
35. Juncus	maximus.			
36 Lilium	chalcedonicum.			♄
	candidum.			
Tritillaria	imperialis.			
37. Yucca	gloriosa.	—		♄

NB. Dauert in gelinden Winterhäuſern.

38. Berberis	vulgaris.		
— — — —	Digynia.		
39. Atraphaxis	undulata.	—	♄

NB. Muß mit dem Topf in die Erbe gegraben

gegraben werden und im Winter im Ge=
wächshauſe ſtehen.

— — — —	Tiigynia.		
40. Rumex	alpinus.·	— —	♃
	scutatus.		
41. Colchicum	autumnale.	—	Z.
— — — —	Polygynia.		
42. Iisira	Plantago.	—	♃

NB. In ſtehenden Waſſern.

VII.

Heptandria	Monogynia.		
43. Trientalis	europaea.		
44. Aesculus	Pavia.	— —	♄
— — — —	Tetragynia.		
45. Saururus	cernuus.	—	♃

VIII.

Octandria	Nonogynia.	
46. Epilobium	angustifolium.	
47. Daphne	Mezerum. —	♄
Erica	carnea.	

Digynia

		Digynia.		
— — — —	48. Moehringia	muscosa.	—	♃
— — — —	49. Polygonum	Trigynia.		
		Bistorta.		
		orientalis.	—	☉
— — — —	50, Paris	Tetragynia.		
		quadrifolia.	—	♃

IX.

Enneandria	Monogynia.		
51. Laurus	Benzoin.	—	♄
— — — —	Trigynia.		
52. Rheum	palmatum.	—	♃
	crispum.		
— — — —	Hexagynia.		
53. Butomus	umbellatus.		

NB. Wächst in stehenden Wassern.

X.

Decandria	Monogynia.	
54. Dictamnus	albus.	
Sophora	australis.	

55.

55, Zygophyllum	˙Tabago.		
	Ruta	gravcolens.		
56. Cercis	canadensis.	—	♄
57. Ledum	palustre.		
	Pyrola	umbellata.		
— — — —	Digynia.		
58. Hydrangea	arborescens.		
59. Saxifraga	umbrosa.	—	♃
	sarmentosa.		
— — — —	Trigynia.		
60. Aellaria	Holostea.	—	♃
— — — —	Pentagynia.		
61. Lychnis	chalcedonica.		
62. Sedum	populifolium.		
— — — —	Decagynia.		
63. Phytolacca	decandra.		

XI.

Dodecandria	Monogynia.		
64. Lythrum	virgatum.		
	Salicaria.		

65.

65. Asarum	europaeum.		
66. Decumaria	barbara,	—	♄
Halesia ●	tetraptera.		
— — — —	Digynia.		
67. Agrimonia	odora. Ait.	—	♃
	Eupatoria.		
— — — —	Trigynia.		
68. Euphorbia	dulcis.		
69. - -	Characias.	—	♄
— — — —	Dodecagynia.		
70. Sempervivum	arachnoideum.		♃
	tectorum.		

XII.

Icosandria	Monogynia.		
71. Amygdalus	nana.	— —	♄
Philadelphus	coronarius.		
— — — —	Digynia.		
72. Crataegus	Oxyacantha.		
— — — —	Trigynia.		
73. Sorbus	aucuparia,		

Pentagynia.

— — — —	Pentagynia.		
74. Spiraea	tomentosa.		
	laevigata.		
	sorbifolia.		
75. -	trifoliata.	—	♃
	Aruncus.		
— — — —	Polygynia.		
76. Potentilla	alba.		
Geum	montanum.		
77. Potentilla	fruticosa	—	♄
Rubus	odoratus.		
Calycanthus	floridus.		

XIII.

Polyandria	Monogynia.		
78. Tilia	europaea.		
79. Cistus	helianthemum.		
80. Papaver	orientalis.	—	♃
Actaea	racemosa.		
— — — —	Digynia.		
81. Paeonia	tenuifolia.		

Tetra-

— — — —	Tetragynia.	
82. Cimicifuga	foetida.	
— — — —	Pentagynia.	
83. Aquilegia	vulgaris.	— ♃
— — — —	Polygynia.	
84. Trollius	europaeus.	
	asiaticus.	
Adonis	vernalis.	
85. Clematis	Viticella.	— ♄
86. Liriodendrum	tulipifera.	—

XIV.

Dydynamia.	Gymnospermia.	
87. Hyssopus	officinalis.	
88. Melittis	Melissophyllum.	♃
Phlomis	tuberosa.	
— — — —	Angiospermia.	
89. Bignonia	radicans.	— ♄
90. Acanthus	spinosus.	— ♃
91. Digitalis	purpurea.	
Melampyrum	nemorosum.	

XV.

XV.

Tetradynamia.	Siliculost.
92. Cochlearia	glastifolia.
Lunaria	rediviva.
93. Iberis	sempervirens. — ♄
— — — —	Siliquosa.
94. Cheiranthus	Cheiri.
95. Cardamine	pratensis. — ♃
Erysimunr	Alliaria.

XVI.

Monadelphia	Decandria.
96. Geranium	striatum.
	macrorrhizoro.
— — — —	Polyandria.
97. Hibiscus	palustris.
Althaea	officinalis.
98. Hibiscus	syriacus. — ♄

NB, Muß im Winter gut verdeckt werden.

XVII.

XVII.

Diapelphia	Hexandria.		
99. Fumaria	bulbosa.	—	♃
	lutea.		
— — — —	Octandria.		
100. Polygala	vulgaris.		
	Chamaebuxus.		
— — — —	Decandria.		
101. Orobus	vernus.		
Coronilla	varia.		
102. Colutea	orientalis.	—	♄
Sparcium	Scoparium.		

XVIII.

Polyadelphia	- Icosandria.		
103. Citrus	Aurantium.		

NB. Man setzt sie im Winter in ein Glashaus.

— — — —	Polyandria.		
104. Hypericum	calycinum.	—	♄
	hircinum.		

105.

105.   -   -   perforatum.   —   ♃

                 montanum.

XIX.

Syngenesia.	Polygamia aequalis.	
106. Prenanthes	purpurea.	
107. Cnicus	oleraceus.	
NB. **Wil fehr naß ftehen.**		
108. Crysocoma	Lynosiris.	
Cacalia	suaveolens.	
109. Santolina	Chamaecyparissus.	♄
— — — —	superflua.	
110. Tussilago	Patasites. —	♃
Gnaphalium	margaritaceum.	
111. Aster	grandiflorus.	
	novae angliae.	
Solidago	sempervirens.	
112. Artemisia	Abrotanum. —	♄
	arborescens.	
Bacharis	halimifolia.	
	frustranea	

— — — —	frustránea.
113. Rudbekia	purpurea,
114. Centaurea.	montana.
	glastifolia.
— — — —	necessaria.
115. Silphium	connatum.
Polymnia.	Uvedalia.
— — — —	Segregata.
116. Echinops	sphaerocephalus.
— — — —	Monogamia.
117. Lobelia	cardinalis.
Viola	odorata.

XX.

Gynandria	Diandria.
118. Orchis.	bifolia.
	maculata.
119. Cypripedium	Calceolus.
— — — —	Triandria.
120. Sisyrinchium	Bermudiana.
— — — —	Tentandria.
121. Passiflora	caerulea. — ♄

NB.

NB. **Muß im Winter gut verdeckt werden.**

		Hexandria.		
122.	Aristolochia	Clematitis.	—	♃
	— — —	Polyandria.		
123.	Arum	maculatum.		
		Dracunculus.		

XXI.

Monoecia.		Triandria.		
124.	Carex	acuta.	— —	g.
125.	Axyris	ceratoides.	—	♄
	— — —	Tetrandria.		
126.	Betula	incana.	— —	♄
	Buxus	sempervirens.		
	Morus	papyrifera.		
	— — —	Pentandria.		
127.	Amaranthus	tricolor.	—	☉
		caudatus.		
128.	Iva	frutescens.	—	♄
	— — —	Polyandria.		
129.	Quercus	Robur.		
	♀		Corylus	

	Corylus	Avellana.
130.	Poterium	sanguisorbae. — ♃
— — — —		Monadelphia.
131.	Pinus. Thuya.	Cupressus. — ♄
132.	Ricinus	communis. — ☉
— — — —		Syngenesia.
133.	Bryonia.	alba. — — ♃

XXII.

Dioecia.   Diandria.

134. Salix   cinerea.   —   ♄

               _rosmarinifólia.

— — — —   Triandria.

135. Empetrum   nigrum.

— — — —   Tetrandria.

136. Myrica   cerifera

     Hippophae   rhamnoides.

— — — —   Pentandria.

137. Zanthoxylum   fraxineum.

138. Humulus   lupulus.   —   ♃

— — — —   Hexandria.

139. Dioscorea.   villosa.

140. Smilax	aspera.	—	—	♄
— — — —	Octandria.			
141. Populus	tremula.			
142. Rhodiola	rosea.	—	—	♃
— — — —	Enneandria.			
143. Mercurialis	perennis.		`	
— — — —	Decandria.			
144. Coriaria	myrtifolia.	—		♄
— — — —	Dodecandria.			
145. Menispermum	canadense.			
146. Dadisca	cannabina.	—		♃
— — — —	Monadelphia.			
147. Napaea	scabra.			
148. Juniperus.	Taxus.	—		♄
— — — —	Syngenesia.			
149. Ruscus	aculeatus.			

XXIII.

Polygamia.	Monoecia.	
150. Acer	pensylvanicum.	♄
151. Veratrum	album	— — ♃
152. Valantia	cruciata.	

Pari-

Parietaria,	officinalis	
153. Holcus	lanatus.	— g.
— — — —	Dioecia.	
154. Gleditsia	triacanthus.	— ♄
— — — —	Trioecia.	
155. Ficus	Carica.	

XXIV.

Crytogamia.	Filices.	
156. Polypodium	Filix mas.	— ♃
	cristatum.	
— — —. —	Musci.	
157. Polytrichum	commune.	
— — — —	Algae.	
158: Marchantia	polymorpha.	

NB. Man unterhält diese Pflanze auf feuchten Steinen.

— — — ⸺	Fungi.	
159. Agaricus	campestris.	

Erklä-

Erklärung der Zeichen.

⊙ Sommergewächse.

♃ Staudengewächse.

♄ Strauchartige Gewächse.

g. Gräser.

K. Knollengewächse.

Z Zwiebelgewächse.

Nota 1.

So lange nicht ein Zeichen abwechselt, sind alle folgende Pflanzen von eben der Art.

Nota 2.

Alle diese Pflanzen sind in Dresden bei dem Herrn Hofgärtner Seidel und an mehrern andern Orten zu finden.

VI.

VI.

Ueber die fehlerhafte Bauart unserer meisten deutschen Gewächshäuser.

Zu keiner Zeit war wohl die Liebe zur Anpflanzung ausländischer Gewächse in Deutschland
mehr Mode, als in unsern Zeiten, und gleichwohl muß man sich verwundern, daß man [in
der leichtern und minder kostspieligen Methode
der Erziehung derselben soweit zurück bleibt.
Die Ursache ist, weil Ausländer immer unsere
Muster sind, und weil wir glauben, daß nur
ein Engländer oder Holländer es verstehe, wie
man ausländische Pflanzen erziehen müsse. Und
doch schmeichle ich mir behaupten zu dürfen,
daß beide Nationen, ungeachtet der Vielschrei-
berei der Engländer, über diesen Gegenstand
immer am Alten kleben bleiben. Ein Beweis
deffen

deſſen ſind ihre höchſt fehlerhaften Treib= und
Gewächshäuſer, die wahrlich gar nicht dazu
gemacht ſind, geſunde dauerhafte Pflanzen darin
zu erziehen. Was nicht Pflanzen von einer
leichten Ueberwinterung ſind, vegetiren meiſt
nur in denſelben, ohne daß ſie zur Blüthe oder
gar zur Frucht und gänzlich reifen Saamen
kommen ſollten. Und wenn dieß auch einmal
geſchieht, ſo iſt es eine wahre Seltenheit. Dieſe
nach alter Sitte erbauten Treibhäuſer gleichen
daher mehr einem Invalidenhauſe als einem
Aufenthalte geſunder Pflanzen. Es iſt auch gar
nicht zu verwundern, weil der größte Theil ihrer
Schriftſteller Handelsgärtner ſind, denen es mehr
um einen oft wiederholten Abſatz, als um Er=
haltung und ächte Pflege der Pflanzen ſelbſt zu
thun iſt. Denn Verbreitung ächt=botaniſcher
Kenntniſſe, Ergründung der Wiſſenſchaft ſelbſt
und wahre Fortſchritte in derſelben, iſt ſowohl
in England als Holland ſeit beinahe einem Vier=
teljahrhundert ziemlich erſtorben. Lebendige
Pflanzenſammlungen ſind eine Art Prunk da=
ſelbſt, die mehr den Reichthum des Beſitzers an=

an=

ankündigen soll, als daß man, nach dem großen
und erhabenen Beispiele ihrer unsterblichen Vor-
ältern die Pflanzen = Charakteristik und Pflanzen-
Physiologie studiren, und die Grenze der Wissenschaft selbst ausdehnen sollte. Beinahe möchte
man glauben, daß nach Erscheinung des Lin-
néelschen Systems beide Nationen in eine Art
Apathie versunken, und der ehemalige For-
schungsgeist ganz verschwunden sei.
Ihre meisten Anleitungen zu Anpflanzung ausländischer Pflanzen sind daher in unsern Zeiten
von sehr unbedeutendem Werthe, und von ihren
voluminösen Werken könnte man getrost drei
Viertel ausstreichen, wenn man nur dasjenige
wegließ, was als ewige Wiederholung bei dem
größten Theile der Pflanzen vorkömmt. Doch
ich schränke mich hier bloß auf die Gewächshäuser ein, um zu zeigen, daß solche nach nichts
weniger als nach philosophischen auf die Natur
der Gewächse anwendbaren Grundsätzen erbaut
sind, und die Pflanzen daselbst unterhalten
werden.

Gewächshäuser sind bestimmt ausländische Pflanzen in unserm ungleich kältern Himmels-striche nicht allein zu unterhalten, sondern sie auch so zu pflegen, daß sie ihren gedeihlichen Wachsthum eben so, oder beinahe eben so gut, wie in ihrem Vaterlande, fortsetzen können. Ob es einem deutschen Gelehrten und einem deutschen Staatsbürger nützlich sei, die Afrika-nischen, Asiatischen und andere ausländische Un-kräuter kennen zu lernen, und auf ihre Verpfle-gung so viele Summen zu verwenden, dieß ist eine Frage, deren Beantwortung nicht hieher gehört. Ich unterwerfe dieselbe der herrschen-den Mode, nehme sie als unbedingt nothwendig, folglich als entschieden an, und will daher hier nur untersuchen, wie die Verpflegung dieser ausländischen Pflanzen am leichtesten ausführ-bar sei.

So viel ich durch eine mehr als fünf und zwanzigjährige Ausübung weiß, lassen sich die nun bekannten ausländischen Gewächse über-haupt in viererlei Classen eintheilen:

1) In

1) In solche, die einen hohen Grad Hitze
erheischen und zu keiner Zeit bei uns an freier
Luft ausdauern können, weil ihnen, die selbst
in unsern heißesten Zeiten eintretende Morgen-
kühlung zuwider, oder gar schädlich ist.

2) In solche, denen die freie Luft in unsern
heißern Jahreszeiten höchst nützlich ja nothwendig ist, und die man daher vom Frühjahre an
durch Fensteröfnungen an den freien Genuß der
Luft gewöhnt, und sie dann gegen Ende des
Mai derselben ganz aussetzt. Des Winters erheischen diese Pflanzen einen nicht viel geringern
Grad Wärme, als die Pflanzen von No. 1.

3) In solche, die des Winters einen geringen Grad Wärme in den Treibstuben erheischen,
im Frühjahre aber bei Zeiten der freien Luft
ausgesetzt seyn wollen, weil der Stand in den
Treibhäusern ihnen dann schädlich ist, sie kränk-
lich macht, den Insekten und sonstigem offenba-
ren Verderben bloß stellt.

4) In

4) In solche, die des Winters nur vor dem Froste bewahrt seyn wollen, im Frühjahre aber zeitig die freie Luft haben müssen.

Welchen Grad von Winter= und Sommer= wärme, welchen Grad von Luft diese ausländi= schen Pflanzen erheischen, läßt sich nur durch eigene Beobachtung und Erfahrung, und gar nicht durch die monotonen Gärtner=Lexica be= stimmen. So viel ist sicher, daß das bei ein= zelnen Pflanzen im Linnéischen Systeme ange= gebene Vaterland ein höchst unzuverlässiger Lei= ter seyn würde. Gesetzt auch, daß diese Pflanzen in dieser angegebenen Gegend wirklich leben, so ist die freie Luft, die sie da genießen, sehr von jenem Stande entfernt, den unsere Treibhäuser ihnen darbieten. Ueberhaupt ist es mit dem Ausdaurungsvermögen einer Pflanze eine ganz eigene Sache. Bei meinem beständigen Bestre= ben, die ausländischen Pflanzen in einem gerin= gern Grade von Wärme zu erhalten, habe ich durch Erfahrung gefunden, daß manche Pflan= zen allerhand Grade von Wärme ertragen kön= nen,

nen, und in diesen verschiedenen Wärmegraden
sich gleich wohl und gleich frisch befinden. Ja
ich habe beobachtet, daß z. B. ägyptische Pflanzen und einige von Otahyti so gar bei uns in
freier Luft vortrefflich gedeihen, *) jährige Pflanzen nicht allein ihren reifen Saamen abliefern,
sondern sogar auf der Stelle, wo sie standen,
durch ausgefallenen Saamen sich ganz kunstlos
fortpflanzten. Andere änderten sich in perenni-
rende Pflanzen um, verloren zwar im Winter
ihr über der Erde stehendes Kraut oder holzar-
tiges Gewächs, schlugen aber im Frühjahre aus
ihrer, den Winter über unter der Erde sich frisch
und gesund erhaltenen Wurzel von neuem wieder aus. Hingegen fand ich auch andere, die
ein so genau bestimmtes Klima erheischten, daß
sie schlechterdings zu Grunde giengen, wenn sie
dieß nicht vorfanden. Manche Pflanzen aus
dem Delphinat z. B. die doch alle Aussicht zur
Naturalisirung gaben, starben des Winters im
Freien immer ab, dauerten aber in den kalten
Häu-

*) Als ein einziges Beispiel will ich hier nur
die verschiedenen Arten von Lanna L. anführen.

Häusern auf der allergeringsten Stelle sehr leicht aus. Mein sicherstes Merkmal, den Grad der Wärme für jede Pflanze zu bestimmen, war die Beobachtung, welchen Einfluß die sogenannten Pflanzenläuse oder andere Insekten auf sie aus= übten. So bald ich sah, daß diese auf einer Pflanze sich einnisteln wollten, schloß ich auf die Schwächlichkeit der Pflanze selbst, die sie durch zu viel Wärme überkommen hatte, und stellte sie auf einen kühlern Ort. So sind manche Pflanzen von dem Lohbeete nach und nach in jene Treibhausstuben gewandert, die mit dem geringsten Grad von Wärme unterhalten wor= den sind. Andere, besonders holzartige, oder einen Holzstamm habende sind aus dem Treib= hausstuben in die kalten Häuser in der Folge der Zeit übergegangen, wenn sie schon in dem ersten und zweiten Jahre ihres Lebens diesen geringen Grad von Schutz nicht ertragen konnten. Es lassen sich also schlechterdings keine allgemeine Regeln für die einzelnen Pflanzen angeben, son= dern alles hängt von der gesunden Beurthei= lungskraft und beständiger Beobachtung desjeni=

gen

gen ab, dem die Oberaufsicht über die Gewächshäuser übertragen ist, und der seine Untergebe-
nen so zu unterrichten wissen muß, daß sie im
Stande sind, bei jedem einzelnen Vorfalle ihm
Bericht abzustatten, den er dann auf der Stelle
selbst prüfen muß.

Nichts kostet, vorzüglich bei der Winter-
pflege der Pflanzen in den Häusern, mehr Mühe,
als die Leute zur richtigen Beurtheilung zu
bringen, wie sie sich mit dem Begießen in den
Töpfen zu verhalten haben. Einer der gewöhn-
lichsten Fehler, die sich hier ereignen, ist, daß
die Pflanzen im Winter zu viel Wasser erhalten;
denn, ungeachtet aller künstlichen Wärme, die
man den Pflanzen im Winter verschafft, sind sie
doch (ausgenommen einige z. B. von dem Vorgebirge der guten Hoffnung,) in einer Art von
Wachsthumsstillstande, und in diesem Zustande
bedürfen sie nur weniges Wasser; selbst auch
dann, wenn das Bedürfniß des Gießens wirklich
eintritt, nur sehr weniges Wasser auf einmal.
Aus Bequemlichkeit, oft auch aus Mangel der
Be-

Beurtheilungskraft bekommen aber die Töpfe gewöhnlich zu viel Waſſer auf einmal, die Pflanzen erblaſſen dann, erkranken und bekommen vorzüglich Wurzelkrankheiten, an denen ſie entweder gar abſterben, oder doch den ganzen Sommer bedürfen, ehe ſich dieſe Wurzeln wieder ausheilen.

Aber das eigentliche Gebrechen und die Haupturſache, warum bei der koſtſpieligen Unterhaltung ausländiſcher Gewächſe in den Winterhäuſern dennoch ſo wenig Gedeihliches bewirkt wird, ſind die Häuſer ſelbſt. Es iſt unbegreiflich, daß man hierüber ſo wenig nachgedacht hat, immer es bei den alten Gebrechen bewenden läßt, und nur bei den Holländern und Engländern ſich Rathes erholt, die längſt in allem, was Landbau, Gärtnerei und Forſtwiſſenſchaft anbelangt, kurz in Gewinnung der Producte über der Oberfläche der Erde aufgehört haben, unſere Lehrmeiſter zu ſeyn, und denen es nun gebührt, bei den Deutſchen in die Schule zu gehen. Ich habe zwar in den Vorleſungen der

Chur=

Churpfälzisch = phyſikaliſch = ökonomiſchen Geſell=
ſchaft III. B. eine Abhandlung über die Oran=
gerie = und Treibhäuſer geliefert, die ich alle die=
jenigen zu leſen bitte, denen dieſer Aufſatz von
einigem Intereſſe iſt. Denn hier will ich nur
die Fehler dieſer altmodiſchen, ſclaviſch nachge=
ahmten Winterhäuſer erörtern, und alle diejeni=
gen darauf aufmerkſam machen, die Winterhäu=
ſer beſitzen und unterhalten.

Der allererſte Fehler dieſer Winterhäuſer iſt
ihre Stellung gegen Süden. Daß man anfäng=
lich dieſe Häuſer der Mittagsſonne ausſtellte,
war verzeihlich; denn man hatte noch keine hin=
längliche Erfahrung von dem Verhältniſſe aus=
ländiſcher Pflanzen zu unſerm Himmelsſtriche,
gieng von Meinungen, die in falſche Grundſätze
ausarteten, aus, und war in der Morgenröthe
unſerer ausländiſchen Pflanzencultur noch nicht
im Stande, dieſe eingeſchlichenen Fehler zu ver=
beſſern. Aber daß man noch bis dieſe Stunde
alle neu zu erbauende Winterhäuſer gegen Sü=
den ausſetzt, iſt ein unverzeihlicher Fehler, weil
man

man dadurch der Pflanzenpflege die allergrößten
Hinderniſſe in den Weg legt. Ich will dieſe
Hinderniſſe kurz beleuchten.

Das Licht, vorzüglich die wohlthätige Wär=
me der Sonnenſtrahlen, wenn ſie des Winters
an dem Horizonte erſcheint, iſt den Pflanzen ein
wahrer Lebensbalſam, und der denkende Gärt=
ner iſt höchlich erfreut, wenn er ſeinen Gefange=
nen dieſe Wohlthat zufließen ſieht. Aber da die
Sonne in den Wintermonaten gewöhnlich eine
Seltenheit iſt, ſo hätte man längſt daran den=
ken ſollen, dieſen Winterhäuſern eine ſolche
glückliche Expoſition zu geben, durch welche je=
der Sonnenblick, er erſcheine zu welcher Stunde
er wolle, von den Fenſtern der Häuſer aufgefan=
gen und den Pflanzen zugeführet werden kann.
Aber das gerade Gegentheil ereignet ſich bei der
Expoſition gegen Süden. Scheint die Sonne
in den frühen Morgenſtunden, ſo iſt ſie für die
Pflanzen verloren, nur Abendſonne kommt ihnen
zu Statten, und da um dieſe Zeit die Dünſte
die Athmoſphäre ſchon wieder zu verdunkeln an=

M   fangen,

fangen, so ist auch dieser Sonnenblick für die Pflanzen so gut wie verloren.

Aber nicht allein im hohen Winter ist diese Exposition gegen Süden ein auffallendes Gebrechen, sondern dieselbe äußert das ganze Jahr hindurch ihre schädlichen Einflüsse; denn selbst in den Hundstagen, wo man oft vor erstickender Wärme nicht athmen kann, beobachtet man Morgens gleichwohl gegen Aufgang der Sonne eine sehr erquickende Kühlung, die man aber im Frühlinge, im übrigen Theil des Sommers und im Herbste gar oft Kälte nennen kann. Es ist also ein wahres Geheimniß, den Pflanzenhäusern eine solche Stellung zu geben, in welcher sie zu jeder Jahreszeit die aufgehende Sonne auf den Fenstern liegen hat. Bei der Stellung gegen Süden aber ist diese Morgensonne gerade zu für die Pflanzen verloren.

In dem hohen Sommer ist die Nachmittagssonne ein wahrer Fehler in den Häusern. Sie brennt dann mit ihren Strahlen so heftig ein,

ein, daß die Blätter jener Pflanzen, die das
Haus nicht verlaſſen können, Brandflecke bekommen. Man iſt alsdann genöthiget Schatten zu
machen, und wenn dieß vergeſſen wird, ſo gehen
viele Pflanzen zu Grunde. Dieß ſind Folgen
von der Expoſition gegen Süden. Erwählt
man aber jene Lage für die Häuſer, wo jeder
Sonnenſchein im Winter den Pflanzen zu gute
kömmt, und wo jeder Aufgang der Sonne die
Häuſer ergößt, da verliert ſich im Sommer die
Sonne vor den Fenſtern in dem Zeitpunkte, wo
ſie aufhört wohlthätig zu ſeyn, hingegen anfängt verſtörende Wirkungen zu äußern.

Ich könnte noch mehr Gebrechen anführen,
die dieſe Lage gegen Süden hervorbringt. Aber
um dieſem Aufſaße nicht zu viel Ausdehnung zu
geben, muß ich hier abbrechen. Ein jeder auf-
merkſame Beobachter wird die Zahl dieſer Gebrechen leicht auffinden, beſonders wenn er das
Glück hat, Winterhäuſer zu beobachten, die
oben angeführte Lage haben, und den vortrefflichen Wachsthum der Pflanzen in denſelben mit
jenen

jenen Mumienartigen Pflanzen zu vergleichen,
die bei der Exposition gegen Süden in einem
anhaltenden Leiden sich befinden, und daher ein
höchst trauriges Ansehen haben.

Der schiefe Winkel, den die meisten nach
Holländischen Fehlern gebauten Treibhäuser an
ihrer vordern Glasseite haben, ist ein zweites
Gebrechen, welches wesentlichen Einfluß auf die
Gesundheit der, der freien Luft beraubten Pflan=
zen ausübt. Hier will ich gar nicht in Erwä=
gung bringen, daß diese Bauart wegen der Un=
terhaltung sehr kostspielig ist; denn auf diesen
Grund geben gewöhnlich jene nicht Acht, die
Treibhäuser besitzen., weil kostspielig zu unter=
haltende Winterhäuser desto mehr Aufsehen ver=
ursachen, die daher ein anderer nicht so leicht
nachahmen kann. Aber daß diese schiefe Ab=
dachung den Pflanzen zu nah an ihre Krone
reicht, sie also in allen den Ausdünstungen leben
müssen, die bekanntlich der Gesundheit der Men=
schen und Pflanzen höchst nachtheilig sind, das
sind doch so auffallende Beobachtungen, die bei=
nahe

nahe gar keiner Erörterung bedürfen. Wird
aber nach richtigen Rechnungen die Refractions=
Abbachung inwendig in den Treibhäusern ange=
bracht, und die auswendige Fensterwand senk=
recht gesetzt, so entsteht hierdurch vorne her in
den Zimmern eine solche Höhe, die sich in den
Treibhausstuben als ein spitzig zulaufender Win=
kel bildet, in welchen obern Winkel die Ausdün=
stungen der Pflanzen sich hinziehen, die Pflanzen
selbst aber unten in einer reinen Luft leben.

Da diese senkrechte Stellung der Fenster=
wand eine natürliche Festigkeit darbietet, so bedarf
man hier keiner steinernen Pilaren, sondern nur
zehenzölliger sehr gesunder eichene Balken, wo
einer von dem andern fünf Schuh wenigstens
entfernt seyn kann, und wodurch große und
weite Fenster entstehen, die die Treibhäuser bis
in die letzten Winkel erleuchten. Nun weiß
man aber schon längstens, welche große Wohl=
that das Licht für die Pflanzen ist, und daß sie
bei geringerer Wärme, aber hinlänglichem Ge=
nusse des Lichtes ungleich leichter ausdauren,

als

als bei stärkerer Wärme, aber dunkeler oder
schlecht beleuchteter Wohnung. Unbegreiflich
war es mir daher immer, daß man diesen auffallenden Fehler der Treibhäuser nicht längst
abgeändert hat, um so mehr, da diese Abänderung so leicht und zum gedeihlichen Fortkommen
der Pflanzen so wesentlich ist, weil das dadurch
erhaltene Licht zur Gesundheit der Pflanzen alles
beiträgt. Diese Nachlässigkeit ist ein Beweis,
daß unser deutscher Fleiß sich mehr auf die No-
menclatur als die Physiologie der Pflanzen hin-
neigt; denn wäre Physiologie mehr unser Stu-
dium, so würden wir ohne besondere Mühe entdecken, was diesem gesunden Zustande der Pflanzen entgegen arbeitet, und wir würden uns be-
eifern, unsern Pflanzen im Winter alles mögliche Licht und eine gereinigte Luft zu verschaffen.
Eine fehlerhafte Exposition gegen Süden ist freilich nur durch gänzliche Niederreißung der Winterhäuser zu bewirken; eine Sache, zu der man
sich nicht so leicht entschließt: aber durch Hin-
stellung einer senkrechten Fensterwand seinen
Pflanzen gesunde Luft, vieles Licht, und noch
dazu

daju den Häusern selbst Dauer und Festigkeit zu
verschaffen, das ist doch wirklich eine Sache, die
jeder Culturfreund auswärtiger Pflanzen sich
sehr dringend empfohlen seyn lassen sollte, wenn
er schon zeither weder bei den Engländern noch
Holländern so eine Bauart beobachtet hat.

Folgen der Exposition gegen Süden und
der holländischen Abdachung der Treibhäuser sind
ferner die Canäle, die doch abermals ein wahres
Gebrechen in den Treibhäusern sind, weil man
gänzlich außer Stand ist, mittelst Canäle die
Feuerung so zu leiten, wie es das jedesmalige
Bedürfniß erheischet. Wenn ein Canal einmal
in der Wärme ist, so hängt es von dem Einhei-
zer nicht mehr ab, seine Hitze zu vermindern, er
muß es abwarten, bis die Wände des Canals
nach und nach wieder kalt werden. Sind nun
die Canäle auf die Berechnung eines dunkel
bleibenden und bedeckten Himmels geheizet, dieser bedeckte Himmel klärt sich aber unvermuthet
auf, und die Sonne fällt mit Macht auf die
Fenster, so entstehet eine solche verzehrende
Hitze,

Hitze, daß man nicht gnug eſſen kann, den
Pflanzen ihre unſchätzbare Wohlthat, die Sonne, zu entzieben, damit ſie nicht durch die Ca-
nal- und Sonnenhitze verbrannt werden. —
Wenn nach dem 6ten Jänner die Tage ſich wie-
ter zu verlängern anfangen, hebt gewöhnlich in
unſerm hieſigen pfälziſchen Klima die heftigere
Winterkälte mit gewöhnlich heiterem Himmel
an. Die langen kalten Nächte erheiſchen nun
eine hinlängliche Einheizung in den Candlen;
beleuchtet und erwärmt aber die Sonne die
Fenſter des Treibhauſes, ſo ereignet ſich der eben
angeführte Fall der zu heftigern Hitze. Ich
erinnere mich gar genau, daß ich manche Winter hindurch im Jännermonate bei Tage das Feuer
aus den Oefen ſchnell bis auf alle Kohlen mußte
herausziehen laſſen, weil die auf die Fenſter ſich
werfende Sonne die Häuſer ſo vortrefflich er-
wärmte, daß man durch Oeffnung der Thüren
der in einander laufenden Zimmer dieſe Sonnenhitze noch mäßigen mußte. Bei eiſernen
Oefen mit langen blechernen Röhren kann man
nun gar leicht hier helfen, weil dieſe bald erkäl-
ten,

ten, wenn man den Brennstoff aus ihnen her=
auszieht. Nicht so bei den Candlen. Fällt
eine unerwartete Kälte schnell ein, so muß man
bei den sich langsam wärmenden Candlen erst
lange warten, ehe sie die erforderliche Wärme
abliefern. Kommt aber ganz unvermuthet die
Sonne hinter dem Gewölke hervor, zerstreut
solches, und der ganze Himmel klärt sich auf, so
kehrt sich der nun einmal in Hitze seiende Canal
gar nicht daran, und liefert seine Hitze anhaltend
ab, gerade als wenn an keine Sonne zu denken
wäre. Freilich fällt dieser Fall bei den gegen
Süden exponirten Treibhäusern selten vor; denn
sie haben im Winter von der Sonnenwärme
wenig oder nichts zu erwarten, weil eben diese
Exposition die Sonne ja von den Fenstern ab=
hält. Aber eben deswegen taugt diese Exposi=
tion gegen Süden gar nichts, indem sie die
Pflanzen ihrer größten Wohlthat, der Sonnen=
wärme und des Sonnenlichts beraubet,

Freilich ist ein Canal eine Faulenzerbank,
wo man bei gewöhnlichen kalten und bedeckten
Himmeln

Himmeln sein Feuer in demselben hineinmacht,
und dann glaubt, sich ganz ruhig auf das Ohr
legen zu dürfen. Aber wer Gelegenheit gehabt
hat, Treibhäuser mit eisernen Oefen geheizt,
mit jenen zu vergleichen, die mit Canälen geheizt werden, der muß den Unterschied deutlich
und auffallend bemerken. Die Treibhäuser des
hiesigen churfürstlichen botanischen Gartens waren so reinlich wie Staatsstuben, die Pflanzen
mitten im Winter so natürlich grün, daß sie
das Auge ergötzten; zugleich war eine so
reine Luft in denselben, daß man mit wahrem
Vergnügen darin verweilte, wie ich mich auf
das Zeugniß aller jener Fremden berufe, welche
die, unter meiner Aufsicht stehenden Treibhäuser in diesen Jahreszeiten besehen haben. Und
diese Heizung mit Oefen und langen blechernen
Röhren ist nicht allein eine außerordentliche
Holzersparniß zum höchsten Vortheile der Pflanzen selbst, die bei einem Canalfeuer gewöhnlich
zu viel und einen zu ungleichen Grad Hitze erdulden müssen, sondern sie ist auch für die ein-
heizende Leute gar nicht beschwerlich. Bei mir
waren

waren des Sommers und Winters nur zwei
Männer, die den Garten bedienten. Im Winter hatte einer die Vormitternacht- und der
andere die Nachmitternachtwache. So wohl bei
Tage als bei Nacht wurden alle halbe Stunden
die in jedem Zimmer aufgehängten Thermometer nachgesehen, und nach dem befundenen Grade das Feuer in den Oefen unterhalten. Jedem
Zimmer war sein Wärmegrad bestimmt, und
die Leute wußten dieß alles so genau zu besorgen,
daß sie bis auf einen Spahn berechnen konnten,
wie viel Holz jedes Mal zugeschürt werden
mußte. Und weil alle halbe Stunden, Tag und
Nacht, nach den Oefen gesehen ward, so blieben
die Pflanzen immer in einem gleichen Grade der
Wärme. Da ich mein Studierzimmer in dem
Garten selbst hatte, und jeden Morgen, das
Wetter mochte seyn wie es wollte, in demselben
bis zur zwölf Uhr Stunde zubrachte, so kann ich
für alles dieß, was ich hier niederschreibe, mit
meiner Ehre bürgen.

Freilich werden die Meisten ihre bisherigen
Treibhäuser, gegen Süden exponirt, mit holländ-
bischer

tischer Abdachung und mit Candlen versehen, verziehen, weil sie von den anders gebauten keine Erfahrung haben. Aber ich will ihnen hier gleich einen wahren Probierstein an die Hand geben, durch welchen sie die Güte der Häuser beurtheilen können. Und dieß sind diejenigen Pflanzen, die ein Lohbeet erheischen, und auch in dem höchsten Sommer das Treibhaus nicht verlassen dürfen. Wenn diese Pflanzen zur Blüthe und zur Frucht kommen, so darf man sich schmeicheln, daß man nicht allein wohl gebaute, sondern auch wohl unterhaltene Treibhäuser habe. Hier nehme ich aber unter Lohhauspflanzen solche an, die durch lange Erfahrung diese empfindliche und vorsichtige Cultur wirklich erheischen, und nicht solche, die nach dem höchstbeschränkten Gesichtskreise des in Göttingen verstorbenen Murray in denselben leben mußten, weil das Linnéelsche System diese Stelle ihnen anwies. — Aber das ist nicht genug, daß diese Lohhauspflanzen einmal blühen und Früchte tragen; denn dieß kann ein Lotterie ähnlicher Zufall seyn, auf den sich Niemand etwas

etwas zu Gute thun muß. Von dem Aufſeher
der Treibhäuſer muß es abhangen, welche von
dieſen Pflanzen ihm in dem Laufe des Sommers
blühen ſollen oder nicht, vorausgeſetzt, daß die
Pflanzen in das Zeitalter eingetreten ſind, wo
ſie Blüthe hervorbringen können, und zweitens
der Sommer ſo beſchaffen iſt, daß die wohlthä=
tige Kraft der Sonne ſich hinlänglich äußert.
Es würde hier zu weitſchichtig ſeyn, mehrere
dergleichen Pflanzen zu benennen, die dieſe Loh=
hauswärme wirklich erheiſchen. Doch will ich
einige anführen, deren Wurzel des Winters in
einem gänzlichen Stillſtande ſind, und daher
nichts anders erfordern, als daß ſie ordentlich
aufgehoben, im Frühlinge aber wieder in das
warme Lohbeet geſetzt werden. Dieſe Pflanzen
ſind nach der Benennung der Ed. XIV. Syſte=
matis Vegetabilium

Amomum Zingiber.

— — Zerum beth.

— — Cardamomum.

— — Curcuma.

Costus

Costus arabicus.

Alpinia racemosa.

Maranta Galanga.

Curcuma rotunda.

— — longa.

Kaempferia Galanga.

— — rotunda, u, a. m.

Wenn man von diesen Pflanzen Wurzeln
hat, die die Töpfe beinah oder ganz, nicht in
der Tiefe, sondern nah an der Oberfläche ausfüllen, und kann ihnen durch die Kraft der
Treibhäuser jenen Wärmegrad verschaffen, den
sie bedürfen, giebt ihnen auch die erforderliche
Menge von Wasser, so fangen diese im Winter-
schlafe gelegenen Wurzeln gleich an, mächtig
in ihr schilfartiges Kraut zu schießen, und sicher
gegen den August zu blühen. Nur der Costus
arabicus hat mir wahrhaft zeitigen Saamen
abgeliefert; denn dieser Saame ging sehr gerne
auf. Von den andern habe ich dieses nicht
beobachten können, wahrscheinlich, weil sie zu
jenen

jenen Pflanzen gehören, deren Vermehrungsver=
mögen in Verlängerung der Wurzel besteht,
und eben dadurch eine Unfähigkeit besitzen,
Saamen anzusetzen, wie ich dieß in einer andern
Abhandlung bewiesen habe.*) Diese Unfähig=
keit, Saamen anzusetzen, war mir dadurch
höchst wahrscheinlich, weil diese Pflanzen bei
ihrem heftigen Wuchse über der Erde so mäch=
tig unter der Erde sich ausdehnten, so, daß die
Wurzeln ihre Scherben zersprengten, und sich
mit denselben in das Lohbeet ausbreiteten. Die
Martynia perennis L. zeigt den nämlichen
Wachsthum, und hat bei mir jedes Jahr zu
Ende Augusts, oder wenn die Sonnenwärme
geringer war, auch später geblühet, aber auch
niemalen nur die geringste Spur gezeigt, daß
sie zu Saamen anzusetzen verlange. Hingegen
hat sie sich ganz außerordentlich in ihren Wur=
zeln vermehret. Mir hat es in den Treibhäusern
des hiesigen botanischen Gartens nie gefehlt,
diese oben angezeigten Gewächse zur Blüthe zu
bringen,

*) s. Acta palat. Vol. VI. physic.

bringen, wenn dieß meine Abſicht geweſen, wie
ſolches mehrere Jahre hinter einander es war, da
ihr Blüthenbau der Gegenſtand meiner Beobachtungen abgegeben, wie dieß theils meine bereits
gedruckten, theils noch handſchriftlich da liegen-
genden Erfahrungen beweiſen.

Der Piſang, (Musa paradisica L.) ein oft
beinah greiſenartiger Bewohner unſerer Treibhäuſer, hat von Einſetzung der Wurzel höch-
ſtens zwei Jahre bei mir erhelſcht, um ſeine zeitige Früchte zu bringen und dann abzuſterben.
Folgten aber zwei gute Sommer hinter einander,
ſo kürzte ſich dieſer Zeitpunkt ebenfalls ab, und
ich habe Früchte in einem Zeitraume von vierzehn bis achtzehn Monaten hier zeitig werden
geſehen. Auch dieſer Piſang iſt ganz unfähig,
Saamen anzuſetzen, hingegen hat er ein unbe-
greifliches Wurzelvermögen, durch welches er
ſich ganz allein fortpflanzt.

Die Cactus - Arten, die man unter dem
Namen Cereus viel gewöhnlicher kennt, haben
alle

alle Jahre in den hiesigen Treibhäusern häufig
geblüht, selbst der Cereus triangularis, der doch
vielleicht in Deutschland noch wenig zu diesem
Grade der Vollkommenheit gekommen ist. Der
Cereus grandiflorus hat oft an einem Stamme
in einem einzigen Sommer über zwanzig Blüthen gebracht, und eben so willführig haben sich
alle andere Cereus-Arten bei mir bewiesen,
auch oft zeitige Früchte getragen; doch sind
meistens die Blüthen abgefallen ohne anzusetzen,
oder wenn sie auch wirklich Früchte angesetzt
hatten, so sind diese doch meistens nach acht
oder vierzehn Tagen abgefallen. Und gleichwohl
habe ich diese sämmtlichen Cereus-Arten im
Winter bei sehr geringer Wärme erhalten. Sie
standen beständig in der am wenigsten einge-
feuerten Treibhausstube hinter der Stellage an
die Wand angelehnt. Nur der Cereus grandiflorus und C. triangularis standen an den
Fenstern, um desto leichter an der Wand hin-
aufklettern zu können. Wenn nun im Frühjahre nach und nach die Pflanzen an die freie
Luft gebracht waren, so wurden die in einander

N   sich

sich öffnenden Thüren der Treibstuben ausgeho=
ben, alle Pflanzen, die nicht gerade das Lohbeet
erheischten, in diese drei Zimmer vertheilt, wo=
durch in allen drei Zimmern ein meist gleich
hoher Grad Hitze entstand, der öfters so uner=
träglich heftig war, daß man in den Morgen=
stunden sich kaum einige Augenblicke darin auf=
halten konnte. In dieser außerordentlichen
Hitze standen die Pflanzen mit dem lebhaftesten
Grün da, hatten einen ganz vortrefflichen
Wuchs, kamen zur Blüthe und brachten reifen
Saamen, wenn es anders ihre Natur war, sich
durch reifen Saamen fortzupflanzen.

Treibhauspflanzen, deren Eigenschaft es
erheischet, in den Sommermonaten der freien
Luft zu genießen, können nie einen Maaßstab
abgeben, die Güte der Treibhäuser zu beurthei=
len; aber Pflanzen, die nie und zu keiner Zeit
unsere freie Luft vertragen können, sind ganz
hiezu geeignet, und diese begünstigen die ganz
natürliche Folge, daß Treibhäuser, die diesen
Lohhauspflanzen so günstig sind, auch den leichter

zu verpflegenden Pflanzen höchst angenehm seyn
müssen. Bei den so mannichfaltigen Unglücks-
fällen, die diese von mir erbauten Treibhäuser
erbulden müssen, da sie mehreren Ueberschwem-
mungen ausgesetzt waren, wo die Häuser einige
Male drei bis vier Schuh unter Wasser standen,
habe ich keinen so beträchtlichen Nachtheil empfunden, und mit Hülfe meiner vortrefflichen
Treibhäuser war der erlittene Schaden in wenigen Jahren bald wieder ersetzt, wofern nur die
Pflanzenwurzeln nicht ganz ertrunken waren.

Noch muß ich hier eine Bemerkung an-
fügen, die beweiset, daß diese sogenannten Lohhauspflanzen unsere Luft gar nicht lieben. In
der Meinung, daß diese Luft ihnen doch nützlich
seyn könnte, habe ich in der ersten Reihe von
Fenstern einige derselben so einrichten lassen,
daß man sie wie Thüren und nach einer beliebigen Weite öffnen konnte. Aber in der Folge
fand ich, daß diese Luft zu unmittelbar an die
Pflanzen kam, und wenn auch schon nicht einen
gänzlichen Stillstand, doch ein langsames Fort-
schreiten

schreiten in ihrem Wachsthume veranlaßte. In
der Folge der Zeit ließ ich diese Vorrichtung
in die zweite Reihe von Fenstern, aber mit dem
nämlichen schlechten Erfolge machen. Immer
in der Meinung, daß eine wohl durchwärmte
Luft diesen staatsgefänglichen Lohhauspflanzen
nützlich seyn müsse, wenn man nur die Kunst
verstünde, diese deutsche Luft ihrer vaterländi-
schen Luft ähnlich zu machen, ließ ich die oberste
Reihe von Fenstern so vorrichten, daß man in
der Spize der obersten Höhe der Treibstube nach
einer beliebigen Weite solche öffnen konnte.
Aber auch dieser Versuch war vergebens, und
ich war in der Folge genöthiget, alle diese Kün-
steleien mit Einlassung von frischer Luft einzu-
stellen. Da meine Treibhausstuben an ihren
beiden Enden mit den kalten Gewächsstuben in
genauer Verbindung standen, so wurden nicht
allein die Fenster dieser kalten Stuben, so bald
sie von den Gewächsen geleert waren, sondern
auch ihre Thüren geschlossen gehalten. Dadurch erwärmten diese sogenannten Orangerie-
stuben sich ebenfalls im Sommer zu einem ziem-

lich

lich ſtarken Grade. Ereignete ſich nun der Fall,
daß der Reaumüriſche Thermometer in den
Treibſtuben gar zu hoch ſtieg, (ich habe ihn oft
über 36 Grade über Null vorgefunden) ſo ließ
ich nur auf eine kurze Zeit jene Thüre öffnen,
die aus der Treibſtube in die Gewächsſtube ging.
Die Luft war zwar auch in dieſen Gewächszim=
mern heiß, aber doch weniger, als in den Treib=
zimmern. Und in dieſem, in Deutſchland ganz
unbegreiflich heißen Zuſtande der Treibhäuſer,
waren dieſe Pflanzen in ihrem ſchönſten und
feurigſten Wuchſe, und belehrten mich augen=
fällig, daß ſie hier eben ſo gut, wie in ihrem
wahren Vaterlande gedeihen; ja, da ſie in den
Nachmittagsſtunden ihren vaterländiſchen Son=
nenbrand nicht zu erdulden hatten, die Blätter
und Aeſte auch von den Sturmwinden hier nicht
verriſſen werden konnten, ſo ſtanden ſie vielleicht
in den hieſigen Treibhäuſern noch mit mehrerer
Pracht da, als in ihrem eigenen Vaterlande ſelbſt.

Ich überlaſſe es einem jeden unbefangenen,
unpartheliſchen Prüfer, und dem es mehr um
Wahr=

Wahrheit, als um Nachahmungssucht der Engländer und Holländer zu thun ist, zu entschei-
den, ob die in dem hiesigen churfürstlichen botanischen Garten gestandenen Gewächshäuser nicht
einen entschiedenen Vorzug vor jenen haben,
wie man sie gewöhnlich in Deutschland antrift
und noch bauet. Wer sich von der Wahrheit
meines Satzes überzeugen will, mache es, wie
ich es ehemals machte, baue sich nach meiner
angegebenen Richtung und Bauart ein Modell-
treibhaus von ohngefähr zwanzig bis fünfund-
zwanzig Schuh Länge, benagle die Balken
inwendig und auswendig mit Brettern, stopfe
die Zwischenräume zwischen denselben genau mit
Moos aus, stelle seine Lohhauspflanzen im Sommer da hinein, und er wird den auffallenden
Unterschied gleich finden. Ich wenigstens bin
durch langwierige Erfahrung von ihrer Güte so
überzeugt, daß die nun durch die Belagerung von
Mannheim verstörten Gewächshäuser nach er-
folgtem Frieden wieder eben so werden hergestellt
werden, und denke es abermals zu erleben, daß
sie eine seltene Sammlung von Gewächsen enthalten

halten werden, so wie sie solche bei ihrer Zer=
störung wirklich besessen haben.

Zum Schlusse dieses kurzen Aufsatzes will
ich meine Leser vorzüglich noch auf einen unum=
stößlichen Grundsatz aufmerksam machen: nem=
lich das vegetabilische Leben beruht zwar auf
dem Genusse des Lichtes, aber vorzüglich auf
dem Genuße des Sonnenlichtes. Durch die
Kraft desselben werden die Gewächse ihrer schäd=
lichen, nachtheiligen, in ihnen sonst länger sich
aufhaltenden Luftarten entbunden, die Stockun=
gen, Anlage zu Krankheiten, vorzüglich zu
Schimmel u. dgl. m. erzeugen würden. Die
langen Winternächte berauben ohnehin die
Pflanzen des ihnen so wohlthätigen Lichtes, und
die so oft dunkeln Tage dieser Jahreszeiten
schwächen auch das kurze Tageslicht. Es ist
also für das Pflanzenleben und dessen Erhal=
tung ein wichtiges Bedürfniß, jeden Sonnen=
blick des Winters durch die Fenster für die
Treibhäuser aufzufangen, und ihre außerordent=
lich wohlthätige Wirkung die Pflanzen genießen

zu

zu laſſen. Dieſe gar nicht zu berechnende Vor=
theile für das Beſte des Pflanzenlebens auslän=
diſcher Pflanzen, die in Treib= und Gewächshäu=
ſern überwintern müſſen, geht bei der gewöhn=
lichen Bauart unſerer Winterhäuſer größten=
theils verloren. Eine langwierige Erfahrung
aber hat mich vollkommen überzeugt, daß die
Pflanzen der hieſigen Winterhäuſer nicht allein
alles im Winter mögliche Licht, ſondern auch
jeden im Winter an dem Horizonte erſchienenen
Sonnenblickes oder Sonnenſtrahlen genoſſen
haben, folglich meine Gewächshauspflanzen kei=
ner dieſer hohen Wohlthaten beraubt worden
ſind.

F. C. Medicus.

VII.

VII.

Beſchreibung des Giftbaums
auf
der Inſel Java. *)

Dieſer tödliche Baum wird in der Malayiſchen Sprache Bohun-Upas genannt, und iſt von Naturkundigen beſchrieben worden: doch grenzen ihre Erzählungen ſo ſehr an das Wunderbare, daß ſie von einem großen Theile der Leſer
für

*) Dieſe Nachricht iſt aus dem holländiſchen Originale des Hrn. N. P. Foertſch und in den Anmerkungen zu dem 3ten Geſange des Botanic Garden von Herrn D. Darwin befindlich. Wer von dieſem vortreflichen Gedichte, das in London, in zwei Quartbänden erſchienen, ſich mehr zu unterrichten wünſcht, leſe die Recenſion deſſelben in den Götting. gel. Anzeigen, oder des Hrn. Prof. Garve Beur-

für sinnreiche Erdichtungen gehalten werden.
Auch darf man sich darüber wenig wundern,
wenn wir die Umstände, die in folgender Beschreibung genau angegeben werden, in Erwägung ziehen.

Ich muß gestehen, daß ich lange an der
Existenz dieses Baums gezweifelt habe, bis mich
eine

thelung im 1. Stück des 69. Band. der neuen
Bibliothek der schönen Künste und Wissensch.
wo er zugleich eine Uebersetzung einiger Bruch-
stücke aus demselben von dieser Meisterhand
findet.

„Bei der letzten Brittischen Gesandschaft nach
China unter dem Lord Macartney, suchte D.
Gilban und einige andere zu jenen gehörige
Personen bei ihrer Durchreise durch Java Er-
kundigungen von diesem Upas einzuziehen.
Man gab aber die Erzählungen für fabelhaft
aus, weil man glaubte, es gereiche dem Lande
zum Schimpfe so bösartige Gewächse hervor
zu bringen. Zu Widerlegung derselbigen ist
sogar eine Schrift vorhanden, in welcher gesagt wird, die holländische Regierung zu Batavia habe sich von dem Javaischen Fürsten,

eine genauere Untersuchung von meinem Irrthu-
me überzeugt hat. Ich will bloß die simpeln
unausgeschmückten Thatsachen erzählen, von denen ich Augenzeuge gewesen bin. Die Leser können sich auf die Treue dieser Nachricht völlig
verlassen.

Im Jahre 1774. war ich in Batavia als
Wundarzt im Dienste der holländisch-ostindischen
Com-

in dessen Gebiete dieser furchtbare Baum stehen sollte, Auskunft darüber erbeten: der
Fürst habe es aber abgeleugnet. Demunge-
achtet glaube man durchgängig in Batavia,
daß es im Innern des Landes ein vegetabili-
sches Gift gebe, mit welchem die Einwohner
von Java ihre Dolche bestreichen, wovon die
Wunde unheilbar sei, und die Beweise und Erzählungen des Hrn. Foertsch scheinen zu über-
zeugend und bestimmt, als daß man sich nur
könnte einfallen lassen, sie für Erdichtungen
zu halten, zumal da Hr. Darwin nach seinem
Untersuchungs- und Beobachtungsgeiste gewiß
alles geprüft hat, was dafür und dawider gesagt worden.

Anmerk. des Uebersetzers.

Compagnie angestellt. Während meines Aufenthalts hörte ich zu verschiedenen Malen von den
Bohun-Upas und den gewaltigen Wirkungen
seines Giftes sprechen. Die Erzählungen schie-
nen mir unglaublich und reizten meine Neugier
so sehr, daß ich mir vornahm, die genaueste
Prüfung anzustellen und bloß meinen eigenen
Beobachtungen zu trauen. Diesem Ent-
schlusse zufolge begab ich mich zu dem General-
Gouverneur Hrn. Peter Albert van der Parra,
und bat ihn um einen Paß zu einer Reise
durchs Land, den ich auch erhielt, und nachdem
ich alle mögliche Nachricht eingezogen, machte
ich mich auf den Weg. Ich hatte mir eine
Empfehlung von einem alten Malayschen Priester an einen andern seines Ordens zu verschaffen gesucht, der dem unbewohnbaren Platze
des Baumes, ungefähr 15 bis 16 Meilen davon, am nächsten war: diese gereichte mir in
meiner Unternehmung zum größten Vortheile,
indem diesem Priester hier sein Aufenthalt ange-
wiesen war, um die Seelen dererjenigen zur
Ewigkeit vorzubereiten, die verschiedener Verbrechen

brechen wegen verurtheilt waren, sich dem Baume zu nähern, um Gift davon zu verschaffen.

Der Bohun-Upas liegt in der Insel Java, ungefähr 27 Meilen von Batavia, 14 von Soura-Charta, dem Sitze des Kaisers, und zwischen 15 und 20 von Tinkjoe, die gegenwärtige Residenz des Sultans von Java. Von allen Seiten ist er von einem Kreise hoher Berge und Hügel umgeben, und das Land umher, in einer Entfernung von 10 bis 12 Meilen von dem Baume, ist ganz kahl und öde. Nicht einen Baum, nicht eine Staude, nicht ein Pflänzchen oder Gräschen wird man gewahr. Ich habe diesen gefährlichen Ort ungefähr in einer Entfernung von 15 Meilen von dem Mittelpunkte an, ganz umgangen, und den Anblick des Landes von allen Seiten gleichfürchterlich gefunden. Die gemächlichste Anhöhe der Berge ist von der Seite, wo der Geistliche wohnt. Von seinem Hause werden die Verbrecher nach dem Gifte abgeschickt, in welches die Spitzen aller Kriegs-
werk-

werkzeuge getaucht werden. Es steht in einem hohen Preise und bringt dem Kaiser viel ein.

Das Gift dieses Baumes ist ein Harz, welches zwischen der Rinde und dem Baume selbst heraustritt, wie der Kampfer. Verbrecher, zum Tode verdammt, sind die einzigen, die das Gift holen, und auch das einzige Mittel, das ihnen übrig bleibt, ihr Leben zu retten. Wenn der Richter das Verdammungsurtheil gesprochen, werden sie vor dem Gerichte gefragt, ob sie lieber von der Hand des Henkers sterben, oder eine Büchse Gift vom Upasbaum holen wollen? Gemeiniglich ziehen sie das letztere vor, da doch einige Hoffnung ihr Leben dabei zu retten und die Gewißheit damit verbunden ist, daß, wenn sie unverletzt zurück kommen, für sie in Zukunft gesorgt wird. Es steht ihnen auch frei, sich vom Kaiser eine Gnade zu erbitten, die meistens von sehr geringer Bedeutung ist und nicht leicht abgeschlagen wird. Man giebt ihnen zu Einsammlung des giftigen Härzes eine silberne oder schildkrötene Büchse, und den nöthigen

thigen Unterricht mit, wie sie sich bei diesem
gefährlichen Auftrage zu verhalten haben. Unter andern Umständen werden sie belehret, auf
die Richtung der Winde ja wohl zu merken,
und auf den Baum so zuzugehen, daß der Wind
vor ihnen ist und die Ausströmung desselbigen
von ihnen weggetrieben wird. Ferner mit der
größten Eilfertigkeit zu reisen, als das einzige
Mittel sich eine sichere Rückkehr zu verschaffen.
Hierauf werden sie zu dem alten Priester geschickt, wo sie gemeiniglich von ihren Freunden
und Verwandten erwartet werden. Hier bleiben sie gewöhnlich einige Tage, in Erwartung
eines günstigen Windes. Während dieser Zeit
bereitet sie der Geistliche durch Gebet und Er-
mahnung auf ihr künftiges Schicksal vor.

Wenn die Stunde ihrer Abreise da ist, so
legt ihnen der Priester eine lange Lederkappe mit
ein Paar Gläsern vor den Augen, an, welche
ihnen bis auf die Brust reicht: und so versieht
er sie auch mit ein Paar ledernen Handschuhen.
Hierauf werden sie von dem Priester, in Be-

gleitung

gleitung ihrer Freunde, Verwandten zwei Mei=
len weit auf ihren Weg geführet. Der Priester
wiederholt seinen Unterricht und sagt ihnen, wo
sie nach dem Baume hinzusehen haben, zeigt
ihnen einen Hügel, den sie übersteigen müssen,
und wo sie von der andern Seite ein Flüßchen
finden, dem sie nur nachgehen dürfen und das
sie gerade nach Upas führet. Nun nehmen sie
Abschied und die armen Sünder eilen unter gu=
ten Wünschen fort.

Der würdige alte Geistliche versicherte mich,
daß er während seines fast dreißigjährigen Auf=
enthalts über 700 Verbrecher auf die beschrie=
bene Art fortgeschickt, und daß von ihnen kaum
zwei von Zwanzigen zurückgekehret wären. Er
legte mir ein Verzeichniß von den unglücklichen
Duldern, nebst der Anzeige von Tag und Jahre
ihrer Abreise, die Verbrechen, warum sie ver=
urtheilt worden, und die Namen derer vor, die
glücklich wieder gekommen. Ich sah nachge=
hends noch ein anderes Verzeichniß von diesen
Missethätern bei dem Kerkermeister zu Soura=
Charta,

Charta, und fand, daß sie vollkommen mit
einander übereinstimmten, so wie alle die verschiedenen Nachrichten, die ich in der Folge
darüber einzog.

Ich war bei einigen dieser traurigen Cere-
monien zugegen, und bat verschiedene Verbrecher, einige Stückchen Holz, oder ein Zweigel-
chen, oder nur ein Paar Blätter von diesem
Wunderbaume mit zu bringen. Ich gab ihnen
auch seidne Schnuren mit, seine Stärke zu mes-
sen. Doch konnte ich nicht mehr, als zwei dürre
Blätter erhalten, die einer von ihnen bei seiner
Rückkehr aufgelesen hatte: und also was ich in
Absicht auf den Baum selbst erfahren konnte,
war, daß er am Rande eines Flüßchens stünde,
wie es mir der alte Priester beschrieben hatte;
daß er von mittler Größe sei, und fünf bis sechs
junge Bäume von derselbigen Art dicht dabei
stünden; sonst aber kein Strauch, keine Pflanze
in der Nähe zu sehen sei; daß der Boden ein
bräunlicher Sand sei, voller Steine, zum Be-
rasen ganz unbrauchbar, und mit Todtengerip-

O   pen

pen bedeckt. Nach mancherlei Unterredungen
mit dem Malayischen Priester, fragte ich ihn
über die erste Entdeckung dieses gefährlichen
Baumes, und bat mir seine Meinung darüber
aus, worauf er mir folgendes zur Antwort gab:

„Es wird uns in unserm neuern Alcoran
„erzählt, daß das Land um den Baum her,
„sehr den Sünden von Sodom und Gomora
„ergeben waren: daß der große Prophet Maho-
„med daher beschloß, nicht länger ein so gottlo-
„ses Leben zu dulden und Gott bat sie zu stra-
„fen: daß Gott daher diesen Baum aus der
„Erde wachsen ließ, welcher sie Alle vertilgte
„und die Erde umher unbewohnbar machte."

Ich brauche hierüber keinen Commentar
zu machen: bemerke aber nur so viel, daß alle
Malayer diesen Baum als ein heiliges Werk-
zeug des Propheten ansehen, die Sünden der
Menschen zu bestrafen; und daß daher die Ver-
giftung von dem Upas für eine ehrenvolle Todes-
strafe gehalten wird. Ich bemerkte auch, daß
die

die Missethäter, die nach dem Baume giengen, aufs beste gekleidet waren.

So viel ist indessen gewiß, so unglaublich es auch scheint, daß 18 bis 20 Meilen, rund umher, nicht nur keine menschliche Creatur existiren kann, sondern auch kein lebendiges Thier von irgend einer Art jemals daselbst ent- deckt worden ist. Auch haben mich verschiedene sehr werthe Personen versichert, daß man nie weder einen Fisch im Wasser, noch eine Ratte, Maus oder andere Gewürme hier jemals gesehen habe, und daß wann Vögel diesem Baume so nahe kommen, daß sie seine Ausdünstung erreich- ten, sie das Opfer des Gifts werden. Diesen Umstand haben auch verschiedene Verbrecher be- stätiget, die bei ihrer Rückkehr die Vögel haben herabfallen sehen, sie aufgehoben und dem alten Priester überbracht haben.

Ich will hier einen Beweis anführen, der die Sache außer allen Zweifel setzt, und sich während meines Aufenthalts in Java zutrug.

Im

Im Jahre 1775 brach ein Aufruhr unter
den Unterthanen des Massay, eines regierenden
Fürsten aus, dessen Ansehen beinahe des Kaisers
seinem gleich kömmt. Sie weigerten sich einen,
ihnen auferlegten Tribut, zu bezahlen, und wi-
dersetzten sich öffentlich. Der Massay schickte
ein Heer von tausend Mann, die Rebellen zu
zerstreuen, und sie nebst 400 Familien aus seinem Gebiete zu vertreiben. Diese, die aus
mehr als 1600 Seelen bestanden, mußten also
ihr Vaterland räumen. Weder der Kaiser noch
der Sultan nahm sie in Schutz, nicht sowohl,
weil sie Aufrührer waren, sondern aus Furcht,
ihrem Nachbar, dem Massay zu mißfallen. In
dieser traurigen Lage blieb ihnen nichts übrig,
als sich in die unbebaute Gegend um Upas zu
ziehen, und sie baten daher den Kaiser um Erlaubniß hierzu. Er gab sie ihnen, aber unter
keiner andern Bedingung, als daß sie ihre
Wohnung nur 12 bis 14 Meilen weit von dem
Baume aufschlagen sollten, damit sie nicht die
dorten bereits ansäßigen Bewohner ihrer schon
bearbeiteten Länder berauben möchten: die Folge
war,

war, daß in weniger als zwei Monaten nicht
mehr, als ungefähr 300 übrig waren. Die Anführer derselben kehrten zum Massau zurück,
zeigten ihm ihren Verlust an, und baten ihm
um Vergebung. Er ließ ihnen dieselbe angedeihen, nahm sie wieder an, und hielt sie ihres
Mißverhaltens wegen schon bestraft genug. Ich
habe verschiedene von ihnen bald nach ihrer
Rückkehr gesehen und gesprochen. Sie hatten
alle den Anschein von Personen, die von einer
Seuche angesteckt waren, und nach der Beschreibung, die sie von dem Verluste ihrer Gefährten
und von den Symptomen und Umständen machten, die ihre Auflösung begleiteten, dergleichen
Convulsionen und andern Zeichen eines gewaltsamen Todes sind, war ich vollkommen überzeugt, daß sie Opfer des Gifts waren.

Diese gewaltige Wirkung desselbigen in einer so großen Entfernung scheint gewiß erstaunlich und beinahe unglaublich zu seyn, zumal,
wenn man die Möglichkeit überlegt, daß solche
unglückliche Menschen, die sich dem Baume genähert

nährt haben, lebendig zurückgekommen sind.
Meine Verwunderung hörte übrigens auf, als
ich folgende Umstände überlegte.

Ich sagte vorher, die Missethäter wurden
belehret, auf den Baum mit dem Winde los zu
gehen und gegen den Wind zurückzukehren.
Bläst der Wind nun immer aus der Gegend,
während daß der Verbrecher 30 oder 36 Meilen
reist, und hat dabei einen festen Körper, so über-
lebt er gewiß. Das fürchterlichste aber hierbei
ist, daß man in diesem Welttheile nie für eine
geraume Zeit auf den Wind rechnen kann. —
Es giebt hier keine regelmäßigen Landwinde, und
der Seewind wird hier gar nicht empfunden, da
der Baum in einer zu großen Entfernung steht,
und von hohen Bergen und unausgehauenen
Wäldern umgeben ist. Ueberdieß bläst der
Wind hier nie eine frische regelmäßige Luft, sondern ist mehrentheils ein Strom von leichten,
sanften Lüften, die durch die verschiedenen Oeffnungen der daran stoßenden Berge ziehen.
Eben so schwer ist es zu bestimmen, von wel-

chem

chem Theile der Wind wirklich kömmt, da er in
seinem Laufe, durch die entgegenstehenden mannichfaltigen Hindernisse aufgehalten, seine Richtung leicht verändert und mithin seine ganze
Kraft oft verloren geht.

Ich schreibe daher die entfernte Wirkung
des Giftes größtentheils den beständig lauen
Winden in diesen Gegenden zu, die keine Kraft
haben, die giftigen Theilchen zu zerstreuen.
Wären hohe Winde häufiger und anhaltend, so
würden sie die schädlichsten Ausflüsse des Giftes
nicht nur sehr schwächen, sondern selbst vertil-
gen: doch ohne diese bleibt die Luft davon angesteckt und geschwängert.

Ich bin davon um so viel mehr überzeugt,
da mich der würdige Geistliche versicherte, daß
eine Todtenstille immer mit der größten Gefahr
verbunden sei, indem eine beständige Dunst von
dem Baume ausgeht, die man in der Luft sich
erheben und verbreiten sieht, wie der faule Bro-
dem aus einer morastigen Höhle.

Von

Von den schrecklichen Wirkungen des Har=
zes von dem Upasbaume sah ich folgende Proben.

Im Jahre 1776, im Monat Februar, wohn=
te ich der Hinrichtung von dreizehn kaiserlichen
Beischläferinnen zu Soura=Charta bei, die man
der Untreue beschuldigte. Die schönen unglück=
lichen Mädchen wurden Mittags um 11 Uhr
auf einen freien Platz einer der Mauern des kai=
serlichen Palasts heraus geführt. Der Richter
sprach das Urtheil über sie, nach welchen sie ver=
dammt wurden, durch eine Lanzette mit Upas
vergiftet zu sterben. Hierauf ward ihnen der
Alcoran vorgelegt, und sie mußten nach dem
Gesetze des großen Propheten Mahomeds, ihre
Verschuldung gesieben und mit einem Eide be=
kräftigen, daß das Verbrechen, dessen man sie
beschuldiget, wahr, und das Urtheil mit ihrer
Bestrafung gerecht und billig sei. Dieß thaten
sie, indem sie die rechte Hand auf den Alcoran,
die linke auf ihre Brust legten und ihre Augen gen
Himmel erhoben: der Richter hielt ihnen hierauf
den Alcoran an ihre Lippen und sie küßten ihn.

Der

Der Henker trat nun sein Geschäft folgendermaaßen an. Es waren 13 Pfosten, jede ungefähr 5 Fuß hoch, errichtet; an diese wurden sie gebunden und ihre Brüste entblößet. Hier verweilen sie eine kurze Zeit unter beständigem Gebet, von einigen Priestern unterstützt, bis der Richter dem Henker ein Zeichen gab, auf welches der letzte einen Schnepper vorzog, wie die Schmiede beim Aderlaß der Pferde brauchen. Mit diesem Justrumente, das mit dem Gifte von Upas bestrichen war, schlug er sie in der Mitte ihrer Brüste, und dieß ward an allen in weniger denn zwei Minuten vollzogen.

Mein Erstaunen stieg aufs höchste, als ich die plötzliche Wirkung dieses Giftes erblickte: denn binnen fünf Minuten nach diesem Lanzettenschlag ergriff sie ein gewaltiges Zittern und Zucken, worauf sie unter den heftigsten Schmerzen und lautem Geschrei zu Gott und Mahomed um Erbarmen ihren Geist aufgaben. In 16 Minuten nach meiner Uhr, die ich in meiner Hand hielt, war Alles vorbei. Einige Stun-

ben

ben nach ihrem Tode bemerkte ich ihre Körper
voll blau gelber Flecke, wie bei einem Fleckfieber,
ihre Gesichter verschwollen, ihre Farbe bläulicht,
ihre Augen gelb ꝛc.

Vierzehn Tage nachher sah ich eine gleiche
Hinrichtung zu Samarang, wo sieben Malayen
mit denselben Instrumenten und auf dieselbe
Art hingerichtet wurden. Ich fand die Wirkung
des Giftes und die Flecken gerade so, wie
vorhin.

Diese Umstände machten mich begierig, einen
Versuch an Thieren zu machen, um mich von
den wahren Wirkungen des Giftes zu überzeugen, und da ich gerade zwei junge Hunde hatte,
wählte ich sie zu diesem Zwecke. Mit vieler
Mühe verschaffte ich mir einige Gran Upas.
Ich löste einen halben Gran von diesem Gummi in ein wenig Arrack auf, und tauchte eine
Lanzette hinein. Mit diesem vergifteten In-
strumente machte ich eine Incision in den untern musculären Theil des Bauchs bei dem
einen.

einen. Drei Minuten darauf fing das Thier
erbärmlich an zu schreien und lief so schnell als
möglich aus einem Winkel in den andern. Dieß
dauerte ungefähr sechs Minuten, und als seine
Kräfte völlig erschöpft waren, fiel es zu Boden,
bekam Zuckungen und starb mit der eilften Mi-
nute. Ich versuchte es noch mit zwei andern
Thieren, einer Kaze und einem Vogel, und
fand dasselbe: keines von ihnen überlebte dreizehn Minuten.

Ich wollte nun auch die Wirkung dieses
Giftes innerlich versuchen, welches ich auf folgende Art that. Ich lösete ein Viertel von
einem Gran in einer halben Unze Arrack auf
und gab sie einem Hunde, sieben Monat alt, zu
trinken. Nach sieben Minuten fing er sich an
zu renken und zu dehnen und ich merkte, daß
er toll war: denn er lief das Zimmer auf und
nieder, fiel und überpurzelte sich, stand wieder
auf, schrie laut, bekam nach einer halben Stunde Convulsionen und starb. Ich öffnete den
Körper und fand den Magen, so wie die Einge-
weide

weibe an manchen Orten sehr entzündet, doch
diese nicht so sehr, als jenen: auch fand ich
darinnen ein wenig geronnen Blut, doch konnte
ich nicht die Oeffnung entdecken, woraus es ge=
flossen: ich vermuthete also, daß es das Thier
durch die Anstrengung beim Erbrechen aus der
Lunge gepreßt habe.

Nach diesen Erfahrungen bin ich vollkom=
men überzeugt, daß dieß Gummi von Upas das
gefährlichste unter allen Pflanzengiften sei, und
zweifle nicht, daß es zur Ungesundheit dieser In=
sel viel beitragen mag. Es ist dieses nicht das
einzige Uebel die Folge davon. Ueber hundert
eingeborne von Java, sowohl als Europäer, kom=
men jährlich durch dieses Gift um und werden
von außen und innen ermordet. Jeder Mann
vom Stande, oder der etwas vorstellen will, hat
seinen Dolch und andere Waffen damit vergiftet;
und in Kriegszeiten vergiften die Malayen die
Brunnen und andere Wasser damit; und durch
dieß verrätherische Mittel haben die Holländer
im letzten Kriege unendlich viel gelitten, und
die

die Hälfte ihrer Truppen verloren. Daher ha=
ben sie seit der Zeit immer Fische in das Wasser
geworfen, woraus sie trinken, und Wachen da=
neben gesetzt, die jede Stunde nachsehen müssen,
ob die Fische noch leben. Auf einem Marsche in
ein feindliches Land führen sie auch immer
lebendige Fische zu diesem Versuche mit sich:
das einzige Mittel, einer gänzlichen Niederlage
zuvor zu kommen.

Wenn man fragt, warum wir noch keine
hinlängliche Nachricht von diesem Baume haben,
so dient zur Antwort, daß die Absicht der mei=
sten Reisenden in diesem Theile der Welt mehr
auf Handelsgeschäfte, als auf wissenschaftliche
Kenntnisse und Naturgeschichte gehen. Uebri=
gens wird Java für eine so ungesunde Insel ge=
halten, daß reiche Leute selten daselbst lange
verweilen; und andern fehlt es an Geld und
Sprachkenntniß, um große Untersuchungen an=
zustellen.

Künftig werden vielleicht Reisende es zu
einem

einem weitern Gegenstande ihrer Untersuchungen machen und uns eine vollständigere Beschreibung dieses Baumes geben. Ich will nur noch hinzusetzen, daß es noch eine andere Art von Bahun-Upas an der Küste von Macasser giebt, der beinahe auf dieselbige Art wirkt, doch nicht halb so gewaltsam und tödlich als der von Java ist. —

———————

Herr D. Darwin fügt noch eine zweite Beschreibung dieses Boa Upas, oder Giftbaums von Macasser, aus einer Inaugural Disputation von Christian Aejmeldus, unter dem Prof. Thunberg zu Upsal bei, die ich hier ebenfalls mittheilen will, wenn sie schon beinahe das nehmliche enthält.

Der Verfasser spricht erst von den Giften überhaupt, die die drei Naturreiche, das mineralische, das animalische und das vegetabilische enthalten. Bei dem ersten gedenket er der Arsenikal- Merkurial- und antimonialischen; zu den

den zweiten rechnet er die von den verschiedenen
Schlangen, Fischen und Insecten, und zu den
letzten den Curara an den Ufern des Oronoko,
und des Woorara an den Küsten der Amazonen,
und viele andere. Für das stärkste aber hält
er das von dem Boa Upas, einem Baume, der
bisher noch nicht beschrieben worden, und in
verschiedenen wärmern Gegenden von Indien,
hauptsächlich auf den Inseln Java, Sumatra,
Bornao, Bali, Macasser und Calebes wächst.

Rumphius bezeuget in Ansehung dieses indi-
schen Giftes, daß es den Holländern schrecklicher,
als irgend ein ander kriegerisches Mittel war.
Der Baum heißt bei ihm Arbor toxicaria,
und giebt zwei Gattungen davon an, einen
männlichen und weiblichen, und beschreibt den
Baum als sehr dick, mit ausgespreizten Aesten,
mit einer groben schwarzen Rinde bekleidet.
Das Holz, setzt er hinzu, ist sehr fest, von einer
blaßgelben Farbe, schwarz gefleckt: die Art seiner Befruchtung sei aber noch unbekannt.

Professor

Profeſſor Thunberg hielt den Boa Upas für ein Ceſtrum, oder einen Baum von derſelben Naturfamilie: und beſchreibt ein Ceſtrum vom Vorgebirge der guten Hoffnung, deſſen Saft die Hottentotten mit dem Gifte einer gewiſſen Schlange vermiſchen, welches beide verſtärken ſoll.

Den Boa Upas erkennt man gleich von weiten, indem er allezeit ganz allein ſteht, und der Boden ganz nackt und wie abgebrannt iſt. Der getrocknete Saft iſt ſchwarzbraun und wird, wie andere Harze, durch die Wärme flüſſig.

Es wird mit der allergrößten Vorſicht eingeſammelt, und die Perſon wickelt ihr Haupt, ihre Hände und Füße ſehr ſorgfältig in Leinewand, damit der ganze Körper von der Ausdünſtung oder den Tropfen, die von dem Baume fallen könnten, geſchützt ſeyn möchte. Niemand darf ſich ihm zur Sammlung des Saftes nähern: ſie helfen ſich alſo durch Bambusröhre, die wie ein Pfeil zugeſpitzt werden, den ſie mit großer

großer Gewalt in den Stamm schief hinein stoßen.
Der herausquellende Saft füllt nach und nach
das obere Gelenke, und je näher die Wunde der
Wurzel kömmt, desto stärker soll das Gift seyn.
Bisweilen läßt man auf zwanzig Ruthen drei
bis vier Tage aufwärts in dem Baume stecken,
damit der Saft in der Hohlung sich sammeln
und sich verhärten möge: das obere Gelenke
wird dann von dem zurückbleibenden Theile ab-
geschnitten: „der zusammengebackne Saft bildet
sich in Küchelchen oder Stiftchen, wird in hoh-
len Röhren aufbehalten, sorgfältig verwahrt
und in zehnfaches Leinen eingewickelt. Jede
Woche wird es einmal herausgenommen, damit es
nicht modricht werde, welches ihn verderbt. Die
Ausdünstung scheint sehr flüchtig zu seyn: denn
in Zeit von einem Jahre verliert es viel von
seiner Kraft, und in wenigen Jahren seine ganze Wirkung.

Der Duft des Baums bringt Betäubung
und Zuckungen in Gliedern hervor, und wer
in bloßem Haupte darunter steht, verliert sein
P
Haar,

Haar, und fällt ein Tropfen auf ihn, so erfolgt eine heftige Entzündung. Vögel, die eine kurze Zeit auf dem Baume sitzen, fallen todt herab, und können selbst mit Noth darüber fliegen: nicht ein Gräschen wächst darunter und einen Steinwurf umher ist alles kahl und öde.

Derjenige, der mit einem von diesem Safte vergifteten Pfeile getroffen wird, fühlet sogleich eine sehr große Hitze über den ganzen Körper, mit einem heftigen Schwindel, worauf bald der Tod erfolgt. Eine Person, von dem Gifte aus Java verwundet, bekam in fünf Minuten Zittern an allen Gliedern und Nervenzucken, und starb in weniger denn 16 Minuten, unter Aeußerung einer großen Angst. In wenig Stunden war der Leichnam mit Brandflecken bedeckt, das Gesicht war aufgeschwollen und bleifarben, und das Weiße vom Auge gelb.

Die Einwohner prüfen die Stärke ihres Gifts auf eine besondere Art. Sie nehmen etwas von dem ausgedrückten Safte der Wurzel

Amo-

Amomum Zerumbet, miſchen es mit ein wenig
Waſſer, und ein Krumen von dem giftigen Har=
ze oder Safte wird hineingetropft: ſogleich er=
folget ein Aufbrauſen, und aus deſſen Heftigkeit
ſchließen ſie auf die Stärke des Giftes. —
Welche Luft kann wohl aus dieſer Gährung ent=
wickelt werden? — Der Verſuch ſoll auch für
den Unternehmer gefährlich ſeyn.

Dieſes Gift wird auch bei Capitalverbre=
chen als Strafe zu Macaſſer und in andern In=
ſeln gebraucht. Bei dieſen Fällen ſind auch
einige Verſuche gemacht worden; und da man
bloß einen Finger mit einem Pfeile verwundet,
rettete doch das unmittelbare Abſchneiden deſſel=
ben den Unglücklichen nicht vom Tode.

Das Gift aus dem Baume, welchen man
den weiblichen benennt, iſt weniger ſchädlich,
als das andere; es iſt hauptſächlich bei der Jagd
gebraucht worden, und man ſoll ohne Gefahr
das Fleiſch der dadurch getödteten Thiere eſſen
können. Der Giftſaft ſoll ſogar ein Mittel
gegen

gegen andre Gifte seyn, und selbst zu dieser Ab=
sicht innerlich können gebraucht werden, Schmer=
zen, lindern und den Gift giftiger Insecten, bes=
ser, als irgend ein ander Mittel, herauszziehen.

Der Verfasser schließt damit, daß die Er=
zählungen von den Mahomedanischen Priestern
könnten übertrieben seyn, indem sie den Anhän=
gern ihrer Religion predigten, der Prophet habe
diesen Baum zur Bestrafung der sündigen Men=
schen gepflanzt.

Schließlich will ich nun noch Darwins
fürchterlich schöne Schilderung aus seinem bota=
nischen Garten hersetzen.

„Da, wo spiegelhelle Seen im fröhlichen
Wiederschein lächeln, rings um die Küsten von
Java's Palmreicher Insel, breitet eine weite
Ebene ihre hochländische Scene aus. Felsen auf
Felsen erheben sich und Quellen sprudeln da=
zwischen; sanfte Zephyre wehen, es herrscht ein
ewiger Sommer, und fruchtbare Regenschauer
segnen den Boden — ach! umsonst! — Keine
gewürzhafte Muscate durchräuchert die lauen
Früh=

Frühlingslüfte; kein aufsteigender Platanus beschattet die mittägigen Thäler; kein grasrei-
cher Mantel umhüllt die schwarzen Berge; kein
Blumenkranz schmückt die rieselnden Bäche;
kein dichtes Moos, keine lederartige Lichnis
kreucht in röthlicher Stickerei über die gekrüm-
pelten Steppen. — Kein wiederkehrender Tritt,
dem Sande eingedrückt, ladt den Besuch eines
zweiten Gastes ein; keine zurückschwimmende
Flöße theilet den unbevölkerten Strom; keine
rückfliegende Schwinge durchschneidet die lufti-
gen Fluten; keine behändeten Maulwürfe, keine beschnäbelten Würmer, die einen ungang-
baren Weg minirend sich bahnen, kehren zurück. — Schrecklich in furchtbarem Schwei-
gen steht der gräßliche Upas, der Hyderbaum
des Todes. Sieh! aus einer Wurzel — der
vergiftete Boden darunter — wachsen tausend
vegetative Schlangen. In lichten Strahlen
spreizt das schuppichte Ungeheuer über zehn Qua-
dratmeilen seine weit von einander gestreckten
Köpfe; oder wickelt seine in einander geflochtene
Form in einen Stamm, überschauet die Wol-
ken

fen und zischet im Sturm. So, wie sein
scharfes Gebiß, getaucht ins schrecklichste Gift,
sich aufthut, schießen tausend Zungen in schneller Bewegung hervor, reißen den stolzen Adler,
der über der Heiße schwebt, herab, oder packen
den Löwen, indem er darunter einherschreitet:
oder bestreut, da schlachtgeordnete Heere vergebens kämpften, die bewaffete Ebene mit
Menschengerippen. — An seiner Wurzel wohnen zwei Schößlingsdämonen,*) hauchen das
schwache Gezisch oder versuchen den schärfern
Schrei; erheben sich und richten, flatternd in
der Luft auf kahlen Schwingen, ihre kleinen
Stacheln auf Insectenmord. So reißen die
starken Arme der Zeit mit schweifender Sense der
Künste belastende Werke von ihrer Grundfeste
weg, indeß daß jede junge Hore ihre feinere Si-
chel braucht, und die süßen Knospen häuslicher
Freuden abpflückt.

*) Nach der beigebrachten Nachricht wachsen
zwei junge Blume dieser Art in seiner Nähe.

VIII.

VIII.
Botanische Beobachtungen.

Cornus albida. Willdenow. Ehrhart. ist mit Cornus sericea. Mönch. einerlei Pflanze. Dieser Strauch ist von Corn. paniculata nicht allein durch seine gedrängten Afterdolben, sondern auch durch die vier blaßgelben Honigbehalter, welche den Fruchtknoten umgeben, und welche der Herr D. und Professor Mönch ebenfalls wahrgenommen hat; ferner durch seine runde Frucht mit einer runden Nuß, so sehr verschieden, daß er für eine eigene Art angesehen werden muß.

Cornus paniculata. L'Heritier. Aiton. hat breitere und dickere Blätter, mit einer langen Spitze, welche oben blaßgrün, unten aber weißlich sind. Dieser fünf bis sechs Fuß

Fuß hohe Strauch blühet zwar ebenfalls im
Junius an den Spitzen der Zweige, aber
seine größeren Dolden haben eine lockere,
rispenförmige Gestalt, und in den weißen
Blumen mangeln die Honigbehälter, welche
an vorstehender Art gefunden werden. Sowohl seine rundliche weiße Frucht, als die
Nuß derselben, ist flach gedrückt.

Cornus stricta, L'Herit. Aiton. Dieser sechs Fuß hohe Strauch blühet im Junius,
und zwar nach des Herrn D. und Professor
Willdenows Bemerkung, bei mir ebenfalls
nur an den Spitzen der Seitenzweige. Die
Frucht ist blau und rund.

Cornus alternifolia, Lin, Suppl. pl.
p. 125. Dieser Hartriegel ist einer der
schönsten. Er wächst zu einem geraden, hohen Baum heran, wenn er in Ordnung gehalten wird. Seine Blätter sind groß,
eirund, oben glänzendgrün, unten weißlich,
und haben Stiele bis fünf Zoll lang. Alle

hier

hier blühet derselbe alle Jahre im Mai, und
manchmal noch zeitiger als Corn. sericea.
Aiton's Anzeige, daß er in London so spät
und erst im September blühe, ist gewiß ganz
falsch, wie überhaupt noch mehrere Bestim=
mungen von ihm nicht richtig sind. Die
Frucht ist rund und dunkelblau. Das Fleisch
derselben hat einen starken aromatischen Ge=
ruch, welcher vermuthen läßt, daß diese Früchte
Arzneikräfte besitzen müssen. Hierzu kann
man ein mehrers in Willdenows Berliner
Baumzucht nachlesen.

Lonicera caerulea, pedunculis bifloris,
  baccis coadunato - globosis, stylis indivisis.

  L. ist nebst den übrigen Heckenkirschenarten,
  welche von vielen Pflanzensammlern noch jetzt
  mit einander verwechselt werden, in der so
  vortrefflichen Willdenowschen Berlinischen
  Baumzucht zwar überaus deutlich, schön und
  richtig beschrieben, auch die Lonicera Sym-
  phoricarpos und die L. Diervilla mit bei=
  fallswürdigen Anmerkungen begleitet wor=
  den.

ben. Aber, daß die Lon. caerulea wegen
der Linneischen unrichtigen, specifischen Be=
stimmung ebenfalls eine Anmerkung verdient
hätte, ist gewiß. Der Ritter Linné giebt
in seinen Spec. plantar. p. 249. von dieser
Pflanze, in einer darunter stehenden An=
merkung, auch folgende Kennzeichen an:

Germen unicum, absque visibili peri-
antho, cum Corollis duabus,

Dieses Kennzeichen ist ganz richtig.. Aber
sein specifisches Unterscheidungszeichen in den
Worten:

Baccis coadunato - globosis,

ist ein Widerspruch und falsch, denn ein je=
der Blumenstiel hat nur einen Fruchtkno=
ten, auf diesen sitzen zwei Blumenkronen
fest auf, und aus dem Fruchtknoten entstehet
allezeit nur eine Beere, keineswegs
zwei zusammengewachsene Beere. Hiernach
muß nun allerdings der Linn. specifische Cha=
rakter geändert und in Richtigkeit gebracht
werden. Schon hat ehemals Royen diese
Pflanze

Pflanze mit den Worten: Lonicera pedunculis bifloris bilabiatis, bacca singulari glo-
bosa integerrima, einigermaaßen richtiger
bestimmt, als der Ritter Linné.

Diese Pflanze, die immer noch eben so
selten ist, als Lon. nigra, hat deswegen,
weil zwei schöne blaßgelbe regulaire Blumenkronen dicht neben einander auf Einem
Fruchtknoten sitzen, und wodurch sie von allen Arten dieser Gattung abweicht, ein
merkwürdiges Ansehen.

Spiraea laevigata, Lin. ist eine ganz
getrennte Pflanze. Ich finde an meinen
Sträuchern, ein Jahr wie das andere, bloß
männliche Blumen mit 25 bis 30 Staubfäden, und es scheint, daß Linné, nach seiner in der Mantissa plant. p. 244. enthaltenen Beschreibung ein dergleichen getrenn-
tes Exemplar vor Augen gehabt habe, weil
er in solcher nur in Ansehung der Staubfäden Erwähnung thut, in Ansehung der
Frucht-

Fruchtknoten samt ihren Griffeln aber still
schweiat. Hingegen haben Pallas und Will=
denow an dieser Pflanze bloß Zwitterblu=
men wahrgenommen. Ersterer beschreibt
den Fructificationscharakter sehr schön, und
in so weit derselbe an meinen Sträuchern
gesehen werden kann, vollkommen richtig.
Diese Spierstaude ist nicht nur die aller=
schönste Pflanze in dieser Gattung, sondern
sie ist es auch unter vielen andern strauch=
artigen Gewächsen. Ihr Hauptstamm er=
reicht über der Erde eine Stärke von $2\frac{1}{2}$ Zoll
im Durchmesser. Die blaugrünen Blätter
sind ganz glatt, die größten über 6 Zoll
lang und $1\frac{1}{2}$ Zoll breit. Unter allen Arten
dieser Gattung blühet sie nebst Spir. sorbi-
folia zuerst und sehr zeitig. Schon im Fe=
bruar und März kommen die Blumentrau=
ben zum Vorschein, welche sodann nach und
nach im April und Mai eine ansehnliche Höhe
und Breite erlangen, und mit ihren sehr
vielen weißen Blumen das Auge ergötzen.

Spirea

Spiraea alba. Du Roi-Mönch. Ehrhart.
ist die Sp. crenata. Pallas. Sie ist eine
eigene Art, und keine Abänderung von der
Sp. salicifolia, wofür solche der Herr D.
und Prof. Willdenow ansiehet. Vielleicht
hat derselbe eine ganz andere Pflanze mit
weißen Blumen, und zwar eine wirkliche
Varietät von S. salicifolia, welche der Herr
D. und Professor Mönch besonders anzeigt,
und ich ebenfalls besitze, vor sich gehabt. Die
richtige Sp. alba, welche an vielen Orten
immer noch irrig als Sp. crenata verkauft
wird, weicht in seiner ganzen Gestalt von
Sp. salicifolia ab.

Spiraea chamaedrifolia. Lin. Jacquin.
Amman. Du Roi, ist die Spiraea betu-
laefolia. Pallas, und die Sp. ulmifolia.
Willdenow. zuversichtlich. Irriger Weise
wird unter diesem Namen immer noch eine
Sp. salicifolia major verkauft, die zwar
wohl eine eigene Art ausmacht, nur aber
nicht die Sp. chamaedrifolia Lin. vorstellt.

Spiraea

Spiraea crenata. Linn. Amman. ist
die Spir. chamaedrifolia. Pallas. Willdenow. zuversichtlich. Diese Spierstaude,
nebst den vorherigen, sind weniger bekannt,
und selten in richtigen Pflanzen zu erlangen.
Daher entstehet denn eben die Verwech-
selung.

Die Blätter an der ächten Sp. crenata
sind allezeit nur an der Spitze gekerbt oder
gesägt, und niemals an ihren Seiten; hingegen sind solche an der Sp. chamaedrifolia
auf beiden Seiten bis zur Spitze doppelt
gesägt oder gezähnt, und mit tiefen Ein-
schnitten versehen.

Die spanische Sp. crenata, der man den
ersten Rang nach der Sp. laevigata zuzeste-
hen muß, ist viel schöner als die sibirische
Art, denn erstere hat breitere, keilförmige
Blätter, welche an der Spitze tief einge-
schnitten und auf der Oberfläche glänzendgrün, und gar nicht behaart sind. Sie
blühet

blühet auch schöner, jedoch später, und ist in harten Wintern etwas ekel. Mir scheint solche eine verschiedene Art zu seyn.

Lycium europaeum, foliis obliquis, ramulis flexuosis teretibus. Lin. Mant. pl. 47.
Lycium foliis cuneiformibus. Vir. Cliff. 14. wird nicht selten mit Lyc. barbarum verwechselt. Lycium europaeum, der europäische spätblühende Bocksdorn genannt, wächst bei mir im freien Lande nur sechs bis sieben Fuß hoch. Seine alten krummen Stämme sind viel schwächer, seine Dornen kürzer und dünner, seine dunkelgrünen Blätter keilförmig = eirund, und stehen meistentheils Büschelweise von unterschiedener Größe beisammen. Der Kelch hat fünf Einschnitte, und die purpurrothe Blumenkrone fünf und sechs Einschnitte. Staubfäden erscheinen zu fünf und sechsen genau nach der Zahl der Einschnitte, welche die Blumenkrone hat. Der Griffel ist von gleicher Länge mit den Staubfäden. Die rothe Beere hat eine eirunde

runde Figur. Dieſer ſchwache niederhan=
gende Strauch, welcher gar nicht um ſich
wuchert, blühet im Julius und Auguſt, und
ſeine Früchte werden hier alle Jahre reif.
Er iſt nur in ſehr harten Wintern etwas
zärtlich, hingegen behält derſelbe in gemäßig=
ten Wintern, mehrere Jahre fort, ſeine
Blätter, und iſt daher eine immergrüne
Pflanze.

Lycium barbarum, foliis lanceolatis, ca-
lycibus subbifidis. Lin. Syst. Veget. Ed.
XIV. p. 228. Lycium halimifolium, foliis lanceolatis acutis. Miller. Lyc. vulgare, stylis longitudine staminum. Aiton.
Gemeiner zeitig blühender Bocksdorn ge=
nannt, erreicht eine Höhe von zehn bis zwölf
Fuß. Seine alten Stämme, welche ſechs
Mal ſtärker ſind, als die an vorheriger Art,
ſtehen aufrecht, und haben nur oben über=
hängende Aeſte. Seine Dornen ſind länger
und ſteifer. Seine lanzetförmigen, an bei=
den Enden zugeſpitzten Blätter, ſtehen wech»
ſelweiſe

selweise. Die violetten Blumen erscheinen
vom Mai bis October. Die Blumenkrone
hat fünf Einschnitte, selten sechse, und wenn
letztere vorhanden sind, so siehet man auch
sechs Staubfäden, mit welchen der Griffel
einerlei Länge hat. Die rothe Beere ist
länglich. Dieser Strauch ist sehr dauerhaft;
er wuchert sehr weit um sich herum. verliert
aber alle Jahre im Herbst seine Blätter.

Lycium chinense, foliis ovato-lanceola-
tis. Miller. Lyc. chinense, stylo staminibus longiore. Aiton. Der chinesische
langstachlichte und höchste Bocksdorn. Dieser
schöne Strauch hat viel ähnliches von Lyc.
barbarum. unterscheidet sich aber dadurch,
daß er zu einer Höhe von funfzehn Fuß her-
anwächst, mehr grade und aufrecht stehet,
mit dicken, zu zwei bis drei Zoll langen
Dornen besetzt ist, längere und breitere,
dicke, glänzendgrüne Blätter treibet, welche
er bis in den Winter hinein behält. Auch
fängt seine Flor später an. Die Blumen

Q   sind

ſind blaßroth und der Griffel iſt länger als
die Staubfäden. Er treibt auch nur in der
Nähe wenigere Stämme aus der Erde, und
iſt eben ſo dauerhaft als L. barbarum. Im
Gewächshaus iſt derſelbe eine immergrüne
Pflanze, deswegen er auch der Immergrüne
chineſiſche Bocksdorn genännt wird.

Rosa alpina. - Lin. Spec. pl. p. 703.
Rosa campestris. spinis carene, biflora.
Dauh. pin. 484. iſt eine von R. pendula
wirklich verſchiedene Roſe. Nur iſt davon
ſehr ſelten eine richtige Pflanze zu erlangen,
weil ſolche noch zur Zeit in wenigen Samm-
lungen angetroffen wird. Hätten die Herren
Doct. und Profeſſoren Willdenow und Mönch
von dieſer Roſe ein richtiges Exemplar vor
ſich gehabt, ſo würden ſie ſolche ganz anders
beſchrieben und die Kennzeichen hinreichend
gefunden haben, die Rosa alpina und die
R. pendula als Arten zu unterſcheiden.
Die wahre R. alpina hat einen niedrigern
Wachsthum, der Haupt-Blattſtiel iſt viel
kürzer,

kürzer, als der an der R. pendula, der daran
stehenden Blättchen sind wenigere, sie sind
eirund, blaßgrün, dünner, kleiner, glatt, und
am Rande sehr enge und fein gesägt. Die=
ser Strauch blühet im Junius. Die purpur=
satbnen Blumen sind kleiner. Der Frucht=
knoten ist fast rund und glatt, der Blumen=
stiel weniger borstig. Die Kelchblätter sind
kurz zugespitzt. Die Frucht, welche mit ih=
rem krummen, kürzeren Stiel herunter hän=
get, ist roth, glatt, eiförmig kurz, $\frac{5}{8}$ Zoll
lang, nach ihrer Figur, der Frucht von Ro-
sa rubiginosa L. ähnlich, und dahero fast
rund.

Rosa pendula. Lin. Spec. pl. p. 705.
Rosa sanguisorbae majoris folio, fructu
longo pendulo. Dill. elth. 325. t. 245.
f. 317. ist mit der Rosa alpina. Willdenow. einerlei Art. Dieser in Europa und
Amerika einheimische Rosenstrauch erreicht
einen viel höhern Wachsthum; seine Blät=
ter sind dunkelgrün, länger, breiter, dicker,
und

und doppelt gesägt. Er blühet im Maj und
Junius. Seine Blumen sind roth und gröſer.
Der Fruchtknoten ist eiförmig und glatt.
Die Kelchblätter sind langzugeſpißt. Die
Frucht ist roth, glatt, lang=eiförmig oder
eiförmig=cylindriſch, biß zu 1½ Zoll in der
Länge, und hanget an einem längern Stiel
herunter. Die R. pendulina. Willdenow
welche ich auch besiße, ist für eine abweichen=
de, und zwar für die amerikaniſche Art zu
halten. Ich habe noch eine andere und dritte
Art mit langen Früchten, welche von der
Linnéiſchen R. pendula in andern Theilen
abweicht.

Gewöhnlich werden dieſe zwei Roſen un=
ter dem Namen: Rosa alpina, fälſchlich ver=
kauft und abgelaſſen. Die Haupt=Unter=
ſcheidungszeichen an der R. pendula ſind die
elliptiſchen Blätter und die langen Früchte
ſamt ihren langen Stielen, nicht aber die
hangenden Früchte, weil ſolche an mehreren
und andern Roſenarten ebenfalls, jedoch an
kürzeren Stielen herunter hängen.

Ce-

Celastrus buxifolius, spinis foliosis
etc. Lin. Miller. ist in dem Houttuynischen
Linnéischen Pflanzensystem T. 3. tab. 21.
f. 12 am richtigsten abgebildet worden. Nur
die Blätter sind etwas zu kurz vorgestellt.
Dieser schöne, vier Fuß hohe, noch seltene
Strauch, hat mit der folgenden gemeineren
Art, in der Ferne viele Aehnlichkeit, dahero
beide Pflanzen so leicht verwechselt werden
können. Derselbe unterscheidet sich aber von
Cel. pyracanthus, dadurch, daß er niedriger
bleibt, mit starken, sehr langen und blät-
trichten Stacheln, dichter besetzt, und mit
dicken, schmalen, keilförmig-länglichten,
stumpfen Blättern versehen ist.

Celastrus pyracanthus, spinis nudis
etc. Lin. Miller. Die beste Abbildung von
diesem viel höher wachsenden Strauch, enthält des Comm. Hort. Med. Amstel. 1.
tab. 85. Die Stacheln sind kaum zur Hälfte
so lang, wie an der vorherigen Art. Sie
sind auch schwächer, meistentheils ohne Blätter,

ter, und stehen weitläuftig zerstreut, also wenigere an der Zahl. Die Blätter sind dünner, glänzend, viel breiter, eirund und an beiden Enden zugespitzt, schärfer und oft etwas stachlicht gesägt.

Die Früchte von beiden Arten gleichen von ferne den Verberißbeeren.

Célastrus dentatus, inermis, foliis ovatis utrinque acuminatis, dentatis. Ist ein afrikanischer, drei Fuß hoher, schwacher Strauch, zu dem ich nirgends, weder eine passende Beschreibung noch Abbildung auffinden können. Wegen seiner überaus schönen Gestalt verdienet derselbe in jeder botanischen Sammlung zu seyn. Seine Rinde an alten Zweigen ist braun, an den jungen eckichten Trieben aber bläulichgrün. Die kurzgestielten Blätter sind oben dunkelgrün, unten blaßgrün, dick, steif und auf beiden Seiten stachlicht gezähnt, die größten davon 2½ Zoll lang, und in der Mitte einen Zoll breit.

breit. Diese Pflanze blühet im Junius, Jul.
und August in langgestielten, kleinen und lockern Dolden an allen Seiten der Zweige bis
zur Spitze hinaus sehr zahlreich. Die Dolde
bestehet aus sechs, sieben bis acht ziemlich
großen Blumen. Der Kelch ist grün und
stumpf, fünfspaltig. Die Blumenkrone ist
weiß, regulair ausgebreitet und bestehet aus
fünf eirunden Blättchen. Die fünf weißen
Staubfäden mit blaßgelben Staubbeuteln
sind so lang als die Blumenkrone. Der
kegelförmige Fruchtknoten hat einen kurzen
röthlichen Griffel mit einer braunen stumpfen Narbe, welcher nebst den Staubfäden
einem großen, flachen, zehenfach gestreiften
Fruchtboden einverleibet ist. Die rothe
Frucht ist eine große, eirunde, stumpf-drei-
eckige, dreifächrige und dreilappige Capsel.
Jedes Fach hat in der Mitte eine Scheide-
wand und enthält zwei Saamen, von welchen aber überhaupt statt sechse nur ein, zwei
bis drei zur Vollkommenheit und Reife ge-
langen. Letztere sind groß und mit einer
flei-

fleischigen rothen Haut umgeben. Diese
Früchte erlangen erst im folgenden Jahre,
im April und Mai ihre vollkommene Reife,
und sehen den großen rothen Kirschen viel
ähnlich. — Sie hängen herunter, und der
ganze Strauch ist damit beladen, welcher
deswegen unter die schönsten gehört, weil er
stets mit Blumen und Früchten pranget.

Salix Helix. Lin. Salix tenuior, folio mi-
nore utrinque glabro, fragilis, Bauhin.
Ist eine von Sal. purpurea. Lin. hinlänglich
unterschiedene Weide. Beide sind zwar Monandristen, aber wer sie in richtigen Pflanzen mit Stamm, Blättern und Kätzchen vor
sich siehet, wird sobald die Salix monandra,
Hoffmann. Willdenow. weil solche die Sal.
purpurea und Helix. L. als zwei von einander sehr abweichende Weiden, in sich begreift,
für ganz ungültig erklären müssen.

Salix Helix. L. ist ein kleiner Strauch
mit zerbrechlichen Zweigen, welcher nicht so
hoch wächst als S. purpurea mit zähen Zweigen.

gen. Seine Rinde ist schwefelgelb, die jun=
gen Zweige winklicht, weißlich und haarig,
und brechen so leicht ab, als an der S fragilis. Die Blätter stehen mehrentheils nur
oben gegen einander über, solche sind kürzer
und stehen alle schief. Ihre Oberfläche ist
glänzend=glatt und blaßgrün, die Unterfläche
hingegen weißlichblau, und die jungen Blät=
ter auf beiden Flächen weiß und seidenartig=
filzig. Diese schwache, noch seltene Weide
blühet einen Monat später als die S. purpurea. Seine Kätzchen sind kürzer, dicker,
eirund und gleichsam mit einer weißen Seide
überzogen.

Ich habe solche bloß aus Holland richtig
erhalten; denn in Sachsen wächst sie nicht
wild. Sie ist in harten Wintern ekel, und
erfrieret in solchen bis auf die Erde hin=
unter.

Die Beschreibung von S. purpurea. I..
kann man in mehrern Schriftstellern nach=
lesen.

Ich

Ich habe noch mehrere und andere, gar sehr abweichende Monandristen in meiner Weidenschule stehen, die ebenfalls eigene Arten ausmachen, und eben deswegen kann in dieser Gattung das Wort: monandra, zu einem specifischen Namen überhaupt gar nicht anwendbar seyn.

Vitex Negundo. Lin. Sp. pl. p. 890. ist bei mir, im Topf ein Baum von fünf Fuß Höhe, der aber nach Millers Anzeige, acht bis zehn Fuß hoch wachsen soll. Sein Stamm ist kahl und ohne Aeste. Seine Krone hingegen groß und ausgebreitet. Blätter und Blumen sehen überaus schön aus. Erstere sind ausgeschweift = gesägt, mitunter auch tief gefiedert = gesägt. Letztere erscheinen in großen traubicht rispenförmigen Büscheln, meistentheils an den Spitzen der Zweige, im Julius, August und September. Die zahlreichen großen Blümchen sind röthlichblau. Saamen will er allhier nicht tragen.

Er

Er verlirt zeitig die Blätter, und schlägt spät wieder aus.

Die Abbildungen von Rumph und Rheede, welche Linné zu dieser Art anführet, passen dazu ganz und gar nicht, wie solches der Fall bei mehreren, von ihm bestimmten Pflanzen ist. Diese Abbildungen samt Beschreibung stellen zwar einen Vitex vor, aber eine andere, von V. Negundo abweichende, eigene Art.

Prinos glaber. Aiton. ist kein Prinos; denn die Blume dieses sonst sehr schönen Strauchs hat nur einen fünfspaltigen Kelch, eine fünfspaltige Blumenkrone, fünf Staubfäden, einen Fruchtknoten ohne Griffel und ohne Narbe. Dieser Charakter ist, ein Jahr wie das andere, unveränderlich. Die Frucht von dieser Pflanze ist mir unbekannt.

Clematis florida. Aiton. Diese prachtvolle Waldrebe mit ihren sehr großen und stark gefüllten weißen Blumen ist von Clemat.

mat. florida Thunberg, mit welcher er sie in Vergleichung stellt, so sehr verschieden, daß man sie für eine eigene Art ansehen muß.

Aiton hat demnach auch hier geirret. So ist Japan nicht das Vaterland seiner Pflanze, welche er vielleicht nur deswegen im heißen Hause aufbewahret, da sie allhier im freien Lande die strengste Kälte verträgt.

Anmerkung. Diese und noch andere zahlreiche Gattungen samt ihren Arten, sowohl gemeine als seltene, sind in Pflanzen, durch Kauf oder Tausch bei mir zu haben.

Gottlob Börner.

Dresden,
am 29. August
1798.

IX.

IX.

Verzeichniß derer Pflanzen,

welche

im Churfürstl. Orangengarten

zu Dresden

beim

Herrn Hofgärtner Seidel

vom Sommer 1797 an, bis in den

Sommer 1798

zum ersten Mal geblüht haben.

Acalypha indica.. L.

Achillea tanacetifolia. Allion.

Eine schöne Art; welche wider die Vermuthung der Gmelinischen Ausgabe des Natursystems gewiß eine eigene Art ist.

Aconitum

Aconitum Anthora.　L.

Adenanthera pavonina.　L.

Blühet im zweiten Jahre ihres Alters.

Aeschynomena americana.　L.

——　—— patagonia.　Roth.

Ist ein kleines, liegendes Sommergewächs.

Agrostemma Flos Jovis.　L.

Allamanda cathartica.　L.　suppl.

Eine schöne Treibhauspflanze, deren ansehn=
liche, große Blumen bis jetzt noch keine
Früchte haben ansetzen wollen. — Durch
Ableger vermehrt sie sich gut, aber Steck=
linge scheinen nicht anschlagen zu wollen.

Allium altaicum.　Pall.

—— fistulosum.　L.

—— lineare.　L.

—— odorum.　L. Mant.

Amaranthus lividus.　L.

—— polygamus.　L.

—— retroflexus.　L.

—— spinosus.　L.

Ambro-

Ambrosia artemisifolia. L.

— elatior. L.

Anacyclus Valentinus. L.

Anchusa italica. L.

Diese zweijährige Pflanze verdient zu Verzierung der Blumenstücke, benutzt zu werden; denn sie wird hoch, und ist über und über mit angenehm blauen, ansehnlichen Blumen bedeckt.

Anchusa sempervirens. L.

Andrachne telephioides. L.

Anthericum annuum. L.

Anthyllis tetraphylla. L.

Antirrhinum osyris. Des Font.

— silenaefolium.

Diese wahrscheinlich noch unbeschriebene Art ist aus Saamen, welche der Graf Hofmansegg auf seinen naturhistorischen Reisen sammelte. Die Blätter haben viel ähnliches mit der Silene conoidea, ihr botanischer Character ist folgender:

Caulis

Caulis erectus, suictus, teres, glaber, laevis, inferne simplex, superne ramosus, glaucus. Folia alterna, ovato-lanceolata, acuta, sessilia, integerrima, nervosa, venosa, glabra, laevia, plana, utriaque glauco-incana, superne sensim minora. Racemi plurimi, terminales, erecti. Pedunculus communis teres, flexuosus; partialibus bracteis vix aequantibus. Bracteae oblongae, acutae. Cal. profunde 5-fidus, laciniis lanceolatis, acutis. Cor. colorae et magnitudine A. Linariae. Nect. pedicellis 3-plolongiores. Palatum intus villosum.

Antirrhinum triphyllum. L.

Arabis pendula. Jacq.

Arbutus Unedo rubra. L.

Diese schöne Sorte des Erbbeerbaums hat hier in diesem Jahre zum ersten Mal Früchte angesetzt, welche auch zu ihrer Reife kommen werden.

Artemisia hispanica. Jacq.

Der

Der Saamen dieser Art Beifuß ist aus Si⸗
cilien, wo er wahrscheinlich wild zu finden
seyn wird.

Ob er wirklich diese Art ist, mag fol⸗
gende Beschreibung zeigen.

Caulis erectus, teres, angulosus, glaber,
virgato ramosus, septempedalis. Folia
caulina alterna, sessilia, interrupte pinna⸗
ta s. profundissime pinnatifida: laciniis
lanceolatis, inaequaliter incisis, dentatis,
acutis; glabra, nervosa, venosa: nervis
secundariis, venisque supra et infra prominentibus; Folia ramea pinnatifido-laci-
niatis, dentatis: imis linearibus, integerrimis. Racemis in axillis foliorum, terminalibus, agregatis. Floribus pedun-
culatis sessilibusque, bracteatis, viride-lu-
tescentes, parvi, subglobosi. Squamis
calycinis exterioribus carnosis, viri-
des, interdum elongatis; interioribus
membranaceis, albidis. Receptaculum nudum.

R   Asclepias

Asclepias nigra.

— nivea.

Asparagus tuberosus.

Unter diesem Namen, wahrscheinlich nach Jacquin, erhalten. Es ist die schönste hier bekannte Art dieser Gattung. Die Wurzeln sind wirklich knollig und stehen oft aus der Erde heraus. Die Stengel sind jährig, hin und her gebrochen, zart und Büschelweise mit seinen nadelartigen Blättern besetzt. Die einzelnen, ziemlich großen Blumen sind weiß mit blutrothen Staubfäden, und riechen sehr angenehm.

Aster diffusus. Ait.

— divaricatus. L.

— divergens. Ait.

— junceus. Ait.

— laevis. L.

— nemoralis. L.

— patens. L.

— pendulus. L.

Aster

Aster salicifolius. L.

Astragalus alopecuroides. L.

> Ein prachtvólles Staudengewáchs,

— pilosus. L.

— sesameus. L.

Athanasia annua. L.

Atropa mandragora. L.

Barleria coccinea. L.

> Diese Pflanze hat im áußern Ansehen viel áhnliches von der Justicia coccinea. Aubl.

Beta patula. Ait.

Boerhavia hirsuta. L.

Browallia demissa. L.

Bryonia laciniosa. L.

Bunias aspera. Retz.

— balearica. L.

Calendula dalgesyrum.

— sicula.

> Zwei neue unter diesen Namen erhaltene Ar=
> ten, welche wahrscheinlich schon bekannt sind.

Cam-

Campanula canariensis. L.

Diese Pflanze verdient mit Recht bei der Gattung Campanula stehen zu bleiben; denn die Abweichung ihres Charakters ist so wenig bedeutend, daß man, verfolgte man diese feinen Distinctionen bei allen Gattungen, in jeder nur eine Art haben würde.

—   liliflora.   L.

—   sibirica.   L.

Cassia procumbens.   L.

—   Senna.   L.

—   sensitiva.   Jacq.

—   sinensis.   Jacq.

Celastrus Colpoon.

Dieser unter dem Namen Evonymus Colpoon erhaltene, immergrüne Strauch, scheint seinen Blüthentheilen nach ein Celaster zu seyn; doch ist die Bestimmung desselben, in Ermangelung der Früchte, noch immer ungewiß. Da hier nun an seiner

genauen

genauen Kenntniß vieles gelegen ist, so
will ich dasjenige, was man hier an ihm
findet, kurz aufzeichnen.

Caulis et rami teretes. Cortex rimo-
sa, atrofusca. Folia sparsa, in apicibus
ramorum conserta, patentia, lanceolato-
oblonga s. cuneiformi-lanceolata, acuta,
interdum obtusa, postice remote spinoso-
dentata, antice integerrima, attenuata;
glabra, nitida, plana, crassa, coriacea.
Paniculis in apicibus ramulorum axillaribus, diffusis, dichotomis. Pedunculi
proprii superne incrassati, basi bractea-
ti. Bracteae solitariae, subulatae, ru-
brae. Cal. 5 - fidus, glaber, planus : laciniis subrotundis, aculiusculis, rubro-
ciliatis. Cor. 5 - petala; plana : Petalis albidis, oblongis, lineatis, patentissimis, obtusis, margine revolutis, calice
3 - longioribus. Receptaculum immersum, planum, 10. striis notatum, flaves-
cens. Stam. 5 - patentia, longitudine pe-
talorum.

talorum, subulata. Germen receptaculo
immersum, ovatum, obsolete trigonum.
Stylus brevis, incurvus. Stigma 3-fi-
dum.

Cenchrus echinatus. L.

Centaurea muricata. L.

— pullata. L.

Eine sehr schöne Art.

Cercis canadensis. L.

Cerinthe aspera. Roth.

Cheiranthus callosus. L. suppl.

Chenopodium aristatum. L.

Chloranthus inconspicuus, L' Herit.

Chloris petraea. Svarz.

Ein niedliches Gras.

Chrysanthemum indicum. L.

Diese schöne Staude, welche auch unser
Klima im Freien verträgt, ziert im späte-
sten Herbste die Glashäuser ungemein. In
Japan und China, welches ihr Vaterland ist,
wird sie häufig in den Gärten unterhalten,
unb

und man hat sie daselbst, wie wir die Astern, von allen Farbenabänderungen. Bis jetzt ist hier bloß die gefüllte dunkelrothe Art, welche aber auch schon mit einfachen und röhrigen Blumen abändert; so daß man Hoffnung hat, auch hier mehrere Sorten aus Saamen zu erziehen, sobald als man ihn zu seiner Vollkommenheit bringen wird.

Chrysanthemum carinatum.

Unter diesem Namen hat man eine sehr schöne Pflanze erzogen, deren Vaterland Marocco ist; welche aber nichts weniger, als ein Chrysanthemum seyn kann, wie folgende Beschreibung zeigen wird.

Planta annua, carnosa, glabra.. Caulis erectus, teres, glaber, corymboso - ramosus. Ramis axillaribus, erectis, uni - s. multifloris! Folia alterna, sessilia, inferne linearia, elongato - dentata; superne bipinnati fida: laciniis linearibus, divaricatis, acutis, raro dentatis; carnosis, glabris lucidis, 3 - 4 unc. ign. Pedunculis

culis terminalibus, unifloris, erectis, teretes, levissime sulcatis.' Floribus specio-
sis, 2½ unc, lat, Calyx haemisphaeri-
cus, imbricatus. Squamis exterioribus triquetris, carinatis, undatis, glabris,
apice membrana arida susca auctis; interioribus oblongis, margine late membra
naceis, Corullulae femineae oblongo-
cuneatae, quindecim, apice truncatae
3 - 5. crenatae albae inferne sulphureae
lineatae hermaphroditae 5 - partitae,
atro-sanguineae. Antheris intra tubum.
Stigmata 2-fida. Semina inaequaliter trigono-oblonga, alata: alis solitariis,
aro oppositis, membranaceis, pellucidis,
laceris. Pappus obsolete marginatus.
Receptaculum carnosum, paleaceum;
paleis seminorum alis simillimis.

Mit der Gattung Chrysanthemum hat sie
also weiter nichts gemein, als die rauschenden innern Kelchschuppen; Fruchtboden
und Saamen entfernen sie davon mehr, als
dieses

dieses sie nähern kann, Kelch und Saamen aber entfernen sie auch ebenfalls von den Gattungen Anthemis und Puphthalmum, so daß sie mit hinreichenden Gründen eine eigene Gattung bilden kann.

Cistus canariensis.   Jacq,

— canus. L.

— guttatus, L.

— halimifolius. L,

— salicifolius. L.

— serpyllifolius. L,

Clematis calycina.   Ait.

Merkwürdig sind doch bei dieser und der Clematis cirrhosa die kelchartigen oder sogenannten Deckblätter. Es scheint gleichsam diese Gattung der Atragene näher zu bringen.

Clethra arborea.   Ait.

Clitoria ternatea alba,   L.

Diese weißblumige Abänderung dieser so sehr schönen Pflanze, setzt hier allemal ungleich

ungleich leichter Saamen an, als die blau-
blumige.

Cochlearia glastifolia.

Corchorus capsularis

Coreopsis formosa,

Unter diesem Namen will man einstweilen
eine Pflanze anführen, welche, da sie bis
jetzt nur erst eine Blume gehabt hat, noch
nicht hinlänglich bestimmt ist. Aber dem
Bau dieser Blume nach ist es ein Coreopsis und dann aber auch gewiß das schönste,
denn die Blumen gleichen in der Größe
und Farbe der Zinnia elegans ganz. Die
Blätter sind zwei bis dreimal in linienför-
mige Querstücke zertheilt und spitzig.

Coreopsis leucantha. L.

— parviflora.

Die Blätter sind zusammengesetzt und li-
nienförmig; die Blumen sehr klein mit einem sparsamen weißen Strahl.

Crambe maritima. L.

Cras-

Crassula glomerata. L,

— dichotoma, L,

— lactea. Ait,

— marginalis. Ait.

— perfoliata. L.

Crataegus tomentosa. I.

Crepis alpina. L.

Crinum bracteatum. Jacq.

Crotallaria verrucosa. L.

Crucianella maritima. L.

Cynosurus dominghensis. L.

— echinatus. L.

Cyperus haspan. L.

Datura arborea. L.

Diese prachtvolle Pflanze blühet hier zum
ersten Mal nur mit einer einzigen, aber
doch an die 15 Zoll langen Blume. Sie
verdient in jeder Sammlung, als etwas
vorzüglich schönes, einen der ersten Plätze.

Duranta Ellisia. L.

Elaeo-

Elaeodendrum orientale. Jacq.

Erica cinerea. L,

— fucata. Thunb.

— marifolia. Ait.

Diese sollte man auf den erften Anblick für nichts weniger als eine Erica halten.

— pubescens. L.

— stricta. Wendl.

— triflora. Wendl.

Erigeron bonariense. L.

Erinus alpinus. L.

Diefes Pflänzchen sollte sich sehr gut zu Einfassungen benutzen laffen.

Euphorbia balsamifera. Ait.

— cinerascens. Moench.

— neriifolia. L.

— officinarum. L.

— picta. Jacq.

— pilulifera. L.

Fran-

Frankenia laevis. L.

Dauert recht gut im Freien aus.

Fumaria cucullaria. L.

Galega ochroleuca. Jacq.

Genista linifolia. L.

— sibirica. L.

Geropogon glabrum. L

Gladiolus marianus. Jacq.

Ist sehr schön.

Gnaphalium undulatum. L.

Gorteria squarrosa. L.

Hedysarum hamatum.

So nennen wir hier ein wahrscheinlich
nenes Hedysarum, welches unter dem
Trivialnamen tortuosum ausgesäet ward.
Die weitläuftigere Beschreibung aber wird
hinlänglich zeigen, daß es von diesem sehr
verschieden ist. Hamatum hat man es
wegen der hackenförmigen Haare, womit
die ganze Pflanze bedeckt ist, benannt.
Das ehemalige Linneische Hedysarum ha-

matum

matum steht jetzt unter der Gattung Aylo-
sauthes; und kann mit diesem nicht verwechselt werden.

Tota planta dense hamato -villosa. Caulis erectus, teres, angulatus. Folia ter-
nata: foliolis ovatis, integerrimis, acu-
tiusculis, mucronatis. Stipulae oblongae, acuminatae Stipulae foliolorum
subulatae. Paniculae terminales, erecti.
Pedunculi gemini, uniflori. Bracteae
lineares. Flores parvi, viride caerules-
centes.

Hedysarum paniculatum. L.

Helianthus dodecapetalus. Jacq.

Hermannia praemorsa. Wendl.

— scordifolia. Jacq.

Hibiscus hastatus. Thunb.

— laevis. Scop.

Diese Art, welche man hier sonst unter dem
Namen H. floridanus führte, dauert sehr
gut im Freien aus; nur kömmt er daselbst
nie zu seiner schönen Blüthe.

Hibis-

Hibiscus Rosa sinensis simplex.

Diese Art ist in Rücksicht der Schönheit der Blume der gefüllten vorzuziehen.

Hieracium villosum.　L.

Hortensia mutabilis.　Juss.

Dieser sehr schöne Strauch hat dieses Jahr mit einer vorzüglichen, sehr lange währenden Pracht geblühet.

Hyoseris hedypnois.　L.

—　rhagadioloides.　L.

—　scabra.　L.

Hypericum elatum.　Ait.

—　foliosum.　Ait.

Iberis gibraltarica.　L.

Illecebrum capitatum.　L.

Inula suaveolens,　Jacq.

—　undulata.　L.

Iusticia formosa.　Wendl.

—　lithospermifolia.　Jacq.

Sieht der J. peruviana sehr ähnlich.

Iusticia

Iusticia superba. Jacq.

Ist auf alle Fälle die schönste hier bekannte
Art; und da mir keine Beschreibung der=
selben bekannt ist, so will ich hier einen
Entwurf derselben versuchen.

Caulis suffruticosus, erectus, teres glaber, ramosus: rami filiformi, oppositi,
laxi. Folia opposita, patentia, betiola-
ta, lineari-oblonga, attenuata, acuta, integerrima, uninervia, venosa, plana, glabra, superiora sensim minora sessilia,
lineares; 2. poll. lon. et 3-4. lin. lat.
Flores in axillis ramulorum terminales,
solitarii s. oppositi, subsessiles, speciosi,
coccinei, 1½ poll. lon. Bracteae binae
oppositae, erectae, calyce longiores, lineares, deciduae. Cal. 5-fidus, extus pubescens: laciniis linearibus, mucronatis,
Cor. tubulosa, bilabiata: Tubus filiformis, extus pubescens; pars intra calycem
glaber inflatus. Labium superius li-
neari-oblongum, obtusum, emarginatum,
reflexum;

reflexum; inferius 3-fidum! laciniis aequalibus, oblongo-liucaribus, obtusis, nec emarginatis, reflexiusculis Stamina 2. ad incisuras labii inferioris, inserta; longitudine fere corollae; Anth. biüdae, versalites: laciniis inaequalibus, 1-locularibus. Germ. oblongum, glabrum. Styl. filiformis longitudine staminum. Stig. simplex, obtusum.

Kaempferia Galanga. L.

Kyllingia triceps. L. suppl.

Lactuca quercifolia. L.

— perennis. L,

Lagoecia cuminoides. L.

Ein merkwürdiges Beispiel des Uebergangs aus einer Pflanzenfamilie in die andere; man würde sie dem ersten Ansehen nach für eine Doldenpflanze halten.

Lantana radula. Swarz.

Laurus borbonia. L.

Lavatera maritima. L.

S . Lava-

Lavatera triloba. Jacq.

Lapsana rhagadiolus. L.

— stellata. L.

Leonurus crispus. Murray.

Lithospermum purpuro - caeruleum. L.

Lobelia longiflora. L.

Lysimachia thyrsiflora. L.

Madia viscosa. Cav. ?

Mahernia glabrata. L. suppl.

Manulea tomentosa. L.

Massonia latifolia. L. suppl.

Medicagines.

Von dieser Gattung haben dieses Jahr einige vierzig Arten, welche gröstentheils unter Medicaga polymorpha gerechnet werden, geblüht. Wegen des Sonderbaren der Früchte verdienen sie, ihres übrigen gemeinen Ansehens ohngeachtet, viel Aufmerksamkeit.

Melaleuca citrina. Wendl.

— linearis. Wendl.

Zwei

Zwei sehr schöne Neuholländische Sträucher,
welche im Ganzen sehr viel ähnliches mit
einander haben.

Mesembryanthemum deflexum. Ait.

Diese, sonst unter dem Namen M. tenui-
folium hier befindliche Zaserblume über-
trifft in Absicht des brennenden Roths der
Blumen alle andere hier bekannte Arten.

Messerschmidia fruticosa angustifolia. L.
— — — latifolia.

Diese beiden, hier aus Saamen gefallenen
Abänderungen, sind ein merkwürdiges Beispiel, welche Behutsamkeit dazu gehört,
neue Arten zu bestimmen. Die erstere Abänderung hat gleich breite, öfters über vier
bis fünf Zoll lange Blätter, da hingegen
die zweite Abänderung eirund länglichte,
an der Grundfläche herzförmige Blätter
hat, welche kaum zwei Zoll lang, dabei
aber drei bis viermal breiter als die
der erstern sind. Würde hier nicht auch
der geübteste Botaniker, wenn er jede besondern

sonders und von verschiedenen Orten in seine Sammlung bekäme, sie nicht für zwei ganz verschiedene Pflanzen halten?

Sollte nicht auf diesem Wege schon so manche neue Art die so große Summe des Pflanzenreichs vermehrt haben? Und wäre es vielleicht nicht sicherer, wenn man die der Veränderung so sehr unterworfene Blattform, so wie auch noch mehr dergleichen äußere Theile der Pflanzen bei Bestimmung der Arten, so viel als möglich vermiede, und dafür lieber zu den Abweichungen der Blüthentheile seine Zuflucht nähme, welche in jeder Gattung, sie sei auch noch so groß, wenigstens nach meinen Beobachtungen, hinlänglichen Stoff darbieten würde? Und blühende Exemplare muß man doch auch allezeit zu jeder einzelnen Artbestimmung haben.

Uebrigens ist dieser schöne Strauch, wegen des angenehmen Vanillengeruchs der Blüthen, welche überdieß sehr lange währen, für die Glashäuser sehr zu empfehlen.

Mimosa

Mimosa tortuosa. L.

Hat sehr viel Aehnlichkeit mit M. virgata.

Melothria pendula. L.

Mimulus ringens. L.

— viscosus. Wendl.

Nicotiana pusilla.

Oenothera nocturna. Jacq.

— pumila. L.

— purpurea.

— tetraptera.

Eine sehr schöne Pflanze, welche wahrschein=
lich mit der Jacquinischen O. nocturna
eine und dieselbe Pflanze ist. Sie blüht
bloß des Nachts, mit sehr großen, weißen
Blumen, welche sich, so bald der Tag an=
bricht, schließen, und eine rosenrothe Farbe
annehmen. Auch selbst, wenn man sie
beim Dunkel abschneidet und einlegt, um
sie zu trocknen, nehmen sie dieses Roth an.

Ononis crispa. L.

Onosma

Ouosma simplicissima. L.

Ein sehr schönes Sibirisches Staubenge=
wächs.

Ornithopus scorpioides, L.

Oxalis sessilifolia, L.

Oxybaphus viscosus. L' Herit.

Mit dem größten Recht hat man diese
Pflanze zu einer neuen Gattung erhoben;
ohnerachtet sie der sonst so genau beobach=
tende Cavanilles zur Gattung Mirabilis
rechnet.

Passerina lateriflora. Wendl.

Passiflora maliformis. L.

— quadrangularis. L.

Beides schöne Pflanzen, deren wohlriechen=
de Blumen an Größe die der P. caerulea
übertreffen. Erstere hat sehr schöne reife
Früchte angesetzt, aus deren Saamen be=
reits viel junge Pflanzen erzogen worden
sind. Letztere erfordert ein gewisses beträcht=
liches Alter, ehe sie ihre so schönen Blu=
men

men hervorbringt;. und blühet auch dann
nicht so leicht, wenn man sie nicht dicht
hinter dem Glase wegzieht.

Pavonia aristata.   Cav.

Pelargonium althaeoides.   L' Herit.

—   angulosum.   L' Herit.

—   balsameum..   Jacq.

—   bulbosum.   Jacq.

—   bullatum.   Jacq.

—   fucatum.   Jacq.

—   hermanniae folium.   L' Herit.

—   tomentosum.   Cav.

—   triphyllum.   Cav.

—   zonale album.   Wendl.

Diese Abänderung ist sehr von dem eigent=
lichen P. zonale verschieden, hat sich auch
hier durch Saamen in seinen Eigenthüm=
lichkeiten erhalten; ist also eigentlich eine
für sich selbst bestehende Art.

Phylica paniculata.   Wild.

—   pubescens.   Ait.

Phyl-

Phyllanthus niruri. L.

Phytolacca abyssinica. Hoffm

— dodecandra. L'Herit.

Piper blandum. Swz.

— clusiaefolium. Jacq,

— reflexum. Ait.

Plantago crassifolia. Willd.

Poinciana pulcherrima. L.

Schon seit mehrern Jahren hat man sich hier Mühe gegeben, die aus Saamen gezogenen Pflanzen dieser Art zur Blüthe zu bringen, aber immer vergeblich; denn allemal tödete der Winter die zarten Pflänzchen. Und ähnliche Klagen hört man von Mehrern, welche sie erzogen haben. Es giebt daher einen ganz besonderen Vortheil in ihrer Cultur, welchen man aber hier nicht hat finden können, denn die heuer blühende Pflanze war bereits sehr stark, als sie hierher kam. Es verdient aber, daß man alle Aufmerksamkeit auf diese so vorzüglich schöne Blume wendet.

Polli·

Pollichia campestris. Ait.

Polygala chamaebuxus. L.

Potentilla intermedia. L.

— multifida. L.

— rupestris. L.

Prenanthes viminea. L.

Merkwürdig ist dieser schöne Syngenist auch vorzüglich deswegen, weil man ihn zu den Pflanzen der Sächsischen Flora rechnen darf. Zuerst fand ihn der Herr Pastor Maucke zu Brockwitz bei Meißen auf einem Berge, die Poßel genannt; nach ihm sah auch ich sie an gleichem Orte, und in einiger Zeit darauf an den Felsen bei dem Schlosse Weßenstein.

Pyrola secunda. L.

— umbellata. L.

— uniflora. L.

Psoralea bracteata. Ait.

Pyrus hybrida. Wild.

Reseda phytevma.

Reseda undata.

Rhapis flabelliformis. Swz.

Rheum tartaricum. L.

Rhus viminale. Ait.

Royena lucida. L.

— myrtifolia. Ait.

Rubia fruticosa. L.

Ruyllingia triangularis. Ehrh.

Salvia paniculata. L.

— Pseudoccocinea. Jacq.

Santolina maritima. Jacq.

Schkuhria abrotanoides. Roth.

Scorzonera muricata.

Eine neue, aus Arragonien stammende Art.

Scrophularia peregrina. L.

Secale prostratum. Pall.

Sedum dasyphyllum. Ehrh.

Sempervivum glutinosum. Ait.

Eine sehr schöne Pflanze.

Sideritis perfoliata. L.

Si-

Sideroxyllum melanophleum. L.

Sinapus Allioni. Jacq. /

Smilax tamnoides. L.

Solanum corymbosum. Jacq.

— ' Racknitzii.

Diese sehr schöne neue Art dieser Gattung ist hier aus Saamen von Sierra Leonis erzogen worden.

In ihrer Benennung hat man das Andenken des, hier für die Naturgeschichte sich sehr verdient gemachten, Herrn Hausmarschalls Freiherrn zu Racknitz zu verehren gesucht.

Beschreibung und Differenz sind folgende:

S. caule fruticoso tereti aculeato, foliis sinuato - pinnatifidis utrinque tomentosis aculeatis, laciniis suboppositis acutis.

Sie gehört also in der neuen Ausgabe der Species plantarum durch Willdenow zwischen No. 65. und 64.

Beschrei-

Beschreibung.

Suffrutex aculeátissimus, inodorus. Caulis erectus, teres, subramosus, flavo virens, tomentósus, aculeatus; aculei numerosissimi, subulati, recti, reflexi, luteo-straminei, lin. 6. et ultra longi. Rami fugura et caeteris partibus caulem aequantes. Folia alterna, patentissima, petiolata, oblonga, acuta, basi inaequalia, utrinque tomentosa, sinuato-pinnatifida: laciniis suboppositis alternisue, (7. paria) quasi triangularibus, acutis, raro repandis, integerrimis: Sinubus coarctatis, elevatis; uninervia, venosa: nervis venisque utrinque prominentibus tomentosis: Costa utrinque aculeata, supra ferrugineo-tomentosa: aculeis brevibus, erectis, sparsis, raro uno alterove minimo in venis; uncias 5 longa et 2½ lata. Petioli teretes, aculeati, tomentosi, unc. 1 - 1½ longi. Racemi simplices, suboppositifolii, pauciflori, subsessiles. Pedunculi

dunculi alterni, uniflori, tomentosi, inermes. Flores speciosi, purpureo-violacei, 8 - 10 lin. lat. ante et post florescentiam nutantes. Calyx tomentosus, raro aculeatus: laciniis patentibus, acuminatis. Corolla rotata, plicata, fundo lutea, extus partim tomentosa. Stamina lutea. Germen oblongum, glabrum. Stylus villosus, superne glaber, staminibus longior. Stigma obtusum.

Souchus plumieri. L.

Sophora juncea. Wendl.

Spartium sphaerocarpum. L.

Statice cordata. L.

— sinuata. L.

— speciosa. L.

Stroemia pentaphylla.

Ist Linnés Cleome partaphylla, welche Borckhausen zu einer neuen Gattung unter dem Namen Pedicellaria pentaphylla erhoben hat.

Teu-

Tagetes minuta. L.

Tanacetum flabellifolium. L' Herit.

Teucrium canadense. L.

Thlaspi saxatile. L.

Tournefortia oymosa. L.

Trianthema monogyna. L.

Trigonella platycarpos, L.

Tripsacum hermaphroditum, L.

Tulipa persica. Jacq.

     Eine sehr schöne Art.

Ursinia paleacea. Moench.

— repens.

     Ist Arctotis repens Ehrh.

Verbena triphylla. L' Herit.

     Verdient wegen des angenehmen Citronen=
geruchs der Blätter sehr geschätzt zu wer=
den.

Viburnum dentatum. L.

Ximenesia encelioides. Cav.

———

Da es verschiedene Liebhaber der so sonderbar und schön gebildeten Farrenkräuter giebt, welche, so wie es auch hier der Fall ist, gern ihre Sammlung vermehrt sähen, diese Pflanzen aber in den mehresten Gärten ziemlich selten sind, so zeige ich anbei auch gleich die hier jährlich blühenden Pflanzen dieser Familie an.

Asplenium germanicum,   Hoffm.

— Rutamuraria. L.

— Scolopendrium. L.

— — daedaleum.

— septentrionale. Hoffm.

— trichomanoides L.

Blechnum occidentale. L.

Caenopteris canariensis. Wild.

Onoclea sensibilis. L.

— Spicant. Hoffm.

— Struthiopteris, Hoffm.

Ophio

Ophioglossum vulgatum. L.

Osmunda lunaria. 'L. ‹

Polypodium anthriscifolium. Hoffm.

— aureum. L.

— bulbiferum. L.

— Callipteris. Ehrh.

\ — cristatum. L.

— cynapifolium. ' Hoffm.'

— dentatum. Hoffm.

— dilatatum. Hoffm. ‚

— Dryopteris. L.

— Filix femina. L.

— ‹— mas. L.

— fragile. L.

— incisum. Hoffm.

— molle. Hoffm.

— Oreopteris. Hoffm.

— patens. Swz. '

— Phegopteris. L.

Polypo-

Polypodium phymatodes. L.

— rigidum. Hoffm.

— tanacetifolium. Hoffm.

— Thelypteris L,

— trifidum. Hoffm.

— vulgare. L.

Pleris aquilina. L.

— longifolia. L.

— serrulata. L.

———————

X.

X.

Verzeichniß der Pflanzen,

welche

im Churfürstl. Großen Garten

zu Dresden

beim

Herrn Hofgärtner Hübler

von

1797. bis 1798. zum ersten Mal
geblühet haben.

Achyranthes repens.

Acer laciniatum, ist A. Platanoides. var. β.
Aiton.

— pensylvanicum. L.

Aeschynomene indica. L.

Althaea

Althaea bonariensis. Cav.

Anagyris foetida. L.

Anthospermum aethiopicum. L.

Anthyllis vulneraria. L. fl. purpur.

Arctotis acaulis. L.

— angustifolia. L.

— cineraria.

— paleacea. L.

— rosea. Diese schöne Art zeichnet sich besonders durch ihre ansehnlichen rothen Blumen aus, welche bisweilen sogar pur= purfarben sind. Sie ist um desto auffallen= der, da alle bisher bekannte Arten dieses Geschlechts gelbe oder weiße Blumen brin= gen. Sie läßt sich im Orangenhause gut überwintern, nur muß man sie so viel mög= lich ans Licht bringen, und im Sommer vor der Sonnenhitze und allzuvieler Feuch= tigkeit verwahren.

Aster cineraria. Jacq.

— crinitus. L.

Aster

Aster divaricatus. L.

— junceus. Ait.

— puniceus. L.

— salicifolius. Ait.

— virgatus, ift pendulus. Mil.

Astragalus onobrychis. L. Dieſes Stauben=
gewächs hat einen halbgeſtreckten Stengel,
und iſt wegen ſeiner großen purpurblauen,
in Aehren wachſenden, Blumen gewiß ei=
nes der ſchönſten ſeiner Gattung. Sie
wächſt in Oeſtreich zwar wild, iſt aber dem=
ohngeachtet bei uns noch ſelten.

Boerhavia hirsuta. L.

Bryonia palmata. L.

Briza Eragrostis. L.

Campanula pulla. L.

Chrysanthemum indicum. L. Keine der an=
dern hier bis jetzt bekannten Arten dieſer
Gattung gleichet dieſer an Schönheit. Sie
bildet einen über 5 Schuß hohen Strauch.
Die öfters reichlich 5 Zoll im Durchſchnitt
halten=

haltenden, ganz gefüllten Blumen, womit die Pflanze fast überhäuft ist, geben ihr ein prächtiges Ansehen. Ueberdieß wird ihr Werth noch dadurch erhöhet, daß sie in der Mitte des Winters blühet, zu einer Zeit, wo jede Blume doppelt willkommen ist. Ihre Vermehrung kann theils durch die Wurzel, theils durch Stecklinge in großer Menge geschehen.

Cistus canus. L.

— polifolius. L.

Cleome pentaphylla. L.

— viscosa. L.

Convallaria japonica. Thunb.

Crassula umbellata. Der Wuchs dieser Pflanze ist ganz besonders: sie treibt aus ihrer knolichten Wurzel einen, in der Stärke eines schwachen Federkiels, gegen 4 Zoll hohen, blaßrothen, etwas durchsichtigen, runden Stengel, welcher in Gestalt eines Sonnenschirms nur ein gewölbtes, glattes, fleischiges, auf der untern Seite dunkel purpurfarbiges Blatt

Blatt trägt, welches am Rande zuweilen etwas gekerbt und unterwärts eingerollt ist. Aus der Mitte dieses Blattes, über dem Schafte, steiget ein ohngefähr 3 Zoll langer schwacher Blumenstengel, dessen oberer Theil eine 1½ Zoll lange Blumentraube bildet. Die kleinen, weißen fünfblättrichen Blumen, deren lanzetförmig eirunde, zugespitzte Kronenblätter, wenn sie völlig aufgeblühet, zurückgerollt sind, stehen zu 5 bis 8 auf kurzen Stielchen, zwei und dreifach über einander, beinahe quirlförmig um den Stengel: die obere Spitze bildet eine einfache Dolde. Die Pflanze ist über der Erde vergänglich; sie kömmt zu Anfang des Winters zum Vorschein, blühet ohngefähr im Februar und gehet bald darauf wieder zurück. Saamen hat sie nicht angesetzt.

Crataegus acerifolius, ist C. cordatus. Ait.

Crepis coronopifolia.

— alpina. L.

— pulchra. L.

Crota-

Crotalaria verrucosa. L.

Cynoglossum cheyrifolium. L. Kömmt we=
gen der längern Blumenkrone als der Kelch,
und der lanzetförmigen auf beiten Seiten
mit silberweißen Haaren besetzten Blättern
mit der Beschreibung des Linne überein:
allein die Blumenkrone ist nicht weiß und
mit purpurrothen Adern gezeichnet, sondern
kupferroth.

Cynosurus aureus. L.

   — divaricatus. Thunb.

   — domingensis L.

   — echinatus. L.

   — indicus. L.

Cyperus Haspan. L.

   — alternifolius. L.

Dichondra sericea. Swarz.

Echium strigosum.

Eclipta prostrata. L.

Ellisia Nyctelea. L.

Fraxi-

Fraxinus paniculata, Es ift befonders, daß dieſer Baum, welcher nur erſt drei Jahr alt, und bis ſechs Schuh hoch iſt, ſchon in großer Menge geblühet hat. Sein Anſe⸗ hen war vortreflich, faſt jeder Zweig ·brach⸗ te an der Spitze zwei bis drei große Blü⸗ thenbüſchel.

Geranium acerifolium. L.' Herit.

— balsameum. Jacq..

— fuscatum. Jacq.·

— incanum, L. ;

— scabrum. L,

— lacerum.

Gleditschia triacanthos, L. Hat einige Früch⸗ te angeſetzt.

Glycina bituminosa.

Gnaphalium ericoides, L.

Hamellia chrisantha. Swarz,

Hermannia candicans, Ait.

— latifolia,

— rotundifolia,

Her-

Hermannia scabra. Cav.

— trifurcata. L, Dieſe Art zeich=
net ſich durch ihre größern, glockenförmi=
gen, dunkel roſenrothen und mehr geöffne=
ten Blumen vor den übrigen beſonders aus.
Nach Linn. ſollten die Blumen blau ſeyn;
ſie werden aber erſt beim Verblühen mehr
blauroth.

Hieracium porrifolium, L.

Holcus Durra, Forsk.

Inula ensifolia. L.

Kyllinga triceps. L.

Lachenalia pendula. Jacq.

— tigrina. Jacq.

Lopezia mexicana, Jacq.

Lysimachia Ephemerum. L.

Moluggo verticillata. L.

Myrsine africana. L.

Nepeta Nepetella. L. Eine beſonders zier=
liche Pflanze, deren ſchönblaue, mit Purpur=
flecken gezeichnete Blumen einen 5 bis 6
Zoll

Zoll langen, lockern Strauß bilden, und ihre lanzetförmigen, der Länge nach fast zusammengelegten, weißlichen Blätter, deren Zähne durch scharfwinklichte Buchten oder Falten deutlich von einander abgesondert werden, geben diesem kleinen Strauch, dessen ganze Höhe ohngefähr 10 bis 11 Zoll beträgt, ein ganz eignes, zierliches Ansehen. Die Vermehrung geschieht häufig durch Saamen.

Nigella hispanica. L. Die Blumen, welche durch ihr vortrefliches Blau die N. damascena weit übertreffen, sind auch größer, breitblättriger, nie gefüllt, und haben zehn Staubwege, welche nebst den Staubfäden dunkel purpur sind. Die Blättchen der Honigbehältnisse sind, wie bei N. arvensis, mit gelben und purpurfarbigen Querstreifen gezeichnet; ihre in schmale Querstücke vielmal getheilten Blätter sind mehr rückwärts gerollt. Sie ist, wie die andern Arten, ein Sommergewächs, verdient aber wegen

wegen ihres schönen Baues, ihrer Farbe und Größe der Blumen besondere Bemerkung. Man hat bei ihrer Behandlung sie hauptsächlich vor vieler Feuchtigkeit zu bewahren.

Ornithogalum aurantiacum. Jacq. Ist wegen ihrer großblumigen, orangengelben, fast feurigen Blumentraube die prächtigste.

Othonna crassifolia. L.

Papaver nudicaulis. L. Ist perennirend, und treibt 1 bis 1½ Schuh hohe einfache Blüthenstengel, mit schwefelgelben Blumen.

— sinensis. Thunb.

Phylyca paniculata. Wilden.

Physalis barbadensis. Jacq.

— solanifolia.

Plantago crassifolia. Roth. ist P. crassa, Wild.

— exigua. Murray. ist P. pumilia bei Wild.

— virginiana. L.

Potentilla rupestris. L.

Prinos

Prinos verticillata. L. mas. et fem.

Prunella grandiflora. Roth.

— laciniata. L. Hat blaßgelbe Blu=
men.

Psoralea annua. Thunb.

—, bracteata. L. Die an den Enden
der Zweige, aufrecht stehenden, eirunden,
gedrängten, köpfigen, vorzüglich schönen
blauen Blumenbüschel, an denen die ganz
weißen Unterlippen der Blumen sich be=
sonders auszeichnen, geben dieser Pflanze
unter den übrigen Arten dieser Gattung
einen Vorzug.

Salvia abyssinica. Jacq.

— Horminum. L.

— nemerosa. L.

— pomifera. L. Die Pflanze, welche
sich unter diesem Namen hier befindet, ist
ein ohngefähr 5 bis 6 Jahr altes und 4
Schuh hohes Bäumchen, dessen eirunde
Blätter am Rande Kraußenartig gefaltet
sind.

find. Sie hat, ohngeachtet ihres Alters, dieses Jahr zuerst geblühet. Ihre Blumenrispe kömmt ganz mit S. officinalis überein, außer daß die Blumen mehr blaßblau, und die Kelche nicht gefärbt sind. Doch scheint es nicht ganz die wahre S. pomif. Linn. zu seyn, indem die Zähne des Kelchs nicht stumpf, sondern eben so spitz wie bei S. offic. sind, welches doch eigentlich der entscheidende Charakter seyn soll.

Salvia spinosa. L.

—— thymiflorus.

Scilla bifolia. L.

Scutellavia albida. L.

Senecio rigidus. L.

—— triflorus. L.

Sesanum orientale. L. Diese Pflanze wird in Aegypten, Jamaica, Arabien, China, Japan und Java, wegen der vielfältigen Nutzbarkeit und des Oels ihrer Saamen, beson-

besonders geschätzt und häufig angebaut, woselbst man sie theils zum Backen, Brennen, und zur Arzenei anwendet. Sie ist ein Sommergewächs, und scheint nur bei warmer Witterung bei uns im Freien fortzukommen.

Sida periplocifolia. L.

— triloba. Cav.

— triquetra. L.

— urens. L. Die Beschreibung des Linné stimmt nicht ganz mit gegenwärtiger, unter diesem Namen erhaltenen Pflanze überein, ob schon die an Stengel, Blumenstielen und Kelchen etwas einzeln stehende, lange, an den Blättern aber dichtere, kurze und mehr liegende, steifborstige Begleitung ihr ganz das Ansehen des Brennens giebt, so kann man doch zu keiner Zeit durch Berührung etwas empfinden. Der zweite Charakter Linn. mit auf der Spitze des Stammes stehenden, vielblumigen, in einen Kopf zusammengedräng=

drängten Blumenstielen, kömmt ihr eben=
falls nicht gleich, da bei dieser die bis
1½ Zoll langen Blumenstiele von unten
auf durchgehends in den Blattwinkeln ein=
zeln, aber selten gepaart stehen. Uebrigens
sind ihre Blätter wie bei S. urens Linn.
herzförmig sägenartig gezahnt, und die
Frucht und Blattstiele dunkel purpurfarbig.
Der besondere regelmäßige Schlaf dieser
Pflanze, welcher bei den übrigen Arten
nicht so deutlich zu bemerken ist, macht sie
merkwürdig. Die Richtung der 1 bis
½ Zoll langen Blattstiele ist unveränder=
lich, am untern Theil des Stengels ganz
horizontal, doch nach der Spitze zu immer
aufrechter. Die Richtung der Blätter,
welche ohngefähr 1 bis 1½ Zoll Länge ha=
ben, ist etwas gewendet, fast senkrecht hän=
gend; die dem untern Theil des Stengels
sich nähernden aber mehr horizontal vom
Stamme abwärts gestreckt. Alle Blätter
bewegen sich bei Näherung der Abendstun=

den

den nach dem Stamme unterwärts zurück,
und schließen endlich ganz an den Blatt=
ſtiel an. Dieſe wagerechte Richtung der
Blätter, deren untere Flächen weißlichgrün
und nun nach oben gekehrt ſind, geben der
Pflanze ein ſeltnes Anſehen; ſie verändert
ſich aber nach Sonnenaufgang bald, und
ſtrecket ſich wieder nach ihrer erſten Lage
aus.

Sida urticifolia.

Sideritis elegans. Murray.

Silene antirrhina. L.

Spartium monospermum. L.

Spermacoce tenuior. L.

Statice coronata.

Teucrium campanulatum. L.

Theligonum Cynocrambe. L.

Thymus alpinus. L.

Trifolium rubens. L.

— subterraneum. L.

Verba=

Verbascum phoeniceum.　L.

Veronica hybrida.　L.

— humillima, ift V. tenella.　Wild.

— incana.　L.

— montana.　L.

— pinnata.　L.

u　　　XI.

XI.

Verzeichniß

einiger

ausländischen Pflanzen,

welche

in dem Königl. Churfürstl. Garten

zu Herrenhausen

1798 geblüht haben.

Anagyris aphylla.

Annona africana.

Banksia dentata. L.

Besleria mollissima.

Bignonia capreolata. L.

Brunsfelsia americana. L.

Budleja salicifolia. Jacq.

Büttnera

Büttnera scabra, **L.**

Buphthalmum sericeum.

Eine schöne Pflanze, die sich durch ihr reich, liches Blühen sehr empfiehlt.

Camellia japonica, **L.**

Diese Pflanze ist mit Recht jedem Besitzer eines Glashauses zu empfehlen, besonders wenn er ihr im Winter einen Platz in einem warmen Hause geben kann, was mit 50 oder 60 Grad nach Fahrenheit geheizt wird. In diesem Fall hat man das Vergnügen, sie um Weihnachten blühen zu sehen. Wird sie gehörig gewartet, so setzt sie auch Saamen an, welches hier schon einige Jahre der Fall war; woraus ich ersehen habe, daß die Camellia und Thea wohl nie ein Genus ausmachen.

Carthamus salicifolius.

Chironia latifolia.

Sie ist der Ch. frutescens ähnlich, aber in allem größer und dicker. Den Garten-
liebhabern

- liebhabern ist sie wegen ihrer häufigen und schönen Blumen zu empfehlen.

Chrisanthemum indicum.

Clethra arborea.

Ericae. Von diesen haben 108 Sorten geblühet.

Gorteria? squarrosa. L.

Hermannia tomentosa.

— candicans. Jacq.

Jatropha multifida.

— urens.

— manihat.

Sie hat eine gelbe glockenförmige, auswendig glatte, inwendig wollige Blumenkrone, welche größer ist als der Kelch. In den männlichen Blumen sind 10 Staubfaden, welche zusammengewachsen sind, wovon aber 5 beinahe bis an die Basis gespalten und kürzer als die übrigen 5 zusammengewachsenen sind, welche so lang als die Blumenröse sind und mit ihren Beuteln hervorstehen. Diese 10 Staubfaden werden auf

auf der Basis von einem dunkelgelben Nek-
tarkranz umgeben. — In den weiblichen
Blumen befinden sich 5 Staubbeutellose
Staubfaden, welche zwischen dem Nektar-
kranz sitzen. Der Fruchtknoten ist länglicht
und der Griffel einfach mit dreispaltiger ge-
bogener Narbe.

Illicium anisátum.

Justicia formosa,

— coccinea, } mit sehr schönen Blumen.

— picta,

Laurus camphora.

Er hat hier schon verschiedene Jahre geblüht; die Blumen weichen aber mit ihren
Staubfaden von der Figur, welche Jacq.
in seinen Collect. von L. camphora giebt,
bei der hiesigen in so fern ab, daß unsere
Blumen auf ihren Staubbeuteln vier Deckel
haben, die sich öffnen, dagegen bei Jaquin's
Figur an dem Staubbeutel zwei Faden
heraustreten, welche die Staubbeutel enthalten.

Mela-

Melaleuca pubescens. Forst.

— citrina, **eine ſchöne Glashauspflanze.**

— nodosa?

Mimosa aspera, L.

Morinda Royoc.

Murraya exotica.

Die Blumen haben einen jasminartigen lieblichen Geruch.

Oedera prolifera. L.

Passiflora murrucuja.

— punctata.

— biflora,

— serratifolia.

— quadrangularis.

Pelargonium echinatum.

Eine der am ſchönſten blühenden Pelarg.

Polygala Heisteria.

— major.

— oppositifolia,

— — sericea.

Polygala

Polygala spinosa.

Pothos cordata. L.

—— lanceolata. L.

Der Blumenstengel der P. cordata ist länger als die Blätter, die Blumenkolbe ½ auch ¾ Fuß lang, 1 Zoll dick, braun, mit länglichten rothen Beeren besetzt, welche 1, auch 2 Saamenkörner einschließen. Treten die Beere, wenn sie reif sind, aus der Kolbe heraus, so hängen sie an einer Nabelschnur, wie der Saame der Magnolia.

Protea rangifera von Botany-Bay.

Bei dieser Pflanze hat sich an den Blumen ein kleiner Staubfaden gezeigt, welcher an der Basis des Blatts befestiget und mit einem staublosen Beutel versehen war.

—— torta.

Hat an der Basis eines jeden Blumenblatts einen Zahn, welches vermuthen läßt, daß es verkrüpelte Staubfaden sind.

—— mellifera. L.

Protea

Protea speciosa angustifolia.

— imbricata. Thunb.

Auch bei dieser finden sich die vier verkrüpelten Staubfaden.

Pulthenea daphnoides. ⎱
                      ⎰ von Botany - Bay.
— spiralifolia. ⎰

Rosa bracteata aus China.

Die Blume ist weiß, wohlriechend, die Blumenblätter herzförmig, und der Fruchtknoten mit gefranzten Deckblättern bedeckt.

— semperflorens pallida.

Solanum vespertilionis. Ait.

Sophora tomentosa.

— microphylla.

Mit großen gelben Blumen.

Stapelia revoluta. Masson.

Urtica crassifolia.

Zerumbet speciosa.

Eine schön blühende Pflanze.

Wendland.

XII.

XII.

Verzeichniß einiger Pflanzen,

welche

im Jahr 1797.

in

dem Gräfl. Mittrowskyschen Garten

zu Brünn

geblühet haben.

Abroma angusta. L. Jacq. hort. 3. tab. 1.

Achillea ligustica. Allion. fl. pedem. tab. 53. fig. 2.

— — tanacetifolia. Allion. fl. pedem. tab. 53. fig. 1.

Amorpha pubescens. Willd.

Arenaria austriaca. L. Jacq. fl. austr. tab. 270.

— — liniflora. L. Jacq. fl. austr. tab. 445.

Boerharia

Boerhavia erecta. L. Jacq. hort. 1. tab. 5. 6.

— — hirsuta. L. Jacq. hort. 1. tab. 7.

Bromelia humilis. L. Jacq. hort. 1. tab. 60.

Calceolaria pinnata. L.

Cacalia villosa. Jacq. ic. pl rar. tab. 580.

Die vom Herrn Hofgärtner Seidel, in dem vorjährigen Taschenbuch pag. 205. angeführte Pflanze ist nach der Beschreibung wohl sicher die nämliche. Die Blätter wechseln öfters ab, und nach der Gmelinischen Diagnose ist die Bestimmung noch schwerer. Jacquin sagt l. c. caule herbaceo; tota villosa et asperula; foliis lyratis: inferioribus petiolatis, superioribus amplexi caulibus, summis lanceolatis.

Capraria biflora. L.

Cestrum diurnum. L.

— — laurifolium. L'Herit. stirp. nov. tab. 34.

Cheiranthus tricuspidatus. L.

Chenopodium bengalense. Jacq.

Diese

Diese Pflanze erreicht eine Höhe von 6 bis 8 Fuß in guter Gartenerde; allein hier trägt sie keinen Saamen. Man ist daher genöthiget, einige Pflanzen in Töpfe zu setzen, wo sie sparsam wachsen, und reichlich Saamen tragen.

Chloris radiata. Swarz.

Chondrilla hieratioides. Roth. Catal. Eot. pag. 101.

Chrysanthemum alpinum. L.

— — — atratum. L.

Clematis angustifolia. Jacq. hort. 2. tab. 104.

C. erecta; foliis pinnatis, recurvis: foliolis lineari-lanceolatis; floribus polypetalis.

Clematis glauca. Willd. berl. Baumz. tab. 4. fig. 1. a. b.

Colutea herbacea. L.

— — perennans. L.

Beide Arten verdienen von diesem Geschlecht getrennt zu werden, denn erstens und

'fiab thre Hülsen nicht aufgeblasen (infla-
tum) unb zweitens öffnen sie sich nicht an
der Basis, sondern vielmehr an der Spitze.

Commelina longicaulis. Jacq. ic. rar. tab. 294.

Conyza saxatilis. L.

Corchorus hirtus. L.

— — siliquosus. L.

— · — trilocularis. L.

Cornucopie cuculatum. L.

Crambe filiformis. Jacq. ic. rar. tab. 504.

C. suffruticosa; foliis inferioribus pinnatis, scabris; pinna extima subrotunda,'
magna.

Crambe tataria. L. Bloß als ein Beitrag zu
Deutschlands Flora setze ich diese bei; sie
wächst hier in Mähren häufig auf der Naß-
sedlowitzer Heide.

Cortalaria capensis. Jacq. hort. 3. tab. 64.
In Linn. syst. veget. ed. 14. unter C. in-
canescens.

Cucubalus strictus. Roth. Catalect. Bot. p. 50.

Delphi-

Delphinium urceolatum. Jacq. ic. rar.
tab. 101.

Duranta Plumieri. L. Jacq. ic. rar. tab. 502,

Echium candicans. Jacq. ic. rar. tab. 30.

Erodium trilobatum. Jacq. ic rar. tab. 508,
E. pedunculis multifloris; foliis cordatis,
subrotundis tripartitis, hirsutis, serratis.

Euphorbia cartiolica. L.

— — cyathophora. Murr. Die von Jacquin Icon. pl. rar. tab. 480. abgebildete E. heterophylla ist E. cyathophora, welches Jacquin selbst bei der Diagnose
berichtiget.

— — literata. Jacq. ic. rar. tab. 482...
E. umbella quinquefida; trifida; bifida;
involucellis ovatis; foliis lanceolatis, sub-
pilosis, obselete ferrulatis; petalis integris; radice annua.

Ferula tingitana. L.

Geranium argenteum. L. Jacq. ic. rar.
tab. 540.

Gla-

Gladiolus gramineus. L. Jacq. ic. rar. tab. 230.

G. corolla tubo brevissimo; laciniis sub-
aequalibus aristatis; scapo paniculata.

Gladiolus iridifolius. Jacq. ic. rar. tab. 234.

G. corollis infundi buliformibus: limbi
laciniis aequalibus; foliis ensiformibus,
dictichis, rectis.

Hieratium grandiflorum. Allion fl. pedem. nro.
794. tab. 29. fig. 2. 3.

Ist H. auri montanum. Schranck fl. bar.
pag. 332. und H. Sprengerianum Krock
fl. Siles. n. 1294.

Ipomea bona nox. L.

— — hederacea Jacq. ic. pl. rar. tab. 36.
Schon oft erhielt ich diese Pflanze unter
dem Namen Convolvulus Nil.

— — luteola. Jacq. ic. pl. rar. tab. 35.

J. foliis cordatis, acuminatis, subangula-
tis; pedunculis primum dichotomis, dein
racemosis.

— — Pes trigidis. L.

Ipomea

Ipomea Quamoclit. L.

— — solanifolia. L.

— — triloba. L,

Justicia ciliaris. L.

— — periplocifolia. Jacq. collect tom. 5.
tab. 7. fig. 2.

Lantana radula. Swarz.

Laserpitium archangelica Jacq. ic. rar. tab. 58
L. foliolis ovatis lanceolatisque serratis
hirsutis integris lobatisque. Wulffen.

Laserpitium peucedanoides. L. Jacq. ic. rar.
tab. 549.

Medeola asparagoides. L.

Melianthus minor. L.

Monarda punctata. L.

Ornithogalum caudatum. Jacq. ic. rar tab. 423.

• O. filamentis tribus basi ovatis, tribus
lanceolatis; ravemo longissimo; foliis
lanceolato-linearibus, apice longe subu-
latis et teretibus.

Paspa-

Paspalum racemosum. Jacq. ic. rar. tab. 302.

P. spiculis numerosis, pedicellatis, in racemum elongatum ordinatis.

Pelargonium balsamicum. Jacq. ic. rar. tab. 543.

P.' umbellis pauciforis; foliis quiuquepartitis, hirtulis; lobis lanceolatis, acutis, incisis, digitulis; caule fruticosa.

Pelargonium betulinum.   L.

—   —   bicolor.   L.

—   —   exstipulatum.   L.

—   —   denticulatum.   Jacq.

—   —   hermannifolium.   L.

—   —   scabrum.   L.

—   —   tabulare.   L.

—   —   ternatum.   Jacq.   ic.   pl.' rar.
tab. 544.

Perilla ocymoides.   L.

Plantago crispa.   Jacq. collect. 5. tab. 16.

Prunus cerasifera.   Ehrh.

Psoralea phymatodes.   Jacq ic. rar. tab. 565.

P.

P. foliis pinnatis; foliolis subtus glandulose tuberculatis; pedunculis spicatis, axillaribus et terminalibus.

Psoralea tenuifolia. L.

Rhus viminale. Aiton.

Ribes cynosbati. L.

— diacanthum. L.

— floridum. L' Herit.

— petraeum. L.

Robinia Halodendron. L.

Salvia ceratophylloides. L.

— indica. L. Die vom Herrn Hofgärtner Seibel im Taschenbuch 1798. pag. 227. angeführte Salvia virgata ist der Beschreibung nach Salvia indica; denn die Blumen der Salvia virgata sind weiß.

Scoparia dulcis. L.

Senecio verbenafolius. Jacq. hort. 1. tab. 3.

Sida atrro sanguinea. L.

— carpinifolia. L.

— occidentalis. L.

X   Sida

Sida palmata. Cavan. Diese kömmt in der Gmelinischen Ausgabe des Linneischen Natursystems, pag. 1049. zweimal vor. Erstens als Sida palmata, und zweitens als Sida jatrophoides. Ohngeachtet schon Aiton in seinem Hort. Kew. II. pag. 443. bei der Sida jatrophoides, L'Hérit. die Sida palmata Cavan. citirt.

— umbellata. L.

Spirea ulmifolia. Scop. Die vom Herrn D. Willdenow in seiner Berlinischen Baumzucht geäußerte Vermuthung, daß vielleicht die Spirea media in Schmidts öster. sächsi scher allg. Baumzucht tab. 54. diese sei, bestätiget sich nicht. Die Spirea chamaedrifolia tab. 53. ist die Sp. ulmifolia Scop. und die Sp. media. tab. 54. die Sp. chamaedifol. L.

Strumaria. linguaefolia. Jacq. ic. rar. tab. 356. styli struma cum filamentis connata. utrinque acuta, foliis linguaeformibus. Descriptio.

Cal.

Cal. Spatha bivalvis; valvulis lanceolatis, acutis integerrimis, erectis.

Cor. Setala sex, anguste lanceolata,
obtusula, aequalia, patentissima,
supera.

Stam. Filamenta sex, subulata, ere-
ctiuscula, longitudine corollae, basi
connata in unum corpus sex sulca-
tum, et tria alterna ibidem connata
cum stylo. Anthera oblonga, in-
cumbentes.

Pist. Germen inferum, subrotundum,
parvum. Stylus paulo supra basin
incrassatus, et trisulcato conicus,
dein filiformis erectus, longitudine
staminum. Stigma trifidum; laciniis
linearibus, patentissimis.

Ger. Capsula subrotunda, triquestra,
trilocularis, trivalvis.

Sem. pauca, subrotunda, magna.

Trades-

Teucrium betonicofolium.   Jacq.

Tournefortia volubilis.   L.

Tradescantia cristata.   L.

Waltheria indica. Jacq. ic. rar. tab. 65.

Xanthorhiza apiifolia.   L' Herit.

Xanthium virginianum.   Schreb.

Schott.

XIII.

XIII.

Versuche und Beobachtungen, wie von der Lobelia cardinalis, dem Rhododendron ponticum, der Bromelia ananas, und mehreren andern ausländischen Pflanzen, die bei uns keinen oder nur höchst selten Saamen tragen, gute Saamen erzogen werden können.

1) Bei der Lobelia cardinalis, wenn ihre Blumen sich aufgeschlossen haben, treten die Stempfel durch die zusammen gewachsenen Staubbeutel hervor, und drücken, bevor sich ihre Stempfelnarben geöffnet haben, den Blumenstaub mit heraus, je nach Beschaffenheit der Witterung. Erst einen bis zwei Tage nachher öffnen sich diese Narben der Stempfel, und wen-

den

ben sich nach der Erde, auf diese Weise geht der
Blumenstaub verloren, und wir müssen auf
Saamen Verzicht thun.

Dieser Umstand bewog mich auf ein Mittel
zu denken durch Kunst der Natur zu Hülfe zu
kommen, um eine Befruchtung hervor zu brin=
gen. Das Mittel dieses zu bewerkstelligen ist
folgendes,

Da bekanntlich die Blüthzeit dieser Pflanze
vier bis fünf Wochen, öfters auch noch länger
dauert, so darf man nur den Blumenstaub, von
einer der nächst obern Blumen, wo der Stem=
pfel solchen bereits nahe an die Mündung der
Röhre hervor gedrückt hat, (welcher sich leicht
ohne der Blüthe zu schaden, durch einen gelinden
Fingerdruck, heraus bringen läßt,) auf einen
kleinen Pinsel laden, und auf die geöffnete un=
tere Narbe bringen, und auf diese Art, wie die
Blumen und Narben sich nach und nach öffnen,
so lange damit fortfahren, als man Saamen
hievon zu erhalten wünscht.

2)

2) Bei dem Rhododendron ponticum ragt
der Stempel über die Staubbeutel empor. Der
Blumenstaub besteht aus einem klebrichten Wesen, welches, wenn es seine gehörige Reife erreicht hat, an den Fingern, oder mehrere andere
Körper, wenn man mit denselben die Mündungen der Staubbeutel berührt, heraus tritt und
sich anhängt. Es kann sich also der Pollen nicht
wie bei vielen andern Pflanzen, über die Narben ausstreuen.

Um auch hier wieder durch ein künstliches
Mittel eine Befruchtung hervor zu bringen,
darf man nur folgenden Weg einschlagen.

Wenn man die Reife des Blumenstaubs bemerkt, so nehme man die Staubfäden samt den
Beuteln behutsam herunter, und berühre mit
den Mündungen derselben die reifen Narben, sogleich wird der Blumenstaub heraustreten, und
auf den Narben hängen bleiben.

Es ereignet sich auch öfters, daß in mehreren Blumen keine fruchtbare Staubbeutel vorhanden

handen sind. Wenn dieser Fall eintritt, so müssen solche auf andern Blumen, oder auf einem andern Strauche der nehmlichen Art, aufgesucht und von einer Blüthe zur andern gebracht werden.

3) Bei der Bromelia ananas sind öfters keine fruchtbare Staubbeutel vorhanden, wo demnach auch keine Befruchtung statt finden kann, doch bisweilen, nach Beschaffenheit der Witterung, wenn solche zu einer geiinden und warmen Jahrszeit in die Blüthe kommen, sind öfters auch fruchtbare zugegen; aber die Lage derselben ist niederer als die Narben, welche über dieselben empor stehen, und öfters, besonders bei einigen Spielarten, zu sehr in die Kronblätter eingepreßt sind, daß solche sich nicht öffnen können.

, Wenn daher der Blumenstaub bei diesen nicht eben so künstlich auf die Narben gebracht wird, (da diese Pflanzen bei uns bekanntlich in Glashäusern und Treibkästen unterhalten werden

den müssen, wo die Luft und Insecten *) keinen freien Zugang haben,) so kann bei ihnen keine Selbstbefruchtung Statt finden. Auch von diesen habe ich schon mehrmalen gute Saamen gezogen.

4) Bei dem Geranium tetragonum, fulgidum, glaucum, hispidum, flavum, tricuspidatum, und vielen andern ausländischen Storchschnäbeln, wenn solche in die Blüthe kommen, entwickeln sich zuerst die Staubbeutel, und fallen öfters ein, zwei, bis drei Tage vorher ab, ehe sich die Narben öffnen. Wenn daher der Blumenstaub nicht von andern später geöffneten

*) Bei den Feigenbäumen geschieht die Befruchtung bekanntlich durch Insecten. Wegen der ungleichen Reife und Lage der Fructifications-Theile an vielen andern Bäumen und Pflanzen kann auch ohne dieselben keine Befruchtung Statt finden. Die Ursache also, daß mehrere keine Saamen bei uns tragen, kann daher wohl nur dem Mangel der Insecten aus jenen Gegenden, die mancher Pflanze eigen sind, zugeschrieben werden.

reten Blumen, auf die früher geöffneten, ent=
wickelten Narben getragen wird, oder dieser
nicht durch ungefähren Zufall dahin kömmt, so
erhält man keinen Saamen davon.

5) Bei dem Hibiscus canabinus, radiatus.
Cavanill. und andern Jiblich Arten, stehen
die Narben höher als die Staubbeutel. Die
meisten dieser Pflanzen müssen in Glashäusern
und Treibkästen unterhalten werden, wo auch
bei diesen die Luft und Insecten keinen freien
Zugang haben, mithin auch die meisten Blumen
unbefruchtet abfallen, wenn die Befruchtung
nicht künstlich geschieht.

6) Bei der Salvia formosa L' Herit.
und mehreren Salbeiarten, sind die Staubbeu=
tel zu sehr in die Oberlippe der Kronblätter ein=
gepreßt und die Narben stehen vor dieselben her=
aus; wenn daher der Blumenstaub nicht heraus
genommen und auf die Narben gebracht wird,
so erhält man auch hiervon keinen Saamen.

7)

7) Bei der Chironia frutescens und linoides, ist der Blumenstaub zu sehr in die hornartige Bedeckung der Staubbeutel eingeengt, welche sich bei ersterer noch außer diesem stark zusammendrehen, daß solcher nicht herausdringen kann. Wenn daher der Blumenstaub, (welcher sich vermittelst eines hiezu geschnittenen Federkiels, oder eines kleinen Federmessers, aus den auf beiden Seiten befindlichen Furchen oder Rißchen der Staubbeutel, heraus nehmen läßt,) heraus genommen und auf die Narben gebracht wird, so können auch hievon gute Saamen gezogen werden. Bei diesen ist aber zu bemerken, daß die Befruchtung bei gelinder und heiterer Witterung einige Male wiederholt werden muß. Das nehmliche ist auch bei mehreren andern, wenn die Kronblätter und Stigmaten nicht bald darauf verwelken, oder abfallen, *) zu beobachten.

8)

*) Das frühere Abfallen oder Verwelken der Kronblätter und der Stigmaten, ist meistens ein sicheres Zeichen, daß man auf guten Saamen zu hoffen hat. Bei dem Geranium tetragonum, geschicht solches öfters schon ein und eine

8) Von·der Martynia annua, an welcher die meisten Blumen unbefruchtet abfallen, bei der Lychnis coronata, und noch vielen andern Pflanzen, wo die Frutificationstheile nicht, oder fehlerhaft sind, und der Mangel der Befruchtung nur von der ungleichen Lage und Reife dieser Theile herrührt, können durch künstliche Befruchtung gute Saamen bei uns erzogen werden.

9) In dem Linnéischen Pflanzensystem ist das Maulbeer-Geschlecht in die 21. Classe Monoecia gekrönet. Bei dem Morus nigra, rubra und papyrifera aber, habe ich bei vieljähriger Beobachtung die Geschlechtstheile immer ganz

halbe bis zwei Stunden nachher, wo hingegen andere Blumen an der nehmlichen Pflanze, die sich zu gleicher Zeit geöffnet haben, und nicht befruchtet worden sind, noch drei, vier bis fünf Tage lang blühen. Bei dem Rhododendron ponticum geschieht solches 16 bis 24 Stunden nachher, und bei der Chironia frutescens und linoides dauert es vier bis sechs Tage lang, ehe solche verwelken.

ganz getrennt gefunden, nur bei dem Morus alba habe ich, — jedoch nur selten — Fliche und Pliche, bisweilen auch fruchtbare Zwitter-kätzchen auf einem Baume wahrgenommen. Auch habe ich bei diesen an einigen Bäumen bemerkt, daß solche seit vielen Jahren immer einzelne Aeste mit lauter Flichen und wiederum einzelne Aeste mit lauter Plichen Kätzchen auf einem Baume getragen haben; meistens sind aber auch bei diesen die Bäume ganz getrennt. Wenn daher bei den Maulbeerbäumen nicht beiderlei Geschlecht nahe zusammen gepflanzt wird, so erhält man nur äußerst selten guten Saamen hievon.

Ich will hier einen Zufall anführen, der mir mit dem rothen Maulbeerbaum vor mehreren Jahren begegnete.

Ich hatte nehmlich von diesen mehrere junge Bäume, die aus amerikanischen Saamen erzo-gen waren, in einer Baumschule beisammen ste-hen, die verschiedene Jahre Früchte trugen. Von diesen ließ ich den Saamen sammlen und aus-säen.

ſden. Er keimte mir auch jedesmal ſehr gut auf,
und ich erzog daraus viele junge Bäume. Als
aber jene Bäume zu ſtark in der Baumſchule
wurden, ſo verſetzte ich ſolche auf verſchiedene
weit von einander entfernte Plätze, und ließ nur
zwei der ſtärkſten Bäume (zur Vorſicht, um in
Zukunft meinen nöthigen Saamen davon zu
ſammlen, und darin nicht unterbrochen zu werden,) in der Baumſchule unverſetzt ſtehen. Dieſe
beiden Bäume trugen zwar nachher wieder
Früchte, wovon ich den Saamen zwei Jahre
nach einander ſammlen ließ, und ausſäete, aber
aller Mühe ungeachtet konnte ich ihn niemals
mehr zum Aufkeimen bringen.

Als ich nachher dieſe Bäume in der Blüthe
unterſuchte, fand ich ſolche ganz getrennt. Beides waren ♀liche Bäume, zu welchen ich, um
wieder guten Saamen davon zu erhalten, genöthiget war, ♂liche Bäume zu ſetzen.

Bei dem Morus rubra, nigra *) und papyrifera,

*) Der Ritter Linné bemerkte an dem ſchwarzen
Maulbeerbaum ganz getrennte Bäume, und iſt

rifera, sind die flüchen Bäume von den Flüchen ziemlich an ihren Blättern verschieden, und können schon in ihrer Jugend, ehe sie blühen oder Früchte tragen, dadurch von einander meistentheils unterschieden werden.

Die Blätter der ersteren haben immer mehrere Einschnitte, und sind weit mehr getheilt, als die der letztern, welche sich meistentheils durch ganz ungetheilte Blätter unterscheiden.

Die

wahrscheinlich durch Miller, der behauptete, daß Fichte und Buche Blüthen auf einem Baum vorhanden wären, verleitet worden, so eben in die 21. Classe Monoecia zu erklären. Bei diesem und vielleicht auch bei andern, kann es sich eben so, wie ich bei dem weißen Maulbeerbaum beobachtet habe, verhalten, und dann müßte das Maulbeergeschlecht in die 23. Classe Polygamia trioecia hinüber wandern. Aber wegen der sichern Erziehung guter Saamen von ihnen, wenn die Bäume nicht einzeln ausgesetzt werden, und weil solche meistentheils ganz getrennt sind, dürften solche meines Erachtens, mit mehrerem Recht, in die 22. Classe Monoecia aufgenommen werden.

Die Verschiedenheit der Blätter an den
ſlichen und ꝗlichen Bäumen, iſt auch außer
Zweifel die Urſache, daß man öfters in verſchiedenen Pflanzenverzeichniſſen, neue Maulbeer-
arten aufgeſtellt findet.

So wird z. E. der ſliche Baum vom Morus nigra, an vielen Orten für eine beſondere
Species Morus laciniata angegeben, dafür ver-
ſendet und verkauft.

Eben ſo mag es ſich auch, mit dem Morus
papyrifera verhalten. Von dieſem habe ich
unter vielen Hunderten, die ich an mehreren
Orten unterſucht habe, nur einmal ꝗliche Bäume, und zwar in dem botaniſchen Garten zu
Oxford in England, wo er ſich häufig durch
Wurzelausſchläge vermehrt hatte, und voller,
aber unreifer Früchte ſtand, geſehen.

Ich habe ſchon einige Male an Handelsgärtner nach England geſchrieben, mir ein
Bäumchen davon zu verſchaffen, erhielt aber
jedes-

jedesmal zu meinem Verdruß, nur den Glichen, den ich schon lange in Menge besaß.

Ich bemerke letzteres nur deswegen für diejenigen, die solchen nicht besitzen, aber doch zu besitzen wünschen, und allenfalls Bekanntschaft oder Freunde in Oßfort haben, oder eine Reise dahin machen, führe ich dieses an, um ihre Aufmerksamkeit darauf zu richten. Sollte sich derselbe allenfalls irgendwo in einem Garten von Deutschland befinden, so würde ich ihn gern zu einem billigen Preis bezahlen, oder mehrere andere beliebige Bäume oder Pflanzen gegen Tausch dagegen senden.

Es läßt sich dieser Baum leicht durch die Wurzeln vermehren.

Im Frühjahre nehmlich, wenn keine starke Kälte mehr zu befürchten ist, nimmt man von seinen Wurzeln, die er entbehren kann, und die ohngefähr einen starken Federkiel bis einen Finger dick sind, heraus, schneidet solche etwa einen Schuh in der Länge, Stückweise, und pflanzt

Y   sie

sie hierauf in ein hiezu bereitetes Gartenland, etwa einen halben Schuh weit von einander, und läßt den obern Theil ohngefähr einen Zoll über die Erde herausragen, wo sie sodann, wenn sie etwas mäßig feucht erhalten und vom Unkraut rein gehalten werden, sehr bald ausschlagen und neue Stämme treiben, die schon im zweiten Jahr versetzt, und in die Baumschule gebracht werden können.

Noch ist hiebei zu bemerken, daß diese Bäume, besonders in ihrer Jugend, in unserm Klima von der Kälte bisweilen Schaden leiden, und bei strenger und kalter Witterung beschützt werden müssen.

Carlsruhe, im Jahr 1798.

Schweykert.

XIV.

XIV.

Ueber die Wartung der Pflanzen
vom
Vorgebirge der guten Hoffnung.

Die Verschiedenheit des Bodens sowohl, als
der Witterung auf dem Vorgebirge der guten
Hoffnung; macht es schwer, eine allgemeine Regel zur Behandlung der dortigen Pflanzen für
unser Klima anzunehmen. Die Nachrichten
über die dasige Witterung sind fast in allen Rei-
sebeschreibungen so unvollständig, so nach dem
Gefühl beurtheilt, daß man nie sicher darauf
rechnen kann. Der Standort der Pflanzen ist
selten bestimmt angegeben; man begnügt sich
damit, daß sie am Vorgebirge wachsen; ob in
dem südlichen oder nördlichen Theile, auf Bergen oder in Thälern, darüber kommen sehr wenig

nig Nachrichten vor; und doch würde uns dieses
sehr viel bei Wartung der dortigen Pflanzen
nützen. Diesem abzuhelfen ist wohl kein anderes
Mittel, als wenn Gärtner und Gartenliebhaber
ihre Erfahrungen öffentlich bekannt machen. *)

In dieser Rücksicht wage ich es, meine Behandlungsart der dort einheimischen Pflanzen
hier vorzulegen. Fehle ich, so wird es mir angenehm und lehrreich seyn, wenn erfahrne Männer
mir meine Fehler gründlich widerlegen, und eine
bessere Methode bekannt machen. Dadurch wird
die botanisch-practische Gärtnerei unendlich viel
gewinnen, und mancher Pflanzenliebhaber wird
in der Zukunft sein Geld nicht so oft umsonst
ausgeben dürfen, wenn er wissen wird, wie er
diese oder jene Pflanze behandeln soll.

Nach

---

*) Deswegen wurde im vorigen Jahrgang des
Taschenbuchs um Mittheilung hierher gehöri-
ger Bemerkungen und Erfahrungen gebeten,
welche Bitte ich nochmals wiederhole. Herrn
Schott sage ich für die Mittheilung der sei-
nigen verdienten Dank.
                                        A. d. H.

Nach meiner Erfahrung vertragen die mehresten Pflanzen vom Vorgebirge der guten Hoffnung, eine Kälte von einem Grad bis o; nach
Reaumur, oder 28 bis 30 Grad nach Fahrenheit: ein stärkerer Grad von Kälte schadet ihnen
gewöhnlich; wenn auch nicht plötzlich, doch in
der Zukunft.

Den Sommer über vertragen sie sämtlich
unser Klima im Freien; den Winter über verlangen die mehrsten ein gewöhnliches Glashaus,
wo die Kälte nie unter o. und die Wärme nicht
über fünf oder sechs Grad nach Reaumur seyn
darf. Meine Behandlung im Winter ist kürzlich
folgende:

So lange es im Herbst die Witterung erlaubt, (öfters bis in die Mitte des Decembers)
lasse ich täglich die untern Fenster öffnen, bis die
Kälte so stark wird, daß das Thermometer auf o
steht, alsdann suche ich die oben angeführte
Wärme, so viel möglich immer gleich zu erhalten; ist Sonnenschein, so werden von zehn Uhr
Morgens

Morgens bis Nachmittag zwei Uhr die Fenster
geöffnet, um frische Luft zu bekommen, welche
ihnen besonders zuträglich ist. Bei anhaltender
trüber Witterung suche ich durch angebrachte
Ventils die Luft in Bewegung zu setzen, und
durch Luftbleche *) die feuchte Luft aus dem
Hause zu bringen. Durch dieses Mittel habe
ich keinen Schimmel zu befürchten; und die so
genannte Grünfäule ist bei mir gänzlich unbekannt. Die viele Luft, die ich ihnen gebe, macht,
daß sie keine schwachen Triebe im Winter hervorbringen, auf welche gewöhnlich die Feuchtigkeit am ersten wirkt; daher oft viele Pflanzen
von oben herab zuerst verderben. Auch werden
sie nicht zu sehr durch ein beständiges Wachsen
abgemattet, sondern sie erhalten durch die viele
und öfters kalte Luft, eine Art Stillstand in
ihrem

*) Diese Bleche haben die Größe einer Glas-
scheibe; und sind gleich diesen in das Blei ein-
gesetzt und mit vielen kleinen Löchern versehen.
Inwendig im Hause ist ein Blech gleich einer
Thüre vor, welches auf und zugemacht werden
kann, je nachdem man frische Luft nöthig hat.

ihrem Wachsthum, welches allen fortdauernden Pflanzen so unentbehrlich ist. Die auf diese Art behandelten Gewächse werden gewiß in dem künftigen Frühjahre frischere und schönere Blätter und Blumen hervorbringen, als ihre Schwestern, welche den ganzen Winter hindurch, in mit mancherlei Ausdünstungen angefüllten Glashäusern eingesperrt waren.

Diese Behandlungsart ist aber bloß für schon gänzlich erwachsene Pflanzen anwendbar; junge spät aus Saamen aufgegangene sind zärter, und können die eindringende kalte Luft nicht wohl vertragen. Diese, so wie einige zärtliche oder seltene, setze ich auf Breter an die obern Fenster, woselbst sie trockner und um etwas wärmer stehen; sie überwintern hier auch vollkommen gut.

Ich füge hier ein alphabetisches Verzeichniß dererjenigen Pflanzen vom Vorgebirge der guten Hoffnung bei, welche diese Behandlung wohl vertragen; die so etwas mehr Wärme lieben, habe ich mit einem * bezeichnet.

Albuca.

Albuca.

Amaryllis.

Anthericum.

Antholyza.

Arctotis.

Bluria.

*Borbonia.

Budleja.

Cacalia.

Calendula.

Celastrus.

Chrysocoma.

*Chironia.

Cineraria.

Clifortia.

Clutia.

Cotyledon.

Crassula.

*Crotaria capensis.

Cyanella capensis.

Diosma.

Erica.

Erigeron capensis.

*Exacum viscosum.

Ferraria undulata.

Galega capensis.

Gladiolus.

Gnaphalium.

Gnidia.

Gorteria.

Hermannia.

Hypoxis.

Ixia.

Lachenalia.

*Mahernia.

Malva capensis.

Mesembryanthemum.

Moraea.

Ornithogalum.

Osteospermum.

Othonna.

Oxalis.

Pelargonium.

Phylica.

Plcc-

Plectranthus.   Selago.   –

Portulaca anacampfe-   Sideroxylon melano-
      ros.   pheum.

Protea.   Strumaria.

Psoralea.   Tanácetum flabellifor-

Rhus.   me.

Royena.   Zygophyllum

Unter allen diesen Geschlechtern habe ich von den hier befindlichen Arten noch kein Beispiel, daß eine oder die andere durch Kälte zu Grunde gegangen wäre; sondern sie stehen alle, wie schon oben gesagt worden, vollkommen frisch. Die zärtlichste unter diesen ist Crotalaria capensis, die nie bei einem offnen Fenster stehen darf, sobald der Thermometer auf o steht. Alle übrigen haben es ausgehalten.

Schott.

XV.

XV.

Gartenlitteratur.

Der Raum erlaubt uns nicht in Zergliederung der hierher gehörigen Schriften weitläuftig zu seyn. Verschiedne konnten wir deswegen nicht anzeigen, weil sie nicht zu erhalten
waren. Wir bitten daher um Mittheilung
solcher Werke, welche unter diese Rubrik zu
rechnen sind, und versprechen die Zurücksen-
dung derselben.

I.

Joseph Friedrich Freiherrn zu Racknitz
Darstellung und Geschichte des
Geschmacks der vorzüglichsten Völ-
ker. III. Heft. (Leipzig bei Göschen.) 4.

Der dritte Heft dieses interessanten Prachtwerks
handelt vom griechischen Geschmack, als er sich
seinem

seinem Verfall näherte, vom maurischen, vom türs
kischen, vom altfranzösischen, vom kamtschadalischen
und vom mericanischen Geschmack. Der hierzu
gehörigen schön colorirten Folioblätter, welche
Zimmerverzierungen veröcfagter Manieren und!
ein dazu passendes Ameublement enthalten, sind
zwölf. Der Text ist wieder mit schönen Vignets
ten von der Hand des Herrn Schurlot ges
schmückt, die von guten Kupferstechern in Kupfer
gebracht sind. Unter diesen bemerken wir, der
Kürze wegen, nur diejenigen, die eigentlich hierher
zu rechnen sind, nehmlich ein ländliches Gebäude
im herkulanischen Styl; einen Gartenpavillon in
der moreösken Manier, ein Gartenhaus im türkischen Geschmack; ein türkisches Grabmal, das mit
Blumen bepflanzt ist; ein großes Gartenportal
in der französischen Manier; eine kamtschadali-
sche Fischerhütte; einen mexikanischen schwimmen-
den Garten. Dieser Heft ist in Rücksicht auf
Schönheit und Interesse der vorigen vollkommen
würdig.

_____

2.

Neue Garten = und Landschaftsge:
bäude. Herausgegeben von W. G. Becker. Erste und zweite Lieferung. Leipzig
bei Voß und Compagnie. 1798. gr. Fol.

Gute Muster zu Garten = und Landschaftsge-
bäuden scheinen um so nothwendiger zu seyn, da
man der geschmacklosen hie und da wahrnimmt,

W

wo oft mit geringeren Koſten weit ſchönere errich=
tet ſeyn könnten. Dieſe Sammlung iſt beſtimmt,
der Liebhaberei zu Hülfe zu kommen und gute
Jdeen zu Gebäuden in Umlauf zu bringen. Die
hier gelieferten ſind (bis auf eine von dem ſchon
als Baukünſtler geſchätzten Herrn Klinsky,
welchen die Leſer dieſes Taſchenbuchs aus den von
ihm gelieferten Zeichnungen der darin enthaltenen
Kupfer kennen) von der Erfindung eines jungen
talentvollen Architekten, Herrn Schäffer. Sie
ſtellen folgende Gebäude dar: 1) ein Waldhaus,
2) ein ländliches Gartengebäude, 3) ein militairi=
ſches Ehreugebäude, 4) ein kleines Muſeum, 5)
einen Pavillon im Styl der Chineſer, 6) einen
Tempel des Bacchus, 7) zwei Brücken im edlen
Styl, 8) zwei Denkmäler im antiken Styl.
II. Heft. 9) Die innere Seite eines Gartenein=
gangs, 10) einen Pavillon in gothiſchem Styl,
11) ein Bad, 12) ein kleines Landhaus von der
Gartenſeite, 13) ein Landhaus im Prachtſtyl, 14)
ein einfaches Gartenwohnhaus, 15) zwei Brücken
in gothiſchem Styl, 16) zwei Grabmäler. Die
erforderlichen Grundriſſe ſind jedes Mal beigefügt.
Die Anſichten ſind in einer angenehmen Aquatin=
ten=Manier gearbeitet.

3.

Neue Theorie der ſchönen Garten=
kunſt von Johann Chriſtian Auguſt
Grohmann. Zweiter Theil. Leipzig
bei

bei Friedrich Augujt Leupold. 1797. 8.
(144 S.)

Wir haben den ersten Theil dieses Werks mit
schuldigem Beifall angezeigt, weil es überall den
eigenen Denker und Beobachter verräth, wenn wir
schon nicht überall mit dem Verf. vollkommen ein=
verstanden waren. In diesem zweiten Theile äu=
ßert sich derselbe: Ueber einige geschmacklosdrige
Verzierungen in den Gärten, und in der sechsten
Betrachtung: Ueber den interessirenten oder deut=
schen Garten, worüber die Leser in einem Aufaze
dieses Taschenbuchs von dem nehmlichen Verf. nä=
here Auskunft erhalten. Es würde zu weitläuf=
tig seyn, einen Auszug davon mitzutheilen, und
Bemerkungen darüber beizufügen. Vielleicht er=
folgen sie zu einer andern Zeit.

4.

Schöne Gartenkunst, Phantasien und
Grundsäze über die ländliche Natur nach
Marnezia von Johann Gottfried
Grohmann, Herausgeber des Ideenma=
gazins für Liebhaber von Gärten u. s. w.
Nebst einer Abhandlung über den Cha=
rakter des Gartens, als eines Wer=
kes schöner Kunst, von K. H. Heyden=
reich. Zweite Ausgabe mit einem Kurfer.
Leipzig

Leipzig bei Reinicke und Hinrichs. 8. (ohne
Jahrzahl 443. S.)

Die schon bekannte Ueberseßung des beliebten
Essai sur la nature champêtre des Marquis von Marnezia, die vor mehrern Jahren unter dem Titel:
ländliche Natur erschien, nebst einer schäß-
baren, Abhandlung des Herrn Prof. Heydenreich, auf die wir selbst verweisen müssen.

5.

Natur und Kunst; oder die Gärten. Für Freunde der schönen Gartenkunst. Halberstadt, in der Buchhandlung
der Grosschen Erben. 1798. 12. (304 S.)

Der Verf. zeigt in seinem Gedicht einen richtigen Geschmack und daß er die wahren Grundsäße
der Gartenkunst kennt. Vielleicht hätte das Werk
gewonnen, wenn er es in einer edlen Prosa geschrieben hätte, weil der Versbau und Reim ihm
die und da Zwang auferlegten, der freilich zuweilen sichtbar wird. Indessen mangelt es nicht an
schönen und fließenden poetischen Stellen. Von
den Anlagen zu Stohnsdorf begeistert (wovon wir
eine umständliche Beschreibung für unser Taschenbuch wünschen) nimmt der Verf. Gelegenheit, seine richtigen Begriffe von der Gartenkunst zu entwickeln. Alles nicht dazu gehörige hätten wir
weggewünscht.

6.

6.

Ueber den guten Geschmack bei ländlichen Kunst- und Gartenanlagen
und bei Verbesserung wirklicher Landschaften.
Durch Beispiele erläutert. Aus dem Englischen. Leipzig in der v. Kleefeldschen Buchhandlung, 1798. (240 S. ohne Vorrede
und Inhalt.)

Diese Schrift verdiente allerdings eine Uebersetzung. Der Verf. derselben ist ein wahrhaft phi-
losophischer Kopf und zugleich ein Mann von Geschmack. Man darf zwar keine eigentliche Theorie der Gartenkunst darin suchen, aber doch eine
Grundlage derselben, die aber auch wiederum mehr
aus seiner Vergleichung der Gartenkunst mit der
Landschaftsmalerei und aus seinen Erörterungen
der Begriffe Schönheit. Malerischheit und Erha-
benheit hervorgeht. Man kann dieses Werk zugleich als eine Kritik der neuern englischen Gartenanlagen betrachten; und gewiß gehört sie zu
den vorzüglichsten Schriften, die seit einiger Zeit
über diesen Gegenstand erschienen sind.

7.

Plane und Gartenanlagen im englischen Geschmack, nebst Anweisung, wie man kleinere Partien eintheilen
und bepflanzen kann, von Johann Ludwig
Mansa,

Mansa, Königl. Gärtner in Friedericlis-
burg. gestochen von G. N. Angelo. Ko-
penhagen. bei Friedrich Brummer, 1798.
Querfolio.

Außer einem Verzeichnisse der Bäume, Sträucher und Laubhölzer und den vorgesezten Bezeich-
nungen der Bauten, findet sich bei diesen Planen
die mit der Erklärungsplatte zwölf Platten ausmachen, kein Text, der doch in gewisser Rücksicht
zu wünschen gewesen wäre. Dienen dergleichen
Plane auch nicht geradezu, sie einem Erdstück an-
zupassen, so können sie doch eine Anleitung zu solchen Anlagen, besonders in Ansehung der Pflanzungen geben.

***

8.

Die Gartenkunst oder ein auf vieljährige
Erfahrung gegründeter Unterricht, sowohl
große als kleine Lust= Küchen= Baum= und
Blumengärten anzulegen; fremde Bäume,
Stauden und Gewächse für englische Gärten
zu ziehen und zu warten u. s. w. für Gärtner und Gartenfreunde von J. F. Bloß.
Vierter Theil. Mit 28 Kupfern und Planen zu neuen Gartenanlagen, gezeichnet von
Siegel, und gestochen von Darmstedt,
Hillmann und Schumann. Nebst einer Beschreibung von D. Ch. L. Stieg-
litß

liß und einem vollständigen Sachregister
über das Werk. Leipzig bei Voß und Compagnie 1798. 8. (Die Beschreib. ohne
Verb. 116 S. und das Register 44 S.)

Dieser vierte Band des mit Recht so beifällig
aufgenommenen Gartenwerks enthält bloß Gemälde von Gärten in neuerem Geschmack dargestellt, (unter welchem Titel er auch einzeln zu haben ist) und ein bequemes Sachregister über das
ganze Werk. Die Gemälde schildern zwei ideale
Gärten, deren Grundrisse und Hauptansichten hier
dargestellt werden. Sie sind theils von der Erfindung des geschickten Architekten, Herrn Siegel
in Leipzig, theils aus dem Engländischen überge-
tragen, und vom Herrn D. Stieglitz daselbst,
der fast mit eben so viel Recht unter die Bau-
künstler, als unter die Gelehrten zu rechnen ist,
mit einer dichterischen Beschreibung begleitet, die
zugleich manche nützliche Winke enthält. Am Ende derselben befindet sich ein kurzer Aufsatz über
die Werke der Baukunst in den Gärten, dem zugleich eine Erklärung der außer den eigentlichen
Gartenprospecten noch gelieferten mannichfaltigen
Gartengebäude, Brüken, Gondeln, Bänke, Stühle u. s. w. beigefügt ist. — Auf diese Weise ist
der Titel des Werks, dessen drei erste Theile, nach
gereinigtern Begriffen, auf Gartenkunst keinen Anspruch machen, durch diesen vierten vollkommen gerechtfertiget.

B 9.

9.

Wegweiser durch die Sehenswür=
digkeiten in und um Dessau. Drit=
tes Heft. Von August Rode. Dessau,
bei Heinrich Tänzer. 1798. 8.

Auch unter dem Titel:

Beschreibung des Fürstlichen An=
halt=Dessauischen Landhauses und
Englischen Gartens zu Wörlitz;
von August Rode. Neue vollständige
Ausgabe mit 2 Kupfern. Dessau, bei Hein=
rich Tänzer, 1798. (außer dem Inhalt
244 S.)

Die beiden ersten Hefte dieses Wegweisers sind
uns nicht zu Gesichte gekommen, desto angeneh=
mer war es uns, diesen dritten hier anzeigen zu
können, der die Beschreibung von Wörlitz enthält.
Aus der Feder des Herrn Cabinetsrath Rode
konnte sie nicht anders als gut erwartet werden.
Wir glauben mit Recht, daß dieser Wegweiser nicht
nur allen Reisenden, die Wörlitz und die übrigen
fürstlichen Anlagen besuchen, sondern auch Andern,
die sich dieses Vergnügen nicht verschaffen können,
sehr willkommen seyn werden. Auch das Ver=
zeichniß der im Wörlitzer Garten befindlichen ein=
und ausländischer Bäume und Sträucher, so wie
der Pflanzen und Stauden, (von dem fürstl. Hof=
gärtner Herrn Gottl. Schoch) deren erstere
sich

sich auf 462. und letztere auf 644 belaufen, wird
den Liebhabern angenehm seyn.

10.

Beschreibung und Gemälde der Herzoglichen Parks bei Weimar und Tiefurt.

Unter dieser Ueberschrift sind uns drei Bogen und ein Octavblatt, ohne Titel und Druckort, durch den Weg der Buchhandlung zugekommen, die wahrscheinlich, der drüber stehenden Nummer zu Folge, den Anfang von einer größern Schrift ausmachen. Der Beschreiber hat die Prosiern gewählt, oder seine Beschreibung vielmehr in Priese gearbeitet. Der vierte Bogen fehlt in unserm Exemplare ganz; indessen wollten wir die Beschreibung doch nicht unangeführt lassen.

11.

Taschenkalender auf das Jahr 1798. für Natur- und Gartenfreunde. Mit Abbildungen von Hohenheim und ändern Kupfern. Tübingen, in der J. G. Cotta'schen Buchhandlung. (212 S.)

Der Inhalt ist folgender: Ueber die Cultur der Ananas-Pflanzen (die Fortsetzung folgt); Von der Pflanzung und Behandlung des Spargels,

na<

nach ten beſten Schriftſtellern und aus eigenen Erfahrungen, vom Herrn Pfarrer Steeb zu Grabenſtetten; Mittel wider die Erdflöhe von Chriſt; Mittel wider die Nelkenläuſe von Wendland (Man ſoll nämlich die Töpfe mit den Pflanzen im Frühling mehrere Tage hinter einander ins Gras umlegen); Pflanzen, die ſich nicht gut durch Senlinge, Einleger in die Erde oder Abſenker vermehren laſſen, in Vermehrung zu bringen, von Wendland; Ausſaat in Eierſchaalen vom Herrn D. Römer; Meine Behandlung des drehenden Süßklee (Hedyſarum gyrans) dadurch, derſelbe zur Blüthe gebracht, auch der Saame reif geworden iſt, von Römer; Ideal einer Obſtgarten-Anlage von zwei Morgen Größe, nach Rückſicht der Lage und der Abſicht des Beſitzers, von Chriſt. Beſchreibung des Gartens in Hohenheim. Dritte Fortſetzung. Scharnhauſen, in der Nähe von Hohenheim. Beſchreibung der ſchönen Gegenden und Spaziergänge bei Zürich. Ein Conſervatorium der Engländer nach neueſtem Geſchmack mit einem Kupfer. Ueber einige Pflanzen, deren Wartung den Liebhabern Freude machen und ihre Gärten verſchönern wird. Fortſetzung. Erhöhte Nelkenzucht von D. Hedwig. Neueſte Gartenberichte aus England. Erfindungen und Vorſchläge zu Gartengebäuden. Gartenmiſcellen. Gartenlitteratur. Wir können bei keinem dieſer für Gartenfreunde nützlichen und angenehmen Aufſätze verweilen, ſondern äußern uns nur kurz über die dargeſtellten Gebäude von Hohenheim. Die Ueberbleibſel von den drei Säu-

Säulen des alten Tempels des donnern-
Jupiters haben Bezug auf die lächerliche Wieter-
auferstehung des alten Roms in diesen bunten Gefilden. Das Ganze ist in aller Absicht unpassend.
Jene alten Säulen ragen aus einem Schuttberge
des alten Capitols hervor, und ihre Nachahmung
hätte wenigstens auf einer Anhöhe ihren Platz finden sollen. — Vom Schulhause führt der H.
Verf. der Beschreibung so geschickt zur Schulju-
gend und von dieser auf die Einwohner hin, daß
sich die lange Reihe von wohnbaren Gebäuden selbst
anschließt, ohne daß man weiter Rechenschaft über
das Wie und Warum fodern werde. Es sei demnach zu glauben, daß das Schulhaus absichtlich
unter die vordersten Parthien des Gartens gesetzt
worden. Das Wie und Warum muß freilich überall wiederholt werden. — Die drei Kuppeln
oder der Tempel des Merkurs; ein
Gartenhaus mit zwei Nebengemächern und in der
Mitte ein Fastigium mit vier Säulen, ein Ge-
misch von griechischer und persischer Bauart, auf
gothisch-deutsche Manier vorgetragen, ohne alles
Interesse. — Der Rest eines anmaßlichen
Triumphbogens, und neben diesem ein
Fischerhaus. Wie und Warum? — Ein
Theil eines verfallenen alten dorischen Tempels in
verjüngtem Maaßstabe, ein Beleg von der Un-
kunde des Baumeisters in den Anlagen der Alten.
Dieß Mauerwerk maskirt eine Küche. — Bei
dem Ueberbleibsel der alten Denksäule scheint
der Architekt von dem zuerst angenommenen System des Verkleinerns abgegangen zu seyn. Nach
den

ten daneben gelegenen Gebäuden zu urtheilen,
dürfte diese Säule wirklich groß seyn. Die untere
runde Bogenthüre und das Bogenfenster darüber
sind an ihrem Orte sehr geschmacklos. — Der
Kaufladen ist eine Satire auf alle Kaufläden; dem
äußern Ansehn nach ein Depot von den niedrigsten Bedürfnissen der niedrigsten Volksclassen,
woraus keine vortheilhafte Schlußfolge für die
Bewohner des wiederaufgelebten Roms zu ziehen
wäre. Und dieser Kaufladen lehnt sich an ein Stück
antike Stadtmauer, welche um ein Ansehnliches
niedriger ist, als dieses unbedeutende Gebäude. —
Die gothische Kirche so hübsch nach dem angenommenen Maaßstabe verjüngt!! — Der Back-
ofen. — Die großen römischen Bäder.
Als ein schreiender Beweis von der Gleichgültig-
keit und Sorglosigkeit für alles, was Geschmack
und Kunst angeht, erheben sich Mauern mit go-
thischen Fenstern, und über diesen Säulenreihen
ohne Plan und Zusammenhang von dem Boden,
und diese erhielten die Benennung: die großen
römischen Bäder!! — Angenehm und willkommen
sind die vier Ideen zu Gebäuden von Klinsky
und Touret.

12.

Delineations of exotick plants cultivated in
the royal garden at Kew etc. N. II.

Der zweite Heft dieses außerordentlich schönen Prachtwerks enthält ebenfalls wieder 10 Ar-

ten

ten der Erica. 11.) Erica Sexfaria weiß und braun; 12) Erica conspicua, gelb; 13) Erica cruenda, hoch= roth; 14) Erica marifolia, weiß; 15) Erica musco= sa, hat kleine fast hochrosenfarbene Bäumchen, die wie Trauben an einander sitzen; 16) Erica arceo= laris, weiß; 17) Erica glutinosa, roth; 18) Erica co= rnosa, blaß rosenfarb; 19) Erica taxifolia, roth und weiß, vorzüglich schön; 20) Erica Massoni, roth und gelb, ebenfalls sehr schön.

13.

Plants of the coast of Coroman-
del etc. N. IV.

Der vierte Heft dieses eben so schönen und prächtigen Werks enthält folgende seltene Pflan= zen: 76) Ventilago maderaspatana; 77) Carissa ca= randas; 78) Ulmus integrifolia; 79) Bambos arundi= nacea; 80) Bambos stricta; 81) Aponogeton mona= stochyon; 82) Memecylon edule; 83) Limonia mono= phylla; 84) Limonia pentaphylla; 85) Limonia arbo= rea; 86) Limonia crenulata; 87) Getonia floribunda; 88) Erythroxylon menogynum; 89) Ochna squarrosa; 90) Gerardia delphinifolia; 91) Aegiceras indica; 92) Cylista scariosa; 93) Caesulia axillaris; 94) Pandanus odoratissimus. Hiervon werden drei Abbildungen ge= liefert, mit Blüthe, ensetzender Fruchtreihe und reifer Frucht; 95) Salix tetrasperma; 96) Gouania tiliaefolia; 97) Mimosa dulcis; 98) Mimosa xylocarpa.

14.

Figures dè la Flore des Pyrénées, avec des descriptions, des notes critiques et des observations. Par Philippe Picot Lapeyrouse, Inspecteur des mines de la Republique. Tome premier. A Paris de l'Imprimerie de du Pont. L'an III. de la Republique. MDCCXCV. gr. fol. Erſter Heft.

Wir freuen uns, den Freunden der Pflanzen= kunde wieder ein Werk anzeigen zu können, das unter die vorzüglichſten dieſer Gattung gerechnet zu werden verdient. Es iſt bloß den Pflanzen der Pyrenäen und der damit verbundenen Gebirgsket= ten gewidmet, die der Verf. ſeit länger als zwan= zig Jahren beſucht hat, um ſeine Abſicht auszu= führen. Dieſe Gebirge erzeugen viele Pflanzen, die ihnen eigenthümlich gehören; doch enthalten ſie auch faſt alle Pflanzen der Alpen und mehrere Sibiriſche und Lappländiſche, ſo wie eine Menge von dem Narbonniſchen Gallien und Spanien. In dem 8 Seiten langen Discours, welcher der Be= ſchreibung der Pflanzen vorgeſetzt iſt, führt der Verf. die Botaniker an, die ſchon vormals die Pyrenäen beſucht haben; allein ſie ließen noch im= mer den Wunſch unerfüllt, eine Flora der Pyre= näen zu haben. Die hier gelieferten Beſchreibun= gen ſind genau; auch fügt der Verf. die Etymo= logie der Benennungen bei. Erhält man in tieſem
Werke

Werke auch nicht durchaus neue Abbildungen, so
sind sie doch meist von seltenen und solchen Pflan=
zen, von denen man noch keine richtigen Abbil=
dungen hat. Das Werk soll aus 4 bis 6 Bänden
bestehen; jeder Band soll 100 Kupferblätter ent=
halten, die in Heften zu 10 Blättern geliefert
werden. Vor jedem Bande wird der Verf. einige
Abhandlungen liefern. Alle Zeichnungen sind un=
ter seinen Augen gefertiget worden. Die Blätter
sind in einer Art von Aquatinten=Manier gear=
beitet, und sehen mehr wie Zeichnungen aus. So
schön sie sind, so läßt sich erwarten, daß der Verf.
auf noch größere Vollkommenheit Rücksicht neh=
men werde. Er hat bereits mehr als 3000 Species
beisammen. Die in diesem ersten Hefte beschrie=
benen und abgebildeten Pflanzen sind: 1) Geranium radicatum; Picot. 2) Geranium cinereaceum; Picot.
3) Androsace diapensoides; Picot. 4) Antirrhinum sempervirens; Picot. 5) Cineraria sibirica; Linn. 6)
Campanula longifolia; Picot. 7) Campanula bicaulis;
Picot. 8) Stachys alpina; Linn. 9) Ononis alopecuroides; Linn. 10) Cerastium lanatum. 11) Saxifraga
longifolia; Picot. Von letzterer Pflanze, die sehr
merkwürdig ist, wird die Beschreibung vermuth=
lich im zweiten Hefte folgen. Gemalt sind die
Pflanzen von Laferrerie und gestochen von C. F.
Duruisseau.

***

15.

15.

Ant. Josephi Cavanilles Icones et Descriptiones Plantarum, quae aut sponte in Hispania crescunt, aut in Hortis hospitantur. Volumen IV. Matriti ex regia Typographia ejus operas dirigente Petro Juliana Pereyra. 1797. föl.

Endlich ist der vierte Band dieses geschätzten Werks erschienen, der viele seltene Pflanzen enthält, welche aus mehrern Weltgegenden zusammen getragen sind. Die Anzahl derselben beläuft sich auf 60 Die Beschreibungen geben voran; die Pflanzen sind nach des Verf. Zeichnungen gestochen. Da ein solches Werk nicht in die Hände jedes Liebhabers kömmt so wollen wir auch hier die Namen der Pflanzen ausziehen, die in diesem Bande beschrieben und abgebildet sind. 1) Sideritis chamaedryfolia. 2) Sideritis hirsuta, Linn. 3) Sideritis scordioides, L. 4) Sideritis Leucantha. 5) Ixora tertifolia. 6) Cleome uniglandulosa. 7) Colutea orientalis, Tournefort. 8) Solanum lentum. 9) Solanum fructutecto. 10) Asclepias alba. 11) Sida bicolor. 12) Sida linearis und Sida tridentata (auf einer Platte). 13) Aralia humilis. 14) Aeschynomene picta. 15) Aeschynomene longifolia. 16) Piscidia punicea. 17) Salvia angustifolia. 18) Salvia circinata. 19) Salvia papilionacea. 20) Salvia phlomoides. 21) Crotalaria angulosa, Lamarck. 22) Crotalaria incana, Linn. 23) Ipomoea pilosa. 24) Pectis prostrata. 25) Psoralea lutea. 26) Abronia umbellata, de Jussieu. 27) Dodonaea viscosa

..roe. Linn. 28) Centaubra ternifolia. 29) Cinchona philippica. 30) Leptospermum stellatum und porophyllum auf einer Platte. 31) Leptospermum multiflorum und juniperifolium, ebenfalls auf einer. 32) Metrosideros marginata. 33) Metrosideros quinquenervia. 34) Metrosideros nodosa, Gaertner. 35) Metrosideros armillaris. 36) Metrosideros hyssopifolia und calicina auf einem Blatt. 37) Metrosideros umbellata. 38) Angophora cordifolia. 39) Angophora lanceolata. 40) Eucalyptus corymbosus, L'Heritier. 41) Eucalyptus obliquus, salicifolius, racemosus auf einer Platte. 43) Poiretia cucullata. 44) Epacris longiflora. 45) Epacris pulchella. 46) Epacris pungens. 47) Epacris spuria und Epacris? villosa auf einer Pl. 48) Vintenatia humifusa. 49) Vintenatia procumbens und Perojoa microphylla auf e. Pl. 50) Bursaria spinosa. 51) Sanvitalia villosa. 52) Togetes micrantha. 53) Valeriana angustifolia. 54) Stevia salicifolia. 55) Stevia serrata. 56) Stevia pedata. 57) Ageratum latifolium. 58) Calicera herbacea. 59) Solanum phyllanthum und Plantago philippica auf e. Pl. 60) Mentha ovata und Cuminum cyminum, Linn. auf e. Pl. — Alle vier Bände enthalten nun 399 Pflanzen auf 360 Platten.

16.

Florae Peruvianae. et Chilensis Prodromus, sive novorum generum plantarum Peruvianarum, et Chilensium Descriptiones, et Icones. — Descriptiones

y Laminas de los nuevos géneros de plan-
tas de la Flora del Perú, y Chile por Don
Hipólito Ruiz y Don Joseph Pa-
von. Botanicos de la expedition del Perú, y de la Real Academia médica de Madrid. De Orden del Rey. Madrid: en
la Imprenta de Sancha. MDCCXCIV.
(XXII. Seiten Vorrede und 153 Seiten
Text, mit dem Register) in Fol.

Dieses Werk ist in Deutschland kaum dem Namen nach bekannt geworden; ob es schon seit vier
Jahren gedruckt ist. Der Kupferplatten sind 37,
welche von 152 Pflanzen freilich nur Blüten,
Früchte, und deren Zergliederungen enthalten.
Man hat Aussicht zu einem weit größerm Werke,
da schon Beschreibungen von 2400 Speciebus und
1800 Abbildungen vollendet sind, worunter sich
mehrere ganz neue Pflanzen befinden, andere hingegen richtiger gezeichnet und bestimmt worden
sind. Dieser Band, dem nun die übrigen hinter
einander folgen sollen, enthält die neuen Genera.
Die Kupfer sind nicht illuminirt. Wegen der
Seltenheit des Werks und vieler darin enthaltenen Pflanzen, theilen wir den Liebhabern ein alphabetisches Verzeichniß derselben mit. Es ist nur
Schade, daß nicht ganze Pflanzen oder wenigstens
Zweige derselben geliefert worden sind. Abatia.
Acladodea. Acosta. Actinophyllum. Acunna. Aech-
mea. Acyroxicon. Aldea. Alzatea. Angulon. Aristo-
telia. Axiuea. Azara. Bacasia. Baitaria. Bletia.
- Bowlesia.

Rowlesia. Brunellia. Caballeria. Calyplectus. Calypthranthes. Calytriplex. Campomanesia. C a r l u d o v i - c a. Castiglionia. Cavanillesia. Cerdaña. Cervantesia, Caaetanthera. Chaett crater. Chondodendron. Citrosma. Clarisia. Clavija. Columellia. Condalia. Cornidia. Cosmibuena. Cuellaria. Cuphea. Decostea. Desfontainia. Dombeya. Ecciemocarpus. Emporium. Epidendrum. Escobedia. Fabiana. Fernandezia, Fovearia. Fragosa. Galinsoga. Galvezia. Gardoquia. Gilia. Gilibertia. Gimberhatia. Godoya. Gomara. Gomortega. Gongora. Gonzalagunia. Guatteria. Gumillea. Hacnkea. Herreria. Heteranthera. Hippotis. Huertea. Humboldia. Iltartea. Izquierdia. Jarava. Juanulloa. Hageneckia. Krameria. Lardizabala. Iettsomia. Llaganoa. Lygodisodea. Malesherbia. Margyricarpus. Martinezia. Masdevallia. Maxillaria. Mecardonia. Mendozia. Miconia. Molina. Mollinedia. Morenia. Moschaia. Munnozia. Mutisia. Myoshilos. Navarretia. Neea. Negretia. Nerteria. Nierembergia. Nunnezharia. Nycterisition. Olmedia. Palana. Pultoria. Pavonia. Peperomia. Periphragmos. Pineda. Platia. Polylepis. Porcelia. Porlieria. Pourretia. Quadria. Rhyncotheca. Riqueuria. Rodriguezia. Ruizia. Salpiglossis. Sanchezia. Saracha. Sarmienta. Schizanthus. Semaillaria. Sessea. Smegmadermos. Sobralia. Sobrevia. Soliva. Stereoxylon. Synzyganthera. Tafalla. Talinum. Ternstroemia. Tessaria. Tonesia. Tovaria. Tricuspidaria. Triptilion. Valdesia. Vallea. Vallesia. Vermifuga. Verticillaria. Viharesia. Virgularia. Vismia. Xuarezia.

17.

17.

Sertum Hannoveranum seu Plantae rariores quae in hortis regiis Hannoverae vicinis coluntur. Auctore Joanne Christophoro Wendland, horti regii Herrenhusani Topiario primo, Societ. Hist. Nat. Tigurinae ac Jenensis Sod. Volum. I. Fascicul IV. Hannoverae, prostat venale apud fratres Hahn. 1798.

Herr Wendland fährt mit unermüdetem Eifer und gleichem Fleiße fort, dieß ihm so viele Ehre machende Werk fortzusetzen, das einst einen Schatz von seltenen Pflanzen enthalten wird. Die in diesem Hefte gelieferten Pflanzen sind: 19) Zerumbet speciosum. 20) Protea Scolymus. 21) Protea nectarina. 22) Allamanda cathartica. 23) Gnaphalium ferrugineum. 24) Aster tomentosus. Dieser Heft, womit der erste Band geschlossen ist, enthält wieder überaus seltene Pflanzen.

18.

Ericarum Icones et Descriptiones auctore Johanne Christophoro Wendland. Fascicul. I. Abbildung und Beschreibung der Heiden von Johann Christoph Wendland, Königl. und Churfürstl. Gartenmeister zu Herren-

Herrenhausen und Mitgliede der Jenaischen und Zürcher Naturforschenden Gesellschaften. I. Heft. Hannover, bei den Gebrüdern Hahn. 1798.

Wieder ein schätzbares Unternehmen dieses einsichtsvollen und geschickten Botanikers, wodurch für die Liebhaber der Pflanzenkunde eine Lücke ausgefüllt wird. In dem Garten zu Herrenhausen befinden sich schon hundert Arten dieser Gattung und Herr Wendland ist bemüht, auch noch die übrigen bekannten Arten herbeizuschaffen. Auf diese Weise ist er in aller Absicht im Stande, den Liebhabern ein interessantes Werk von dieser Gattung zu liefern. Herr Wendland zeichnet und radirt auch diese Pflanzen selbst, und läßt sie unter seinen Augen illuminiren. Die Kupfertafeln sind nicht numerirt, damit sie am Ende systematisch geordnet werden können. Jährlich sollen 2, auch wohl 4 Hefte erscheinen, wenn die Liebhaber begierig darnach sind, und jedes Heft soll 6 Kupfertafeln enthalten. Daß sich die Beschreibungen dabei befinden, brauche ich wohl nicht erst zu erwähnen. Die Abbildung der in diesem Hefte gelieferten Arten sind sorgfältig und schön gearbeitet, und sind folgende: Erica perspicua, lutea, Pattersonia, pinea (sehr schön) ramentacea, Plukenetii pinea (die schönste darunter).

19.

19.

Botanische Beobachtungen nebst einigen neuen Gattungen und Arten. Von Johann Christoph Wendland, u. s. w. Hannover, bey den Gebrüdern Hahn. 1788. Fol. (58 S. ohne den Inhalt.)

Wenn man bedenkt, wie viel Aufsicht, Beschäftigung und Mühe es erfodert, einem botanischen Garten vorzustehen, und zumal einem wie der zu Herrenhausen, der muß den Fleiß dieses geschickten Mannes bewundern, der als Künstler und Schriftsteller so viel auf einmal leistet. Den hier gelieferten Beobachtungen sind (wieder von seiner Hand) vier illuminirte mit Genauigkeit ausgeführte Kupfertafeln beigefügt, auf welchen man 33 Abbildungen findet. Die neuen Gattungen, die hier aufgeführt werden, sind Galeata, Andropylax, Micranthus, Achyronia, Arctotheca, welche letztere wahrscheinlich die Ehrhardische Arctous repens seyn wird. Neue Arten sind zu viel, als daß wir sie hier anführen könnten. Es ist zu wünschen, daß Herr Wendland in Mittheilung seiner Beobachtungen fortfahren möge.

20.

Merkwürdige Gewächse der Obersächsischen Flora gesammelt nebst ihren Kenn-

Kennzeichen und der Geschichte ihres ökono‍mischen und medicinischen Nutzens beschrie‍ben von C. G. Erdmann. 1797. Dres‍den, in der Gerlachschen Buchhandlung und beim Herausgeber.

Diese Sammlung getrockneter Pflanzen mit geschriebenem Text, welche zeitweise zu 16 Stück herauskömmt, ist wegen der genauen Bestimmung der Pflanzen und des sehr billigen Preises jedem Liebhaber zu empfehlen. Es sind bereits mehrere Hefte davon erschienen.

21.

Flora des Fürstenthumes Bayreuth gesammelt von Johann Ludwig Chri‍stian Kölle u. s. w. Besonders für Jugendlehrer, Oekonomen und Apotheker bearbeitet und herausgegeben von Theo‍dor Christian Ellrodt u. s. w. Bayreuth bey Johann Andreas Lübecks Erben. 1798. 8. (355 S. u. 14 S. Vorr.)

Dieses Verzeichniß der Bayreuthischen Flora, welches aus den Papieren des nun verstorbenen Medicinalraths D. Kölle genommen ist, verdient, wie jeder Beitrag dieser Art, die Aufmerksamkeit der Botaniker. Findet man auch in vergleichen Werken keine Nova genera et species plantarum unse‍

Aa   rer

rer Antipoden, so kann doch durch gemeinschaftliche Bemühung patriotischer Botaniker der Vorwurf von uns abgewälzt werden, daß wir das, was uns am nächsten liegt, am wenigsten kennen. Zu Anfang des Werks sind auf 12 Seiten in aller Kürze Grundlinien zur Kenntniß der systematischen Pflanzeneintheilung nach Linné entworfen. Darauf folgen die Pflanzengattungen mit ihren genauen Charaktern und ihren Arten. Bei letztern glauben wir nicht ohne Grund zwei Erinnerungen machen zu dürfen: 1) Zu welchem Behuf haben die Arten keine Differenzen, da doch die Gattungscharakter ziemlich weitläuftig angegeben sind, also das Buch kein bloßes Namenverzeichniß, sondern ein Buch zum Gebrauch beim Botanisiren seyn soll? Diese Differenzen brauchten ja nicht, wie es immer der Fall ist, wörtlich aus dem System abgeschrieben zu werden; es wäre schon hinlänglich und bequemer, wenn man sie, so einrichtete, daß die aufgeführten Arten hinlänglich unterschieden wären.

22.

Taschenblätter der Forstbotanik. Ein bewährtes Hülfsmittel beim Botanisiren von J. M. Bechstein. Erster Theil. Die deutschen Bäume, Sträucher und Stauden. Weimar 1798. 8. (141 S.)

Die=

Dieses systematische Register aller deutschen holzartigen Gewächse kann für Forstbediente von beträchtlichem Nutzen seyn. Die sehr vollständig zusammengetragnen Holzarten sind mit kurzen, aber deutlichen Unterscheitungszeichen, Stand und Blüthezeit angegeben, welches auch in den folgenden Theilen mit den übrigen auf das Forstwesen Einfluß habenden Waldgewächsen und den ausländischen bei uns anzubauenden Holzarten geschehen soll.

23.

W. Fingers practische Abhandlung über Besaamung und Bepflanzung von Laub- und Nadelhölzern in drei Abschnitten. Leipzig, 1798. 8. (4½ Bogen.)

Diese Abhandlung enthält im Wesentlichen so ziemlich alles was man über die Besaamung unserer Waldhölzer hat doch wäre zu wünschen daß man die Beobachtungen Anderer mehr zu Rathe gezogen, und sich in einzelnen Angaben re. Besaamung und Bepflanzung nicht so oft wiederholt hätte. Warum die Eiche nicht mit aufgeführt ist, läßt sich schwer einsehen.

24.

Botanisches Taschenbuch für die Anfänger dieser Wissenschaft und der Apothekerkunst

terkunſt auf das Jahr 1798. Herausgege=
ben von David Heinrich Hoppe u. ſ.
w. Regensburg in der Montag = und Weiſ=
ſiſchen Buchhandlung. S. (236 S.)

Mangel an Raum nöthiget uns, nur den
Inhalt dieſes nützlichen Taſchenbuchs anzugeben.
1) Tagebuch über die Blüthezeit einiger Frühlings=
pflanzen im Jahr 1797. von Joh. Nep. Geb=
hard. 2) Botaniſche Bruchſtücke. a) Ueber die
Erwerbung botan. Kenntniſſe. b) Ueber das Er=
ziehen der Pflanzen. c) Ueber das Tableau des
Cryptogames. 3) Kleine Excurſionen auf die Ge=
birge von Schmidt in Roſenheim. 4) Fort=
ſeyung der Aufkeimungszeit verſchiedener Pflan=
zen, von Ebendemſ. 5) Beiträge zu einer ſchwä=
biſchen Flora vom Baron Roth von Schrek=
kenſtein, in Immedingen. 6) Noch ein Bei=
trag zu den Wohnplätzen einiger teutſchen Pflan=
zen, von Schmidt. 7) Bericht über meine heu=
rigen Excurſionen. vom Herrn von Braune in
Salzburg. 8) Noch etwas über botaniſche Reiſen,
beſonders Alpenreiſen, von Schmidt. 9) Aus=
züge aus Briefen vom Hrn. Prof. Schrank.
10) Nachricht über das im vor. Taſchenb. ange=
kündigte Herbär. viv. (Es iſt nicht zu Stande ge=
kommen.) 10) Ankündigung einer Saamenlie=
ferung von Alpenpflanzen. — Kurze Nachrichten.

25.

Flora Europaea inchoata a Joh. Jac.
Roemer, Med. et Chir. Doctor etc.
Fasciculus I. II. III. Cum Tab. Aeen.
Norimbergae ex officina Raspeana. 1797.
et 1798.

Mit Vergnügen zeigen wir den Anfang dieses
beifallswürdigen Unternehmens an, und wünschen
bloß, daß die Hefte schneller auf einander folgen
mögen. Man hat Ursache, mit den illuminirten
Kupfern zufrieden zu seyn. Jeder Heft enthält
deren acht. Da dieß Werk wahrscheinlich schon in
den Händen der meisten Liebhaber seyn, oder doch
bald in dieselbe kommen wird, so enthalten wir
uns die darin gelieferten Pflanzen namentlich
anzuführen.

26.

Botanisches Handbuch für deutsche Lieb-
haber der Pflanzenkunde überhaupt, und für
Gartenfreunde, Apotheker und Oekonomen
insbesondere von Joh. Friedr. Wilh.
Koch, Prediger u. s. w. in Magdeburg.
Zweiter Theil. Die deutschen Pflanzenarten.
Magdeburg bei Georg Christian Keil. 1798.
(ohne Vorb. 475 S.)

Desselben

Deſſelben dritter Theil. Vorkenntniſſe und Anleitung zum Unterſuchen und Sammeln der Pflanzen. Mit zwei Kupfern. (248 S.)

Der zweite Theil enthält die in Deutſchland wachſenden Arten der ſämmtlichen im erſten Theile aufgeführten Pflanzengattungen nach dem Alpha-beth, wodurch er gewiſſermaßen zum Regiſter des erſten Theils wird. Die Zahlen weiſen auf die Nummern hin, unter welchen ſie im erſten Theile zu finden ſind. Die Arten ſind, ſo viel es ſich thun ließ, in eine tabellariſche Ueberſicht geſtellt. — Der dritte Theil enthält: 1) Kurze Anleitung zur Kenntniß des Linneiſchen Pflanzenſyſtems. 2) Erklärendes Wörterbuch über die botaniſche Kunſtſprache. 4) Ueber das Unterſuchen der Pflan-zen nach dem Linn. Syſtem und dem Gebrauch dieſes Handbuchs. 5) Verzeichniß der gangbarſten Pflanzennamen im gemeinen Leben und in der Gartenkunſt mit Bemerkung ihrer botan. Namen. 6) Verzeichniß der in den Apotheken üblichen Be-nennungen mit Beifügung der Syſtemsnamen. 7) Anleitung zum Anlegen eines Herbariums. 8) Erklärung der beiden Kupfertafeln. — Alles nach guten Schriftſtellern, und ſehr brauchbar.

27.

Carl Friedrich Dietrichs Pflanzen-reich nach Carl von Linne's Naturſyſteme. Mit Zuſätzen vermehrt herausgegeben von Chri-

Chriſtian Friedrich Ludwig, Prof.
zu Leipzig. Erſter Band. Zweite vermehrte
Ausgabe. Leipzig bei Caspar Fritſch, 1798.
gr. 8. (628 S. ohne R.)

Dieſe neue Ausgabe kann unter den Bemü=
hungen des Herrn Prof. Ludwig nicht anders als
gewinnen. Da das Werk beſonders für Apothe=
ker, junge Aerzte und Landwirthe beſtimmt iſt
(wiewohl es auch Liebhabern der Pflanzenkunde
überhaupt nützlich ſeyn kann), ſo hat er die neuen
ökonomiſchen und Medicinalpflanzen därin nach=
getragen, und auch immer die beſten und gang=
barſten Abbildungen angezeigt, hauptſächlich aber
auf die von Schkuhr verwieſen. Das alte Linnei=
ſche Syſtem iſt beibehalten worden. Es ſollen
noch zwei Bände folgen, wovon der dritte einige
Nachträge enthalten ſoll, um Fehler und Lücken,
die izt nicht vermieden werden konnten, zu ver=
beſſern und zu ergänzen.

23.

Auswahl ſchöner und ſeltener Gewächſe, als
eine Fortſetzung der Amerikaniſchen Ge=
wächſe. Drittes Hundert. Tab. 201 bis
250. Nürnberg im Verlag der Raspeſchen
Buchhandlung. 1798.

Da dieſes Werk in die Hände jedes Liebhabers
kommen kann, ſo bemerken wir nur die Fort=
ſetzung

setzung der Triben, ohne die abgebildeten Pflanzen namentlich aufzuführen. Die Abbildungen sind itzt viel besser als sonst.

29.

Botanisches Bilderbuch für die Jugend und Freunde der Pflanzenkunde, herausgegeben von Friedrich Dreves etc. II. Bandes 5. und 6. Heft.

— — — III. Bandes 1. Heft, herausgegeben von Friedrich Dreves und F. G. Hayne. Leipzig 1798. bei Voß et Compagnie.

Dieß Bilderbuch erhält sich nicht nur in seinem Werthe, sondern hat darin selbst zugenommen. Der 5te Heft enthält folgende Pflanzen: Salix vitellina. Acer Pseudo-Platanus. Vaccinium vitis idaea. Arbutus u. ursi. Trientalis europaea. Hedera helix. Der 6te Heft: Galanthus nivalis. Asarum europaeum. Butomus umbellatus. Pyrola uniflora. Elatine hydropiper. Chrysosplenium alternifolium. Mit dem dritten Bande haben die Herausgeber eine vortheilhafte Veränderung vorgenommen. Künftig soll noch mehr Sorgfalt auf die getreue Darstellung der Pflanzen und besonders auf die Zergliederung der Blumen und Früchte verwendet werden. Herr Herterich in Hamburg wird künftig die Zeichnungen der Pflanzen, die Herausgeber

ausgeber die Blüthen= und Fruchttheile besorgen
und Herr Capieux nach wie vor den Stich besor=
gen. Da diese Einrichtung aber nicht Kosten ver=
ursachen wird, so kann jedes Heft künftig nur
fünf Pflanzen enthalten. Dieser Band wird auch
unter dem Titel: Getreue Abbildungen und Zergliederungen deutscher Gewächse besonders geliefert.
Die darin enthaltenen Pflanzen sind: Pinguicula
vulgaris. Drosera rotundifolia. Drosera longifolia. Cry-
sosplenium oppositifolium. Poligonum fagopyrum.

30.

Unächter Acacienbaum u. s. w. von
F. C. Medicus. Dritter Band. Erstes
bis sechstes Stück. Leipzig 1797 und 1798.
bei Heinrich Gräff.

Unächter Acacienbaum. Anhang zum
zweiten Bande dieser Zeitschrift, verfertiget
von Karl Heinze u. s. w. Register zum
zweiten Bande. Leipzig 1798. bei Hein=
rich Gräff.

Diese patriotische Zeitschrift enthält noch im=
mer viele beifällige Nachrichten, die Anpflanzung
des unächten Acacienbaums betreffend, und man=
che neue nützliche Bemerkungen und Belehrungen.
Diejenigen, welche wider die Anpflanzung dieser
Baumart zu sehr eingenommen sind, glauben ent=
weder, der Herr Regier. Rath Medicus wolle
damit unsere soliden Holzarten ganz verdrängen,
welches

welches doch nicht ist, oder glauben dagegen eifern
zu müssen, damit man diese nicht etwa dabei ver-
nachläßige. Wir betrachten den Anbau der unächten Acacie als ein schnelles Hülfsmittel, zeiti-
ges Schlagholz zu gewinnen, damit die langsamer
wachsenden Gehölze desto ruhiger gepflegt und
desto mehr geschont werden können.

31.

**Aufforderung an alle edeldenkende
Deutsche zur allgemeinen Anpflanzung des unächten Acacienbaums u. s. w.** samt einer faßlichen und
auf Grundsätze gebauten Anweisung zum
regelmäßigen Anbau und Verpflanzung dieser Holzart. Ingolstadt 1798. bei Joh.
Wilh. Krüll. 8. (119 S.)

Hier findet man alles, was vom Hrn. Reg.
Rath Medicus über den Acacienbaum gesagt
worden, zusammengetragen, in der Absicht, es
auf eine wohlfeile Art in die Hände der Unbegü-
terten zu bringen.

32.

**Auszug aus des Herrn Regierungsrath Me-
dicus Abhandlung über den unächten**

ächten Acacienbaum, nebst einigen
Anmerkungen abgefaßt zum allgemeinen
Nutzen. Düsseldorf bei J. H. C. Schreiner
1798. 8. (47 S.)

Dieser Auszug ist gleicher Absicht, wie das
vorige Werkchen, geschrieben.

33.

Patriotische Vorschläge zur Aussaat
und Anpflanzung solcher Holzarten, die sich
durch einen geschwinden Wuchs vor andern
auszeichnen. Ein Buch für den Bürger und
Landmann von A. C. Spiß. Erfurt bei
Beyer und Maring 1797. 8. (126 S.
und XII S. Vorb.)

Diese nützliche kleine Schrift besteht aus zwei
Abhandlungen. Die erste handelt von den Holzarten, die sich durch ihr gutes Fortkommen und
durch einen geschwinden schönen Wuchs vor andern hauptsächlich ausgezeichnet haben, so wie von
den nutzbaren Eigenschaften derselben und auf wie
mancherlei Art sie vermehrt werden können. Die
Holzarten, die dem Hrn. Verf. hauptsächlich em-
pfehlungswürdig scheinen, sind: 1) der gemeine
weiße Ahorn (Acer pseudo-platanus), 2) der Spitz-
ahorn oder die Lehne (Acer platanoides), 3) die
Rüster (Ulmus campestris), 4) die gemeine Birke
(Betula alba), 5) die Saalweide (Salix capraea),
6) die

6) Die Aspe. (Populus tremula.) 7) die rauch-
blättrige Sommerlinde (Tilia europaea). Die
zweite Abhandlung handelt von der Art und
Weise, wie bei dem Baumsetzen und Holzpflanzen
zu verfahren ist. Beide Aufsätze sind sehr zweck-
mäßig, und das Werkchen scheint aus patriotischer
Absicht für dasige Gegend geschrieben zu seyn,
ob es gleich überall brauchbar seyn wird, da der
Verf. aus eigner Erfahrung redet.

34.

Ueber Erziehung guter auch neuer
Obst = und Spielarten auf Kernstäm-
men ohne Veredlung. Von Anselm
Christoph Spiß, Dd. und Oberkämme-
rer in Erfurt. Erfurt bei Beyer und
Maring 1798. 8. (116 Seiten.)

Mit vieler Bescheidenheit theilt hier der nehmliche
Hr. Verf. die Erfahrungen seiner zehen Jahre lang
getriebenen Obstbaumzucht mit, die ein angenehmer Beitrag zur Obstcultur sind. Er handelt
1) Von den zufälliger Weise auf Kernstämmen
erwachsenen guten Obstarten; 2) Von Anlage
der zu Erhaltung der Obstarten nothwendigen
Saamen und Pflanzschule; 3) Von der Behandlung junger Saamenpflanzen, und wie bei dem
Versetzen derselben zu verfahren ist; 4) Von dem
Nutzen und Vortheil, der von einer solchen Aus-
sage gewonnen werden kann.

35.

35.

Die vollkommene Gärtnerschule, in welcher alles, was einem erfahrnen Gärtner bei Anlegung und Besorgung der Baum= Obst= Küchen= Kräuter= Arzney= Wein= und Lustgärten zu wissen nöthig ist, gelehret wird. Von einem erfahrnen practischen Gärtner und Mitgliede verschiedener ökonomischen Gesellschaften. 2 Theile. Wien 1798. In Commißion der Schaumburg= schen Buchhandlung. 8. (296 Seiten.)

Ein Titel, wie die Ankündigung einer Uni= versal=Medicin! Wäre derselbe nicht so anmaßend, so würden wir von dem Buche gesagt haben, daß es unter diejenigen Schriften zu rechnen sei, die Unwissenden, in Ermangelung besserer, zu einiger Belehrung dienen können, wie dieß der Fall mit mehrern sehr entbehrlichen Schriften dieser Art ist. Der Verf. hänge noch an veralteten Vorur= theilen und liefert auch Baumkünste. Z. B. Wie man das Obst in der Farbe verändern könne. Man schüttet nehmlich um die umgrabene Wurzel des Stammes warmes Blut von einem frisch ge= schlachteten Ochsen, wodurch der aufsteigende Saft des Baumes roth gefärbt wird. Oder: man tunkt die abgeschnittenen Pfropfreiser vor dem Pfropfen in frisches Hechtenblut!! — Auf diese Weise läßt sich denn die weiße Butterbirne gar leicht in eine rothe verwandeln. Wenn aber dergleichen

Künste

Künste Jemandem nicht glücken sollten, so ist solches (wohl zu merken!) seiner Unwissenheit, der Lage des Orts, oder andern Ursachen beizumessen.

36.

Unterricht in der Erziehung und Behandlung der Obstbäume vom ersten Keime an, bis zu ihrer gänzlichen Vollendung, nebst Anzeige der vorzüglichsten Obstarten, ihrer Behandlung, ihrer Feinde und Krankheiten, von D. Johann Christian Gotthard u. s. w. Erfurt bei Beyer und Maring 1798. 8. (204 S.)

Gegenwärtige kleine Schrift zeichnet sich durch einen deutlichen und guten Vortrag aus, und kann daher Freunden der Obstbaumzucht, die sich mit kürzern Lehrbüchern begnügen, von Nutzen seyn.

37.

Der ehrliche Baum = und Küchengärtner, oder vollständige und deutliche Anweisung, alle Geschäfte im Baum = und Küchengarten auf eine zweckmäßige und vortheilhafte Weise zu besorgen, als Bäume zu erziehen, zu veredeln und von Krankheiten zu heilen, gutes und schönes Gemüse zu erzielen,

zielen, den Saamen zu gewinnen, das Gar=
tenland zu bearbeiten und zu verbessern, die
schädlichen Thiere abzuhalten oder auszurot=
ten u. s. w. Nebst einem Anhange, wie
wie man aus Obst einen sehr guten Wein,
und selbst aus faulem Obst einen sehr guten
Essig, auch aus Möhren einen süßen Syrup
verfertigen soll. Zunächst für den Bürger
und Landmann, aber auch für jeden Liebha=
ber und Anfänger des Gartenbaues von
Carl Friedrich Schmidt. Leipzig
bei Gerhard Fleischer dem jüngern, 1798.
8. (246 S. und 1 Bog. Vorr. und Inh.)

Die Ausführung ist dem Titel angemessen und
wer nur das nothwendigste in der Kürze beisam=
men haben will, dem kann dieses kleine Werkchen
Gnüge leisten. Wir wollen des Raums wegen
nur die Hauptrubriken anzeigen. 1) Von der Na=
tur der Pflanzen. 2) Von Beschaffenheit des Lan=
des und Verbesserung der Fehler desselben. 3) Vom
Düngen. 4) Vom Graben, Behacken, Behäufeln
und Rigolen. 5) Vom Unkraut und dessen Ver=
tilgung. II. Theil. 1) Saamen der Küchenge=
wächse. 2) Vom Säen und Legen der Gewächse.
3) Pflanzen und Umlegen des Gewächses. 4) Von
der eignen Art mancher Küchengewächse. 5) Pfle=
ge und Wartung der Küchenpflanzen. III. Theil.
1) Vom Baumgarten. 2) Von der Veredlung der
Bäume. 3) Uebrige Behandlung und Wartung
der

der Zäune. 4) Welche Obstarten vorzüglich ge=
pflanzt zu werden verdienen. IV. Theil. Von
den dem Garten schädlichen Thieren. 1. Anhang.
Einen Garten durch lebendige Hecken zu schützen.
2. Anhang. Bereitung von Obstwein, Obsteßig,
und von einem zuckerartigen Safte aus Mohr=
rüben oder Möhren.

38.

Handbuch über die Obstbaumzucht
und Obstlehre von J. L. Christ, er=
stern Pfarrer zu Kronberg an der Höhe, der
königl. kurfürstl. Landwirthsgesellschaft zu
Celle Mitglied. Mit LV. Kupfertafeln und
einer Tabelle. Zweite vermehrte und ver=
besserte Ausgabe. Frankfurth am Mayn
1797. im Verlag der Hermannschen Buch=
handlung. gr. 8. (878 S. und 16 S.
Vorberichte.)

Wir brauchen von diesem classischen Werke nur
das Daseyn einer zweiten vermehrten und verbesser=
ten Auflage anzuzeigen da wir der ersten Auflage
umständlich gedacht haben, und dieses Handbuch be=
reits allgemein gekannt und geschätzt ist. Das
Entbehrliche ist in dieser Auflage weggelassen, statt
dessen mit neuen erprobten Erfahrungen ersetzt,
und die Classificationen der Obstgattungen und Ar=
ten sind in eine etwas richtigere Ordnung gebracht
wer=

worden. Die Erscheinung der systemat. Pomolo=
gie des Herrn Verf. mit ausgemalten Kupfer=
tafeln wartet auf den Frieden. Er hat das Ver=
gnügen gehabt, auf 300 edle Obstarten in die Kal=
mukische Tartarei zu versenden, ohne andere wei=
te Versendungen zu rechnen, verbittet sich aber
Bestellungen zu großen Gartenanlagen gänzlich,
weil seine Baumschule dergleichen nicht zu liefern
vermag, und er andere Gartenfreunde nicht ganz
unbefriedigt lassen will.

39.

Gründlicher Unterricht vom Schnit=
te der Fruchtbäume und andern Ver=
richtungen, die Bezug auf ihre Pflege ha=
ben; aus physischen Gründen deutlich und
vollständig erwiesen, von Herrn Butret,
Gärtner zu Paris. Aus dem Französischen
übersetzt von J. V. Sickler, Pfarrer zu
Kleinfahnern, Mitglied der Churfürstl.
Braunschweig = Lüneburgis. Landwirthschafts=
Gesellschaft in Celle. Weimar im Verlage
des Industrie = Comptoirs. 1797. gr. 8.
(52 Seiten ohne Vorrede.)

Wenn man auch nicht wüßte, daß die Franzo=
sen im Baumschnitt vor unserer gewöhnlichen
Behandlung viel voraus haben, so würde man
doch für diese kleine Schrift schon ein günstiges

Bb   Vor=

Vorurtheil faſſen, da ſie uns vom Verfaſſer
des teutſchen Obſtgärtners vorgelegt
wird. Am meiſten verbreitet ſich der Verf. über
den Schnitt der Pfirſichbäume. Dieſes empfeh=
lungswürdige Werkchen iſt auch mit einem Kupfer
verſehen.

40.

Ueber die Anlegung einer Obſtoran=
gerie in Scherben und die Vegeta=
tion der Gewächſe von D. Auguſt
Friedrich Adrian Diel. Mit drey Kupfern
und einem Obſtverzeichniß. Frankfurth am
Mayn in der Andrediſchen Buchhandlung.
1798. 8. (492 Seiten.)

Die ſchnelle Erſcheinung dieſer vermehrten
Auflage beweiſet den Beifall, den dieſes intereſ=
ſante Werk gefunden hat, zur Gnüge. Der Verf.
verbreitet ſich hier noch weitläuftiger über die
Vegetation, was wir in der erſten Auflage am
ſchätzbarſten fanden, und verſpricht in ruhigern
Zeiten etwas vollſtändigeres darüber, wofür er
ſich gewiß allgemeinen Dank verdienen wird. In
der Einleitung handelt er vom Nützen und Werth
der Scherbenbäume, dann von den verſchiedenen
Obſtarten, von den Scherben und dem Einſeyen
der Bäume, vom Schnitt der Orangeriebäumchen
u. ſ. w., von der Größe des Obſtes in Scherben
und

und endlich von den Gesetzen und Quellen der Vegetation. Am Schluße folgt ein Obstverzeichniß.

41.

Der Gartenfreund oder Inbegriff des Wesentlichsten aus allen Theilen der Gartenkunst, in alphabetischer Ordnung herausgegeben von G. F. Jdeler u. s. w. Dritter Band. Von Gar bis Kast. Mit einigen Kupfern. Berlin 1798. In der Buchhandlung des Königl. Preußl. Geh. Commerzien = Raths Pauli. gr. 8. (966 Seiten.)

Wir brauchen uns bei der Anzeige dieses Theils nicht zu verweilen. Auch hier kann man mit der Behandlung des Ganzen zufrieden seyn. Eines Auszugs oder einer Darstellung des Inhalts ist eine solche Anzeige nicht fähig. Der Artikel Garten nimmt allein 152 Seiten weg. Vielleicht hätte bei dem Umfang, den man ihm einmal eingeräumt hat, auf einige neuere Schriften etwas mehr Rücksicht genommen werden können.

42.

Annalen der Gärtnerey. Nebst einem allgemeinen Anzeiger für Garten= und Blumen=

menfreunde. Herausgegeben von Neuen-
bahn dem jüngern. Sechstes Stück.
Nebst Register über Erstes bis Sechstes Stück.
Erfurt 1797. In der Kepserschen Buchhandlung.

Derselben Siebentes Stück. 1798.

Diese periodische Schrift erhält sich immer in
ihrem Werthe. Das sechste Stück kam uns später
in die Hände als die einzelnen Bogen, welche eine
Beschreibung und Gemälde der herzoglichen Parks
bei Weimar und Tiefurt enthalten, und wir konnten nachher jene Anzeige nicht mehr zurücknehm-
men. Wir erwähnen also, daß sie aus diesem
Stück genommen und auch einzeln zu haben sind.
Der zweite Aufsatz enthält den Auszug eines zweiten Schreibens des Herrn Gotthilf Niko-
laus Lütgens: Ueber amerikanische
Gewächs-Cultur. Es ist hier von der Cultur des Zea Mays Linn. oder des türkischen Korns
und der Cucurbita pepo Linn. oder der gemeinen
Kürbisse die Rede. Der Verf. dieses Schreibens
verspricht darin auch Nachrichten von der Be-
nutzung des Acer saccharin. Linn. 3) Ueber die
Trocknung der Blumen. Auszug aus einem
Briefe; nebst einem Nachtrage des Herausgebers,
welcher die Methoten des Herrn von Wilke enthält. 4) Allgemeiner Anzeiger, der mancherlei
Nachrichten und auch Bücheranzeigen enthält. —
Das siebente Stück enthält: 1) Bemerkungen
über künstliche Befruchtung der Nelken, Garten-

Insecten

Insecten und Blumen = Nummern. 2) Von dem Ausarten der Nelken vom Herrn Premierlieutenant Ranfft. 3) Die Baumschule zu Glasow bei Sorein in der Neumark. 4) Allgemeine Betrachtungen über verschiedene Düngungsmittel in Rücksicht auf Gemüß = und Blumengarten, vom Herrn Superintendent Schröter. 5) Ueber die beste Art Nummernhölzer für Blumen vom Herrn Gerichtsdirector Hertel in Schloßbeichlingen. 6) Von den Trauben = Kirschen (Prunus padus, L.), vom Herrn Kaufhaus = Commissar Schulz in Lüneburg. 7) Ueber die Ehen im Pflanzenreich von Herr Neuenhahn dem jüngern, ein angenehmer und lesenswerther Aufsatz. 8) Rhapsodien, vorzüglich über Baumzucht und Blumen. Zweites Stück, vom Herrn Sup. Schröter in Buttstett. 9) Allgemeiner Anzeiger.

43.

Nützliche Bemerkungen für Garten = und Blumenfreunde. Gesammlet von Johann Heinrich Albonico, Rechts = Consulent und Raths = Syndicus zu Döbeln, auch Ehren = Mitglied der Naturforschenden Gesellschaft in Westphalen. Sechster und Siebenter Heft. Leipzig, bey Gerhard Fleischer, dem Jüngern. 1798.

Beide Stücke enthalten verschiedene gute und nützliche Aufsätze. Auch hier können wir uns nur auf

auf den Inhalt einschränken. Der sechste Heft
enthält: 1) Noch etwas über Blumen und besonders Nelkenstellagen. 2) Von der Obstorangerie.
3) Fuchsia coccinea, die hochrothe Fuchsia. 4) Gold
und Silber im Pflanzenreiche oder Beschreibung
des Mesembryanthemum aureum und Protea argentea.
5) Kritische Beschreibung des Gräfl. Lindenaui-
Gartens zu Machern, die eben nicht zum Vortheil
desselben ist. Rec. hat ihn nicht gesehen. 6) Ueber
den Anbau Teltower Rübchen. 7) Garten = Lit-
teratur. 8) Anzeigen und Offerten. Der Herr
Herausgeber verspricht wieder ein neues Nelken-
verzeichniß seiner Sammlung. 9) Todesfall. —
Siebentes Stück. 1) Könnten wir nicht ohne Veredlung Obstbäume erziehen? — O ja; woher
wären sonst die vielen Arten entstanden? Die
Karthäuser zu Grenoble in Frankreich trieben
diese Cultur im Großen. Wir sorgen bei unsern
Pflanzungen nur mehr für uns, wie für unsere
Nachkommen. 2) Zwei Worte über die Veredlung
der Bäume und dem Schneiden der Veredlungs-
reiser im Winter. 3) Künstliche Vermehrung der
Saamenschule. 4) Dodecatheon Meadia, die Mea-
dische Schlüsselblume. 5) Browallia elata, gerade-
stehende Browallie. 6) D. Joh. Gottfr. Zinns
Prof. der Arz. zu Göttingen Abhandlung vom
Schlafe der Pflanzen. 7) Gartenlitteratur. 8) Ankündigung. 9) Warnung.

44.

Franz Herrmann Heinrich Queder,
Superintendenten zu Dannenberg u. s. w.
Briefe über die Bestellung eines
Küchengartens, in welchen denen, die
ihre Gärten ohne Hülfe eines gelernten
Gärtners selbst bestellen wollen, eine Anleitung zum Gartenbau gegeben wird. In
einen umständlichen Auszug gebracht. Erster
Theil. Hannover, im Verlage der Hellwingischen Hofbuchhandlung. 1798. 8.
(192 S. und 2 Bog. Vorr. und Regist.)

Das Werk des verstorbenen Verf. verdiente
zu seiner Zeit allen Beifall, wenn es schon hie
und da zu weitläuftig war. Seitdem sind aber
mehrere Schriften erschienen, die jenes Werk benützt haben, und ein Auszug davon ist vielleicht
unnöthig. Indessen sprechen wir ihm damit seine
Brauchbarkeit keineswegs ab; nur sehen wir nicht
ein, warum dazu eine Briefform nöthig war.
Dieses Bändchen hat zwei Anhänge. Im ersten
wird ein Verzeichniß der Schriften über den Küchengartenbau geliefert, worin man aber die
neuern freilich nicht suchen darf; im zweiten sind
die vornehmsten Gartengeräthschaften beschrieben.

45.

45.

Wirthschaftliche Gärtnerei in freund=
schaftlichen Briefen entworfen von G. F.
Ideler. Erster Theil. Berlin 1798.
Bei Johann Friedrich Unger. 8. (471 S.
ohne das Inhaltsverzeichniß.)

Die Briefform scheint bei allen Lehrbüchern
nicht die schicklichste zu seyn, daher wir sie auch
hier ungern sehen. Da indessen das gegenwärtige
Werk weder für Unbegüterte, noch für gemeine
Gartenliebhaber seyn wird, so verliert es dadurch
wenigstens nichts von seinem Werthe. Der 1ste
Brief lehrt, daß eine richtige Gartenbestellung
durch Kenntniß der Botanik, Mineralogie und
Physik befördert wird; der 2te bis 7te Brief be=
handelt die Botanik; der 8te, 9te und 10te die
verschiedenen Erdarten und die Verbesserung der=
selben; der 11te redet vom Einfluß der Witte=
rung auf die Gartenbestellung; der 12te bis 15te
von den nöthigen Vorkenntnissen in Absicht auf
die Anlage eines Gartens; der 16te bis 23ste von
der jährlichen Bearbeitung desselben; der 24ste
und 25ste von den Feinden einer guten Garten=
bestellung, als von dem Frost und schädlichen
Thieren.

46.

Neuer und vollständiger Garten=
kalender oder gründliche und auf Erfah=
rung

rung gefügte Anweisung, was jeder Gärt=
ner und Gartenliebhaber in jedem Monath
des Jahrs in seinem Gemüs= Obst= und
Blumengarten, in der Baumschule, dem
Glas= und Treibhause zu thun habe. Nach
der vierzehnten englischen Ausgabe der Her=
ren **Mave** und **Abercrombie** bearbei=
tet und herausgegeben von D. **Gottfried**
Christian Reich, öffentl. Lehrer der
Arzneikunde zu Erlangen u. s. w. Erstes
Bändchen. Nürnberg in der Felseckerschen
Buchhandlung 1798. 8. (295 S. ohne
Vorbericht.)

Eine deutsche Bearbeitung dieses Werks war
nicht überflüßig und ist unter der Menge ähnlicher
Schriften allerdings als ein nützlicher Zuwachs
zu betrachten. Herr D. **Reich** hat nicht nur eine
gute Uebersetzung davon geliefert, sondern auch
hie und da sowohl seine eigenen als Anderer Er=
fahrungen eingeschaltet. Dieses erste Bändchen
umfaßt bloß die Monathe Januar, Februar und
März. Freilich ist diese Anweisung nach dem
engländischen Klima berechnet, aber dessen unge=
achtet ist sie immer auch für unsere Gegenden
brauchbar, und die Verschiedenheit, die hie und
da in der Anwendung Statt finden dürfte, läßt
sich sehr leicht nach unserm Klima berichtigen.
Diesem Bändchen folgen dem Plane nach noch
drei, und am Ende des Buchs sollen mehrere
Verzeich=

Verzeichnisse von allen zur Gärnerei gehörigen
Gewächsen folgen.

47.

Jacob Maddock, Floristen zu Walworth
bei London, Anleitung für Blumenfreunde oder Abhandlung von der
Kultur der vorzüglichsten Blumen. Nebst einem Anhange über Boden
und Düngung. Aus dem Englischen übersetzt von August Wilhelm Manteuf-
fel, Auctions = Commissarius in Berlin,
Mit sechs illuminirten Kupfertafeln. Berlin.
1798. Bei Christian Friedrich Himburg.
8. (166 Seiten.)

Diese Schrift wird Blumenliebhabern nicht
unwillkommen seyn. Sie beschäftiget sich eigentlich bloß mit den Hyacinthen. Tulpen, Ranun-
keln. Anemonen, einigen andern zwiebelartigen
Gewächsen, und mit Aurikeln. Neiken. Federnel-
ken und den Prineln oder Schlüsselblumen. In
einer kurzen Einleitung werden diese verschiedenen Pflanzen beschrieben; auch ist bei jeder das
wesentliche Historische hinzugefügt. Da diese
Schrift von einem Practiker herrührt, so ist sie
um so schätzbarer, und manchen Liebhabern wird
nicht nur die Zergliederung und Charakteristik der
Blumen, sondern auch der Unterricht von Zubereitung

reitung der Erde und Wartung der Pflanzen an=
genehm seyn. Die wohlgerathenen illuminirten
Kupfer enthalten theils Blumen jener Gattungen
und Theile und Wurzeln derselben, theils Abbil=
dungen von Beeten, Stellagen, Mollen und meh=
rern hierher gehörigen Instrumenten. Der in der
Einleitung erwähnten Catalog der Naturalsamm=
lung des Ueberbringers mit Preisen haben wir in
unserm Exemplare vermißt.

48.

Der wienerische Zier = und Blumen=
gärtner oder allgemeine Regeln
zur Anlegung eines Lustgartens
und Wartung der vorzüglichsten Blumen, in
welchen hauptsächlich alle seltsame Blumen
mit ihren Eigenschaften und der erforderli=
chen Pflege und Wartung auf das deutlichste
beschrieben werden, nebst vollkommener An=
weisung zur Einrichtung der Glashäuser und
Orangerien. Von einem Freunde der Gärt=
nerei herausgegeben. Wien 1798. Zu
finden in der Fr. Ant. Hofmeisterischen Mu=
sik = Kunst = und Buchhandlung. 8. (163 S.
und 15 S. Inh.)

Dies Werkchen ist bloß für solche Garten=
freunde geschrieben, die sich noch nicht selbst zu
helfen wissen, und für diese kann es einigen Nutzen
haben,

haben, wiewohl manches gar zu kurz abgehandelt
worden ist. Auch kann es ihnen nützen, mancherlei Gewächse daraus kennen zu lernen, um damit
ihren Garten zu schmücken.

49.

Der Meißnische Weinbau oder die Ver-
arbeitung der Weinberge in der Meißnischen
Landesgegend für Winzer und Weinbergs-
besitzer. In drei Abtheilungen. Von Johann Adam Liebezeit, Winzermeister.
Meissen, bey Karl Friedrich Wilhelm Erb-
stein. 1798. 8. (84 Seiten.)

Dieß Büchlein kann für unkundige Weinbergs-
besitzer, ja selbst für Winzer Nutzen haben. Im
1sten Abschnitt handelt der Verf. von der Bearbeitung der Weinberge, im 2ten von den Wein-
sorten, und hinter der Charakteristik sollten die
angehängten Materien billig einen dritten Abschnitt ausmachen.

50.

Oekonomisch = botanisches Garten-
Journal, herausgegeben von Fr. G.
Dietrich, Fürstl. Sachsen = Weimarischer
Hofgärtner, der Forst = und Jagdkunde zu
Walters-

Waltershausen ordentliches Mitglied. Mit einem illuminirten Kupfer. Ersten Bandes Zweites Heft. Eisenach, in der Wittekindt=schen Hofbuchhandlung. 1798. gr. 8. (152 Seiten.)

Das erste Stück dieser nützlichen und interes=santen periodischen Schrift erschien 1795; ver=schiedene Hindernisse traten damals gegen die Fortsetzung ein, die von nun an erfolgt, und jähr=lich in zwei Heften erscheinen soll. Der Inhalt des gegenwärtigen Hefts ist folgender. I. Oeko=nomie. 1) Vom Dotter im Flachse, Leimdotter ꝛc. von Francisc. Just. Frenzel, Pfarrer in Oß=manstatt bei Weimar. 2) Ueber die Cultur des Meerrettigs, Cochlearia armoracia, L. II. Botanik. 1) Nachricht von botanischen Gärten in England in Rücksicht auf die Cultur der Pflanzen. 2) Be=obachtungen einiger Pflanzen in Hinsicht auf ihren Wachsthum und Blüthezeit. (Fortsetzung.) 3) Ver=zeichniß einiger ausländischen Pflanzen, welche im Jahr 1797. im Herzoglichen Garten zu Weimar zum ersten Mal geblüht haben, nebst einigen Be=merkungen in Rücksicht ihrer Zierde und Behand=lung. III. Gartenkunst. 1) Beobachtungen über die Pomologie und den Wachsthum in Bäumen und Pflanzen, nach Anleitung des teutschen Obstgärt=ners. 2) Behandlung der Treibebeete bei dem Anbau der Melonen. — Herr Hofgärtner Dietrich ist von Seiten seiner Einsichten und Kenntnisse schon so vortheilhaft bekannt, daß sich
von

von dieser Schrift nichts anders als Gutes ver=
sprechen läßt.

———————

Von folgenden hinlänglich bekannten und ge=
schätzten Schriften, deren Inhalts = Anzeige ohne=
dieß zu weitläuftig seyn würde, zeigen wir nur
an, daß sie fortgesetzt worden sind.

Der deutsche Obstgärtner des Herrn
   Pfarrer Sickler.

Der geöfnete Blumengarten
   nach Curtis, vom Herrn D. Batsch,
   der aber einer Nachricht zufolge aufhören
   soll.

Schuhrs botanisches Handbuch.

———————

Den Subscribenten auf meine Beschreibung
des Plauischen Grundes zeige ich hiermit an, daß
das Werk größtentheils abgedruckt ist. An der
spätern Erscheinung sind mancherlei Umstände
Schuld, die weder mir noch dem Herrn Frauen=
holz zur Last fallen. Die Verzögerung hat in=
deß die gute Folge gehabt, daß das Werk mit noch
mehrern schönen Kupferblättern geziert worden ist,
wodurch also die Interessenten noch gewinnen
werden.

                           B.

———————

XVI.

XVI.

Erklärung der Kupfer.

Die seits zu Anfang des Taschenbuchs befindlichen Kupfer sind abermals von der Erfindung des Herrn Schinkel und von Herrn Darnstedt gestochen.

1.

Das Garten = Wohnhaus.

Ein Gebäude, das zwar keine große und weitläuftige Parthien, aber doch die nöthigsten Bequemlichkeiten enthält, die zu einem Sommeraufenthalte völlig hinreichend sind. Aus dem Vorhause tritt man zur Rechten in ein Bedientenzimmer, vor sich in den Speisesaal, aus diesem in das Wohnzimmer des Herrn, und dann in das gemeinschaftliche Schlafzimmer. Neben dem Speisesaal ist das Wohnzimmer für die Frau, und hinter diesem befindet sich die Kinderstube, aus welcher ein Durchgang ins Vorhaus führt. Die Treppe führt eben wieder zu den drei artigen Zimmern, die für einen Hauslehrer und zu Gastzimmern oder zu anderem Gebrauch angewendet werden können. Wer nicht verheirathet ist, oder keine Kinder hat, könnte sich in diesem Gebäude ein artiges Asylum mit einer Bibliothek und Natur = und Kunstsammlungen einrichten. — Der Haupt = Eingang ist von der hintern Seite. Das Lokale dieses kleinen Hauses ist so angenommen, daß auf beiden Seiten sanfte Hügel anschließen, die nicht höher sind als der Eingang. Es bildet sich also hier, nach unserer Ansicht, noch ein darunterliegendes Geschoß, zu welchem man unter der Dachtreppe hinab, so wie auch mittelst einer Treppe ins Freie gelangt.

Im

In Saal ſind drei Gla#sthüren, die auf einen Gang führen, welcher um das Gebäude herum geht. Dem Hauſe zur Rechten iſt hier ein Birkenwäldchen und zur Linken ein Obſtgarten angenommen. Vor dem Hauſe iſt der Blumen⸗ und Küchengarten, der eine fröhliche Ausſicht gewährt, der Ausſicht in die Zukunft ähnlich, die ein wohl⸗gelebtes Leben darbietet.

2.

Der Tempel der Eintracht.

Ein Pſeudomonopteros von acht freiſtehenden Säulen mit einer halbrunden Zelle, deren Oeffnung der gemeinſchaftliche Durchmeſſer des ganzen Zirkelkreiſes abſchneidet. Er liegt an der Landſpitze, welche zwei Waſſer bei ihrer Vereinigung machen; über jedes geht eine Brücke, die den Tempel mit dem Lande verbindet. Die Ausſicht vom Tempel geht gerade auf die Vereinigung der Gewäſſer, deren Ufer mit ihren Gehölzen ſo heiter als möglich angeordnet werden müſſen. Zwiſchen die Säulen und hinten an der Wand können Bänke geſtellt werden. Auf einer Seite jeder dieſer Brücken geht eine Treppe nach dem Waſſer herab, um da von Gondeln Gebrauch machen zu können.

Einen ähnlichen Tempel führte Friedrich der Große, der geſchwiſterlichen Eintracht mit ſeiner königlichen Schweſter zu Ehren, in den Gärten bei Potsdam, von weißem Marmor auf. Im Grunde des Halbzirkels iſt das Bildniß dieſer Prinzeſſin, ſitzend, in weißen Marmor ausgehauen, aufgeſtellt.

3.

Der Eingang in einen Thiergarten, mit einer Jägerwohnung.

Die Wohnung des Jägers, welcher die Aufſicht über den Thiergarten hat, iſt an das alte Gemäuer eines vormaligen Schloſſes oder Kloſters gelehnt,

gelehnt, deſſen alter Eingang jetzt den Eintritt in den Garten macht. Dieſe Wohnung hat ein Vorhäuschen und eine Stube und Kammer nebſt Küche für den Jäger. Die Treppe führt zu einem Zimmer für den Herrn hinauf, das zum Theil über dem Keller neben dem Eingang in den Garten liegt, und kann noch zu einem Zimmer im Giebel des Hauſes, welches zur Gewehrkammer dienen kann. Hinter der Wohnung iſt ein Schießſtand, von welchem aus zur Uebung nach der Scheibe geſchoſſen werden kann. — Die Wohnung könnte unter andern Umſtänden auch zur Gärtnerwohnung dienen.

4.

Das Denkmal der Zeit.

Unter dieſem Namen mag hier dieß allegoriſche Bild der Zeit ſtehen. Der Künſtler hat ſich ein großes Zirkelfeld gedacht, in deſſen Mittelpunkte auf einer Erhöhung von einer Elle eine Halbſäule mit herumlaufender Bank errichtet iſt. Obendrauf ſteht eine große Kugel, als Sinnbild der Zeit. Die Halbſäule iſt mit einem Basrelief von vier tanzenden Figuren geziert, welche durch Kleidung und Kopfputz die vier Jahreszeiten charakteriſiren müſſen. In einiger Entfernung von der Bank, ſo daß zwei Perſonen dazwiſchen ſtehen können, iſt eine eiſerne Treillage errichtet, in welcher vier Oeffnungen angebracht ſind, deren jede auf eine der Figuren der Jahreszeiten weiſet. Die Treillage wird mit laufenden Gewächſen beſetzt, die ebenfalls von vielerlei Art ſeyn und die vier Jahreszeiten charakteriſiren müſſen, welches jeder geſchmackvolle Gärtner einzurichten verſtehen wird. Ohne ſo eben auf laufende Gewächſe Rückſicht zu nehmen, würde der ſpaniſche Flieder den Frühling, die Roſe den Sommer, die Weinrebe den Herbſt, und der Epheu den Winter ſehr gut bezeichnen. Oben unter der Kugel wölbt ſich die Belaubung und beſchattet den Sitz. Ueber jeder dieſer vier Oeffnungen iſt das Bild, in welches die Sonne zu Anfang jeder Jahreszeit eintritt, in Bronze gearbeitet. Außerhalb dieſer Treillage

E e in

402

geht noch ein Weg herum, und von da sind nur
aus dem Mittelpuncte gehend, zwölf Felder ab=
getheilt, die mit Blumen bepflanzt werden die
jedem Monath allein eigen sind. Eben so könnte
das hinter den Feldern angrenzence Gehölze in
vier Abtheilungen den Charakter einer besondern
Jahreszeit tragen, wenn man sie auch nicht ge=
radezu in regelmäßige Abschnitte theilen wollte.

5.
Der gothische Saal.

Auf der vordern und hintern Seite mit pyra=
midalisch aufsteigenden Mauern von dunkeln und
lichten Ziegeln, zwischen welchen das Dach ver=
steckt wird. Das Aeußere läßt die innere Einrich=
tung eben nicht erwarten. Dieses Gebäude be=
schließt ein fortgehendes dichtbewachsenes Thal,
oder das dichtbewachsne Ende des Gartens.

6.
Das gothische Gewölbe.

Ein gothisches Gewölbe mit einem Fenster, so
groß als das Gewölbe selbst, altgothisch bemalt,
oder auch nur mit farbigen Gläsern. Im Innern
sind zu beiden Seiten steinerne Bänke. Die zir=
kelrunde Oeffnung nach der ganzen Breite des
Saals öffnet durch eine fortgehende Reihe von
Fenstern und zwei Glasthüren eine reizende Aus=
sicht auf eine durch Wasser verschönerte Gegend.
Vor den Glasthüren ist ein Balcon. Man nimmt
an, daß die Grenzmauer hoch genug ist, um den
Dieben dadurch keinen Eingang zu verschaffen.

Die beiden Grundrisse gehören zu Aufsätzen
des Taschenbuchs: der eine zum Aufsatz des Herrn
Pfarrer Sickler; der andere zu Linné's Denk=
mal.